중국의 기층선거와
정치개혁,
그리고 정치변화

아연 중국연구총서 16

중국의 기층선거와 정치개혁, 그리고 정치변화

2007년 9월 17일 제1판 1쇄 발행

지은이   이정남
펴낸이   정민용
펴낸곳   폴리테이아
출판등록   2002년 2월 19일 제 300-2004-63호
주 소   서울시 종로구 홍파동 42-1 신한빌딩 2층
          전화 02-722-9960(영업), 02-739-9929, 30(편집),   팩스 02-733-9910
표지디자인 송재회
표지사진   슝웨이(熊偉)

ISBN 978-89-92792-13-4 94300
      978-89-955215-7-1 (세트)

＊책값은 뒤표지에 표시되어 있습니다.
＊잘못된 책은 바꿔드립니다.

이 도서의 국립중앙도서관 출판시도서목록(CIP)은 e-CIP 홈페이지(http://www.nl.go.kr/cip.php)에서 이용하실 수 있습니다(CIP제어번호: CIP2007002786).

중국의 기층선거와 정치개혁, 그리고 정치변화

이정남 지음

폴리테이어

차 례

제2부 쟁점 분석: 기층선거와 정치적 시민권, 시민사회, 여성

제6장 근대 중국의 공화주의 정치체제의 등장과 선거: 제한된 정치적 시민권의 제도화를 중심으로

제7장 중국의 기층선거와 정치적 시민권의 형성

제8장 중국 기층선거와 파면권 행사: 그 정치적 의미와 한계

제9장 체제 전환기 중국의 촌민자치와 국가와 사회

제10장 중국의 기층선거와 여성의 정치 참여

서문

　이 책은 고려대학교 아세아문제연구소의 "중국연구총서"로 기획되어 집필되었다. 필자는 이 책에서 중국의 정치개혁과 정치변화라는 거시적인 관점에서 중국 기층선거의 등장 배경, 실시 현황, 특징, 정치개혁과 정치변화에 대한 의미를 분석하고자 하였다. 이 책은 필자가 그동안 이미 발표한 연구 논문을 기초로 하고, 새로이 집필한 논문들을 추가하여 구성하였기 때문에, 논문들 사이의 유기적 관련성이 다소 떨어질 수 있지만, 기층선거가 정치개혁과 정치변화에 지닌 의미를 찾고자 했다는 점에서 공통점을 찾을 수 있다.

　이 글은 서론과 제1부, 제2부로 구성되어 있다. 제1장 서론 : "중국의 기층선거와 정치개혁 그리고 정치변화"에서, 필자는 중국 정치개혁의 특징과 현황을 분석하고, 이에 기초하여 기층선거가 정치개혁과 정치변화에 지닌 의미를 거시적으로 분석함으로써, 정치개혁과 정치변화라는 관점에서 기층선거에 대한 연구의 중요성을 살펴브았다.

　제1부 "중국 기층선거의 등장과 현황, 그리고 성과"에서는, 현재 네 가지 영역에서 진행되고 있는 기층선거의 실시 배경과 특징, 현황 그리고 성과 등에 대한 자세한 분석을 통하여, 현재 실시되고 있는 기층선거에 대한 구체적이고 종합적인 이해를 돕고자 하였다. 구체적으로, 제2장에서 중국의 기층선거 중 가장 많은 성과를 내놓고 있는 촌민위원회 직선제의 등장과 발전, 특징 그리고 성과와 한계에 대하여 분석하였고, 제3장에서는 도시지역의 자치 조직인 사구주민위원회 직선제의 등장, 특징, 성과와 한계를 살펴보았다. 제4

장에서는 자치 조직이 아닌 기층 행정조직인 향진(鄉鎭) 정권의 수장인 향진 장(鄉鎭長) 직선제의 등장 배경, 현황과 특징, 그리고 향후 전국적인 수준으로의 확대 전망을 살펴보았고, 제5장에서는 현급 이하 인민대표대회 직접선거의 등장, 현황과 특징, 정치적 의미와 과제 등에 대하여 분석하였다.

제2부 "쟁점 분석: 기층선거와 정치적 시민권, 시민사회, 여성"에서는 기층선거와 관련된 각종 쟁점에 대한 분석적인 접근을 시도하였다. 제6장 "근대 중국의 공화주의 정치체제의 등장과 선거 : 제한된 정치적 시민권의 제도화를 중심으로"에서는, 비록 개혁개방 시기 중국의 선거를 다루고 있지는 않지만, 중국 최초로 공화주의 원리에 기초하여 실시된 선거를 사례로 하여, 정치적 시민권의 형성과 한계, 그리고 오늘날 민주주의의 발전에 주는 함의를 분석하는 의미 있는 논문으로 사료되어 이 책의 한 절로 추가하였다. 제7장 "중국의 기층선거와 정치적 시민권의 형성"에서는 개혁개방 시기 현급 이하 인민대표대회와 촌민위원회의 선거에 대한 분석을 통하여, 중국의 기층 수준에서 이루어지고 있는 정치적 시민권의 제도화 및 시민권 의식의 발전을 분석하고 있다. 제8장 "중국 기층선거와 파면권 행사 : 그 정치적 의미와 한계"에서는 중국의 인민대표대회와 촌민위원회 선거에서 파면권의 행사가 지방정부 및 당에 의해 어떻게 통제되고 있는가를 살펴보고, 중국의 선거 민주주의에서 파면권 행사가 지니는 정치적 의미와 한계를 분석하고 있다. 제9장 "체제 전환기 중국의 촌민자치와 국가와 사회"에서는, 촌민자치 조직인 촌민위원회를 체제 전환기 국가와 사회의 통합을 가능하게 해 주는 중개 조직으로 성격짓고, 새로운 형태의 농민의 이익결사체 조직이 농촌지역 시민사회 발전의 기초가 될 것임을 살펴보았다. 이 장은 비록 기층선거에 대한 직접적인 분석은 아니지만, 기층 자치 조직이 가지는 국가와 사회의 중개 조직으로서의 성격에 대한 분석에 기초하여, 기층 사회의 시민사회 성장을 위한 조직적인 기초를 제시해 주고 있다는 점에서 의미가 있다. 제10장 "중국의 기층선거와

여성의 정치 참여"에서는 중국의 기층선거 과정에서 여성의 정치 참여의 특징을 살펴보고, 이것이 중국의 기층 사회의 정치적인 변화에 지니고 있는 함의를 살펴보고 있다.

필자는 이 책에서 중국의 기층 사회에서의 정치개혁과 정치변화에 대한 연구를 통하여, 지난 30여 년 동안 비록 경제적인 영역에 비하여 느린 변화를 겪고 있지만, 정치적인 영역에서도 상당 정도의 변화가 있음을 강조하고 있다. 또한, 비록 중국의 정치개혁과 정치변화가 여전히 상층 지도부의 정치적인 의지에 달려있지만, 이러한 변화들은 향후 중국의 정치개혁과 민주적 정치변화를 위한 중요한 자원이 될 것이라는 점을 강조하고 있다. 따라서 이런 미시적 정치변화에 대한 이해는 향후 중국의 정치개혁과 정치변화를 이해하는 출발점이 되어야 한다.

필자가 이 책을 내기까지 적극적으로 경제적 지원을 제공해 주신 고려대학교 아세아문제연구소의 최장집 소장님, 고려대학교 평화연구소 김병국 소장님, 학술진흥재단(중점연구소지원)에 진심으로 감사드린다. 그리고 학자로서 길을 가는 데 항상 무한한 힘과 격려를 제공해 주시는 서진영 교수님, 조정남 교수님, 강성학 교수님 이하 고려대학교 정치외교학과의 모든 교수님들께 진심으로 감사드린다. 마지막으로 필자의 삶에 든든한 힘이 되고 있는 남편 하도형 교수와 아들 하승진, 그리고 어린 시절부터 필자의 친정어머니 역할을 훌륭하게 해 오신 언니 이정순 여사에게도 진심으로 감사드린다.

2007년 9월

이정남

제1장

서론 : 중국의 기층선거와 정치개혁
그리고 정치변화

1. 서론 : 왜 기층선거로부터 정치개혁을 논하는가?

17차 당 대회를 1년 정도 앞둔 2006년 말과 2007년 초, 중국에서는 정치개혁을 둘러싼 한 차례의 논쟁이 있었다. 2006년 10월 23일 중국의 저명한 정치학자인 위커핑(餘可平)의 "'민주주의는 좋은 것이다'에 대한 변론"이라는 제목의 글이, 베이징시 공산당 기관지인 『베이징일보』(北京日報)와 중공중앙 당학교의 신문인 『쉐시시보』(學習時報)에 잇따라서 게재되었고, 이 글에서 그는 민주주의가 없다면 인류의 인격은 완성될 수 없다고 주장하면서 민주주의의 중요성을 강조하였다. 이 글은 지식인들에게 큰 반향을 불러일으키면서, 민주주의와 정치개혁에 대한 관심을 불러일으키는 계기가 되었다. 바로 이 같은 분위기하에서, 11월 30일, 중국공산당 중앙정치국이 저명한 기층[1] 민주주의 전문가인 쉬융(徐勇)과 자오슈카이(趙樹凱)를 초빙하여 제36차

---

1 중국의 행정조직은 중앙-성급(省級)-지구급시(地區級市)-현급(縣級)-향진급(鄕鎭級) 등 5급으로 구성되어 있으며, 특히 향진급 행정조직을 기층 행정조직이라 부르고, 현급 행정조직은 준기층 행정조직이라 부른다. 또한 국가의 행정조직은 아니지만, 기층 거버넌스에서 중요한 역할을 담당하는 기층 자치 조직으로 촌민위원회와 도시 사구주민위원회가 있다.

집단학습회를 개최하고, 후진타오가 기층 민주주의의 중요성을 강조하면서, 중국의 학계에서 정치개혁과 민주주의에 대한 관심이 그 어느 때보다도 증폭되었다. 2007년 1월 초 중앙 번역국 당대연구소 소장인 허쩡커(何增科)는 "우리는 민주주의에 대한 공포증을 앓고 있다."고 지적하면서 흔들림 없는 정치개혁을 통한 부패 척결을 이루어야 한다고 주장하였다.[2] 또한 덩샤오핑(鄧小平)이 추진한 정치개혁에 대하여, 간부의 종신제 폐지나 일국양제를 제외하고 기존의 전통적인 정치체제로부터 어떠한 변화의 돌파구도 마련하지 못했다는 비판이 제기되는가 하면(匡瓜 2007), 직접선거의 범위를 성급 수준으로까지 확장해야 한다는 주장이 제기되기도 하였다(陶雙文 2007). 이처럼 정치개혁을 둘러싼 논의가 열기를 더하자, 원자바오(溫家寶) 총리는 2007년 2월 28일 "사회주의 초급 단계에서는 경제 발전에 매진해야 하며, 정치개혁을 할 때가 아니다."라는 연설로 경종을 울렸고(溫家寶 2007), 논쟁의 열기는 곧 식어 갔다.

상술한 에피소드는 중국에서 정치개혁을 둘러싼 논의가 아직 공개적으로 학술적인 논의의 쟁점이 되는 데 일정한 한계가 있음을 나타내 주는 좋은 사례이다. 그러나 이 같은 상황은 지난 30년에 가까운 체제 전환 과정에서 정치개혁이나 정치변화가 없었음을 의미하는 것은 아니다. 한 중국 전문가는 그동안 중국의 정치적인 변화를 '민주화 없는 자유화'라는 말로 묘사하고 있다. 즉 자유롭고 공정한 선거를 통한 정치 지도자의 선출, 다당제의 도입, 삼권분립 등을 포함한 민주적 제도의 건설에 기초하여, 밑으로부터 정치 참여의 제도화가 이루어지고 있지는 못하지만, 표현과 결사의 자유와 개인적 권리의 확대 등 사회에 대한 국가의 통제는 상당 정도로 감소했다는 것이다.

<hr>

2 "十七大臨近政改思潮湧動, 漸進式改革方略漸淸晰", http://www.chinaelections.org/News info.asp? NewsID=101272(검색일: 2007년 1월 12일).

그리고 자유화의 실례로 인민들의 일상적인 삶의 영역에 대한 정부의 정치적인 간섭의 축소, 기층 사회에서의 직선제 도입을 통한 정치 참여 기회의 확대, 인민대표대회의 역할 변화 등을 제시하고 있다(Zhao 2003, 333-355).

상술한 세 가지 요소 중, 특히 기층선거의 실시는 개혁개방 시기 중국 정치개혁의 가장 대표적인 성과물로 간주할 수 있다. 그 이유는 그동안의 중국의 정치개혁이 정치개혁 자체보다 경제개혁과 사회개혁을 위한 정치적인 조건을 조성하고, 경제와 사회개혁이 가져온 부정적인 결과들에 대응하기 위해서 법치, 기구 개혁, 간부인사 제도 개혁 등 행정적인 합리화에 집중하면서 민주주의의 실시는 기층 사회라는 아주 제한된 영역에 한정하였지만(鄭永年 2007), 기층선거의 실시와 확대는 기층 인민들이 선거를 통한 정치 참여 과정에서 민주적인 권리 의식을 지닌 정치적인 시민으로 성장할 수 있는 결정적인 기회를 제공하였기 때문이다. 물론 중국의 기층선거는 기층 인민들의 정치 참여를 통하여 기층 사회의 안정을 이끌어 내고자 하는 중국 정부의 정치적인 의도에 기초하여 진행되었고, 또한 선거제도와 절차 등에서 여전히 많은 한계를 지니고 있다. 그러나 중국 역사에서 최초로 모든 기층 인민들이 직접선거를 통해 자신의 공동체의 수장이나 대표를 직접 선출하고,[3] 이들의 정치적인 행위를 감독하고 견제할 수 있는 민주적 제도화가 이루어졌다는 점에서, 기층선거가 중국의 정치개혁과 정치변화에 지닌 의미를 아무리 강조해도 지나치지 않다.

따라서 이 책은 중국의 정치개혁과 민주화라는 관점으로부터 중국 기층

---

[3] 중국에서 최초의 근대적인 선거의 실시는 청말(清末) 각 성(省)의 자문국(諮問局) 선거로 거슬러 올라 갈 수 있다. 그러나 유권자의 자격이 엄격하게 제한되었고, 유권자가 대표를 선출한 후 다시 그 대표가 성의 자문국의 의원을 선출하였다는 점에서 간접선거였다. 또한 신해혁명 후, 1912년 말 제1기 전국 중의원 선거가 실시되었지만, 이 선거 역시 유권자의 자격을 매우 제한하여 시행된 간접선거였다는 점에서 한계가 있다.

선거의 의미를 평가함으로써, 개혁개방 30년 동안에 이루어진 중국의 정치
개혁과 정치변화를 평가하고자 한다. 그 이유는 우선, 성공적인 경제성장에
기초한 시장경제체제로 전환한 결과 중국은 현재 '성공의 위기'에 봉착해 있
으며, 이러한 위기로부터 탈출하기 위해 어떤 형태로든 조만간 정치개혁이
중요한 현안이 될 수밖에 없기 때문이다.

둘째, 중국의 기층선거는 중국 역사상 최초로 보통선거 원칙에 기초하여
진행된 선거 민주주의의 실천으로, 향후 중국 민주주의 발전을 위한 중요한
기초가 될 수 있기 때문이다. 오랜 전제주의 정치체제하에서 황제의 신민(臣
民)으로 살아온 중국인들에게 정치적 민주주의는 매우 낯선 용어이다. 비록
근대화 과정에서 서방의 민주주의를 도입하고자 한 시도가 있었지만, 이 역
시 실패하였다. 따라서 비록 기층 사회에 제한되어 있지만, 현재 실천되고 있
는 선거 민주주의는 오랫동안 전제주의 체제하에서 살아온 중국인들에게 민
주주의를 위한 정치적인 훈련 기회를 제공할 뿐만 아니라, 향후 중국의 정치
개혁과 민주주의의 발전을 위한 중요한 탐색 과정이 되고 있다.

2. 중국 정치개혁의 특징

그동안 개혁 정책의 초점이 경제적인 영역에 집중되면서, 정치개혁이 상
대적으로 지체되었고, 따라서 정치적인 변화도 경제적인 변화와 비교하여 매
우 제한된 영역에서 나타나고 있다. 그러나 이 같은 제한된 변화에도 불구하
고, 정치개혁과 정치변화에 대한 연구는 한국 내에서 비교적 제한되어 진행
된 것과는 달리, 서방이나 중국에서는 비교적 활발히 연구가 진행되어 왔다.

우선, 최근의 한국 내의 중국 국내정치 연구 동향을 보면, 주로 노동자,

농민, 사영기업, 기층선거나 기층 사회, 경제 단체 등 주로 미시적인 쟁점에 집중되고 있고(이정남 2007a, 683-724), 정치개혁과 정치변화를 거시적으로 다루고 있는 연구가 매우 드물다. 또한 드물게 이루어진 정치개혁과 정치변화와 관련된 연구도, 중국공산당의 정치개혁에 대한 태도 및 정치개혁의 특징을 분석하거나(이정남 2005b, 73-114), 중국 내 학계에서의 정치개혁의 방향을 둘러싼 다양한 논의를 소개하는 수준에 거치고 있다(조영남 2006, 55-105). 이런 상황에서 국가의 체제 개혁과 시민사회의 성장, 그리고 해외에서 체제 변화 압력이라는 변수를 사용하여, 중국에서는 정치체제 변화가 가속화되고 있는 동시에, 강력한 국가 통제도 병존하는 이중적인 현상이 존재하며, 정치 변화의 동력은 당 자체에서 비롯될 수밖에 없다고 주장하고 있는 논문이 눈에 띤다(전성흥 2000, 297-315).

두 번째로, 중국 내에서의 연구 동향으로, 주로 그동안의 중국 정치개혁의 특징을 소개하거나, 향후 중국 정치개혁의 방향을 둘러싼 논쟁에 초점이 맞추어져 있다. 우선, 중국 내 학자 대부분은 중국 정치개혁의 특징을 점진적인 개혁으로 규정짓고, 그 특징으로 자유민주주의적인 방식에 근거한 정치개혁의 부정, 정치적인 안정의 유지를 목표로 하여 실용적이고 실질적인 것을 목표로 한 개혁, 정치개혁을 경제 발전과 이에 의해서 초래된 사회적 구조의 변화 과정에 부응하기 위한 정치체제 및 체제 내의 권력 안배의 조정 과정으로 간주한 점 등을 들고 있다(徐湘林 2000; 徐湘林 2003; 何增科 2005). 또한 정치개혁의 방향을 둘러싼 논쟁으로는, 대표적으로 1980년대 중반의 신권주의 논쟁을 들 수 있다. 이 논쟁에서 신권주의론자와 민주화론자는 모두 민주주의의 종국적인 가치를 인정하고 자유민주주의 혹은 다원적인 민주주의를 추구하지만, 이를 현재의 목표로 설정할 것인가 아니면 미래의 목표로 설정할 것인가를 놓고 치열한 공방을 전개하였다.[4] 그러나 1989년 천안문사태 이후, 정치개혁의 방향을 둘러싼 담론은 급속하게 보수화되었다. 그리하여

1990년대 이후 '자문형 법치 정치체제',[5] '조합주의 국가 모델',[6] '민주적 국가제도 건설',[7] '증량민주론'[8] 등 다양한 주장들이 전개되고 있지만, 이들 주장들은 법치국가의 건설, 안정 속에서의 정치개혁의 진행의 강조, 전국적인 차원에서의 선거 민주주의의 실시에 아주 신중하다는 점에서 공통점을 찾을 수 있다.[9]

---

[4] 자세한 내용은 서진영(1998, 329-349) 참조.

[5] 자문형 법치 정치체제(咨詢型法治政體)는 버이징대학의 판웨이(潘維) 교수에 의해서 주장되고 있다. 그는 서구식 가치 체계와 민주 정치체제를 맹목적으로 추구하는 것에 반대하면서, 민주주의와 법치는 상호 작동 방향이 달라서 공생하기 어렵기 때문에, '법치'를 기본 방향으로 하고, '관리에 의한 통치'(吏治)를 핵심으로 한 정치개혁을 추진해야 한다고 주장한다. 그는 이 같은 정치개혁은 중국적인 특징에도 비교적 적합하다고 보고 있으며, 그 구체적인 사례로 홍콩이나 싱가폴 등의 화교 국가의 정치체제를 예로 들고 있다. 따라서 그는 앞으로의 중국의 정치개혁은 중립적인 관리 체계의 확립, 자율적인 사법 체계의 확립, 독립적인 반부패 기구의 설립, 전국 및 성급 인민대표대회를 핵심으로 한 광범위한 사회적인 자문 체계의 설립, 그리고 법에 의해서 언론, 출판, 집회, 결사의 자유의 충분한 보장 등 다섯 가지의 제도적 조건이 보장되는 자문형 법치 정치체제를 향해서 나아가야 한다고 주장한다(潘維 2003; Zhao 2006).

[6] 조합주의 국가 모델(合作主義國家模式)은 대표적으로 캉샤오캉(康曉光)에 의해서 주장되고 있다. 그에 따르면 중국은 현재 통치계급과 자산계급, 지식계급 등의 엘리트들이 서로 결탁하여 노동계급을 수탈하는 나쁜 권위주의 체제이다. 이를 극복하기 위해서 이들 3대 엘리트 집단이 각자 자신들의 영역에서 자치를 실행하고, 서로 견지하고 협력함으로써 노동계급을 포함한 4대 계급이 함께 잘사는 국가 모델인 조합주의 국가 모델을 수립해야 한다는 것이다. 구체적인 내용은 康曉光(2003) 참조.

[7] 민주적 국가제도 건설(民主的國家制度建設)은 왕샤오강(王紹光)과 후안강(胡安鋼) 등에 의해서 주장되고 있다. 이들에 따르면 중국의 정치적인 체제 전환은 공공 권위를 강화하고 개선하여 민주화하는 데 집중해야 하며, 공공 권위를 약화시키고 제한해서는 안 된다. 다시 말하면, 현재의 국가 메커니즘을 민주화, 제도화, 절차화하여 국가제도 건설의 취약한 부분을 강화하고, 강한 통치 능력이 있는 정부를 건립해야 한다는 것이다. 그리고 제도 건설의 돌파구로 당의 건설과 동시에 당과 국가와의 관계의 조정, 현대적인 공공 재정 제도의 설립 및 정치 참여 통로의 확대 등을 강조하고 있다. 자세한 내용은 王紹光·胡鞍鋼·周建明 主編(2003) 참조.

[8] 증량민주(增量民主)는 위커핑(俞可平)에 의해서 주장되는 시각으로, 정치개혁과 민주화를 추진하려면, 우선 충분한 조건 즉 존량(存量)이 마련되어야 하고, 존량의 기초 위에 새로운 내용 즉 증량(增量)을 증가하는 방식으로 추진되어야 한다. 따라서 정치개혁은 경로 의존에 따라 점진적인 방식을 택해야 한다. 그리고 증량민주의 구체적인 내용은 첫째, 민주적인 절차와 절차 민주주의의 실현, 둘째, 사회주의 민주정치를 건설하는 과정에서 민간 조직과 인민들의 역할의 강화, 셋째, 법치의 구현, 넷째, 공산당과 정부의 민주주의 건설 과정에서의 지도적인 역할, 다섯째, 현대적이고 동태적인 정치안정 메커니즘의 확립을 들고 있다(餘可平 2003).

　　서방에서 중국의 정치개혁에 대한 연구는 그동안의 중국의 정치적인 변화의 특징을 총괄적으로 평가하고, 중국의 정치적 민주화를 전망하는 데 집중하고 있다. 다수의 연구자들이 다양한 주장을 하고 있지만, 이들의 논의는 다음 세 가지 내용으로 집약할 수 있다. 첫째, 중국은 그동안 시장화와 함께 상당 정도의 자유화가 이룩되었으며, 이에 반하여 정치적인 민주화는 상당히 지체되고 있다. 둘째, 중국 정치개혁의 기본적인 동력은 밑으로부터의 시민사회 성장보다는 위로부터의 지도부의 정치적인 결정에 달려 있다는 지적이다. 셋째, 중국 지도부는 개혁 정책의 최고의 목표를 안정에 두고 있으며, 안정의 보장에 기초하여(적어도 상당 기간 동안) 권위주의 정권의 영속화를 추구하고 있다(Ogden 2002; Zhao 2000; Shirk 2007, 69; Pei 2006).

　　상술한 정치개혁에 대한 연구 동향을 종합하면, 그동안 중국 정부는 시장화와 함께 상당 정도의 정치적 자유화를 이끌어 냈지만, 중국은 여전히 정치개혁보다 안정에 최우선의 가치를 두고 있으며, 전국적인 차원에서 선거 민주주의 실시보다 법치국가 논리에 기초한 권위주의 체제를 일정 기간 지속시키고자 한다. 또한 향후 중국 정치변화의 동력은 시민사회로부터가 아닌 지도부의 정치적인 의지가 결정적인 변수가 될 것으로 보고 있다는 점이다.

　　그렇다면 상술한 정치개혁을 둘러싼 연구들은 실제 중국 정치개혁의 추진 과정을 얼마나 잘 반영하고 있는가? 사실 중국의 최고 지도자나 싱크탱크들은 중국의 정치체제 자체를 민주화하는 데 초점을 두고 있는 것이 아니라, 공산당의 일당 통치를 좀 더 효율적으로 진행하면서 공산당 통치의 더욱 공고한 정당성의 기초를 확보하는 데 관심을 집중하고 있다. 바로 이 같은 관점에서 추진된 지난 30여 년간의 정치개혁의 특징은 다음과 같이 요약할 수 있다.

<hr>

9 이와 관련된 내용은 何增科(2005) 참조.

첫째, 자유민주주의적인 방식에 근거한 정치개혁의 부정이다. 중국의 정치 지도자들은 처음부터 서구식 자유민주주의적 방향에 근거한 정치개혁에 대하여 반대하는 입장이었다. 그 이유는 어떠한 서구식의 민주화도 공산당의 영도적인 지위를 침식시키고 무너뜨릴 것으로 생각하기 때문이다. 덩샤오핑은 1986년 9월 13일 한 연설에서 "개혁 과정 중 서방을 모방하여 자유화를 추구하는 것은 불가능하다." "자본주의 민주는 자본가계급의 민주이며, 다당제, 삼권분립, 양원제 등 그 어떠한 형태든 이것의 본질은 독점자본의 민주에 불과하다."고 비판하면서 중국이 서방의 민주주의를 추구할 수 없다고 지적하였다. 이 같은 인식은 장쩌민(江澤民)도 마찬가지이다. 장쩌민은 2002년 16차 당 대회에서 당과 국가의 활력을 증강시키기 위하여 정치개혁이 필요하다고 주장하면서도, 서구식의 정치제도에 근거한 정치개혁은 절대로 불가능하며 사회주의 민주정치의 절차화, 제도화, 규범화를 추진해야 한다고 언급함으로써, 정치개혁의 방향이 서구식 민주화가 아님을 명확히 하였다. 후진타오 역시 공산당의 통제를 벗어난 어떠한 정치개혁에 대한 논의나 세력의 형성도 허용하지 않고 있으며, 신문과 인터넷 등의 언론 매체와 체제 비판적인 민주 인사에 대한 통제를 강호하고 있다.

둘째, 정치적인 안정의 유지를 목표로 하여, 처음부터 이상적인 목표를 전면에 내세우고 개혁을 추진하기보다는, 실용적이고 실질적인 것을 목표로 하여 개혁을 추진하였다. 개혁의 구체적인 내용의 선택과 결정은 정치적인 위기를 해소하고 안정을 유지하려는 정치적인 필요성에 근거하여 이루어졌다. 안정이 없다면 개혁은 계속할 수 없으며, 이미 추진된 개혁의 성과도 상실할 것으로 간주하였기 때문이다. 따라서 정치적 안정의 확보는 정치 지도자들이 개혁의 방안, 개혁의 속도, 그리고 시기를 선택하는 중요한 고려 요인이었으며, 정치적인 안정의 유지가 정치개혁의 추진을 위한 현실적 고려의 기초가 되었다.

셋째, 정치개혁 그 자체보다, 경제개혁과 사회개혁을 위한 정치적인 조건을 만들고, 경제 발전 및 이에 의해서 초래된 사회적 구조의 변화 과정에 부응하기 위하여, 정치체제 및 체제 내의 권력 안배에 의해서 진행된 조정 과정으로 간주하였다. 따라서 개혁의 초점은 법치, 기구 개혁, 간부인사 제도의 개혁 등 행정적인 합리화에 집중되었고, 민주주의의 실시는 기층 사회라는 아주 제한된 영역에 한정하였다(이정남 2005b, 83-88).

따라서 정치개혁의 성과도 당정 분리와 간부 제도의 개혁, 행정 기구 개혁, 등 행정적인 합리화에 초점을 맞추었으며, 선거 민주주의의 도입을 통한 정치 참여의 확대는 기층 사회라는 아주 제한된 범위에 한정시켰다.

3. 기층선거 실시의 배경과 현황

그렇다면, 중국공산당은 왜 기층 사회에 직접선거를 통하여 선거 민주주의를 실현하고자 하였는가? 그리고 중국의 기층 사회의 선거 민주주의의 발전 현황은 어떠한가? 중국공산당은 사회적 안정을 유지하면서 지속적인 경제성장을 추진하기 위하여, 정치개혁에 대한 제한되고 점진적인 접근 방법을 채택하고 있으며, 특히 기층선거를 중심으로 한 지방 정치개혁을 통하여 정치적 안정을 꾀하고자 하는 도구적인 목적에 기초하여 기층선거를 추진하였다(Perry and Goldman 2006, 1-19). 이를 위하여 직접선거를 현(縣)급 이하 인민대표대회(人民代表大會), 향진 정권의 수장, 기층 자치 조직으로 도시 사구 주민위원회(社區居民委員會)와 촌민위원회(村民委員會) 등 네 가지 영역에 제한시켜 실시하도록 하였다.

우선, 개혁개방 정책과 함께 직선제가 처음으로 실시된 것은 현급 이하 인민대표대회 선거였다. 신중국의 건설 이후, 향진급 인대 선거에서 직선제가 실시되었지만, 이는 거수기 투표 방법의 사용, 공산당과 민주당파, 인민 단체에 의해 후보자 추천의 장악, 지주나 반혁명 분자의 선거권이 부정되는 등의 제한된 선거였다(蔡定劍 2002, 5-6). 그러나 이것마저도 1957년 하반기부터 불어 닥친 정치투쟁과 계급투쟁 중심의 분위기하에, 인대의 역할과 기능이 사실상 마비되면서 중단되었다. 그러나 1979년 〈전국인대 및 각급 지방인대 선거법〉과 〈지방인대 및 지방인민정부조직법〉을 제정·반포하면서, 직접선거의 범위를 향진급에서 현급까지 확대하였고, 차액 선거를 실시하도록 규정하였으며, 당과 인민 단체에 독점되어 있던 후보자 추첨권을 당과 인민 단체, 유권자 개인 등 누구든지 3인 이상의 동의간 있으면 후보자를 추천할 수 있도록 하였다. 투표 방식도 모두 무기명 비밀투표로 하고, 각종 형식을 통한 후보자의 선전을 가능하도록 했으며, 반혁명 분자에 대한 선거권 박탈도 폐지하여 모든 사람들이 투표에 참여하는 보통선거가 가능하도록 하였다(蔡定劍 2002, 9-10).

이처럼 직접선거를 현으로 확대하는 것은 현급 이하라는 제한된 수준에서나마 인민이 자신의 대표를 스스르 선출하여 정치 공동체의 주인이 되도록 하고, 소수 정치 지도자에 권력이 집중됨으로써 오는 문화대혁명기와 같은 정치적인 폐단을 방지할 수 있다는 사고에서 출발하였다(彭真 1989, 38-43, 56-58). 그러나 인대 선거는 그동안 1982년, 1986년, 1995년, 2004년 등 수차례에 걸친 선거법의 개선을 통하여, 자유로운 경선에 기초한 경쟁 선거가 가능하도록 제도적 보장을 시도해 왔지만, 실제 선거의 진행 과정을 보면, 실질적으로 자유로운 경선이 강조되기보다는 협상과 숙고에 기초한 확인형 혹은 안배형 선거가 이루어져 왔다고 볼 수 있다. 즉 후보자 추천이 주로 당과 인민 단체 등 조직 추천이 중요한 비중을 차지했고, 정식 후보자 추천도 예비선거보다 선거소조 내에서의 협력과 숙고에 기초한 비밀스러운 협상 과정을 통하여 이루어졌다. 또한 후보자 소개를 유권자소조 내에서 추천인의 소개로 한정시킴으로써, 유권자의 자유로운 자기선전을 통한 경선이 불가능하도록 하였다. 그리하여 후보자에 대한 유권자의 선택의 여지가 크지 않았고, 그들의 투표 행위는 실제로 반드시 당선될 후보자에 대한 일종의 확인 행위로, 이들에게 정당성을 부여하는 수단에 불과하였다고 볼 수 있다(楊龍芳 2005, 105). 결국 인대 선거는 기층선거 중 가장 일찍 시작되었지만, 실질적인 경쟁 선거의 보장을 위해서는 여전히 제도적이고 절차적으로 개선해야 할 문제점을 남기고 있는 상황이다.

두 번째는, 사실 인대 선거보다 늦게 실시되기 시작했지만, 중국의 기층 선거 중 가장 큰 성과를 거두고 있는 것은 촌민위원회 선거이다. 촌민위원회 선거는 농업 집단 생산체제가 붕괴되고 농촌 사회가 새롭게 조직적으로 재 편되는 과정에서, 농촌 사회의 통치 공백을 메우고 농촌 사회의 정치·사회적 안정을 이끌어 내기 위한 중앙정부의 정책적인 의도하에서 이루어졌다. 즉 촌민 스스로 선출된 지도자를 중심으로 자치를 실시함으로써, 농촌지역 간 부들의 부패를 줄이고, 기층 관리와 농민과의 관계를 원만하게 하며, 동시에 농민들 스스로가 주인이라는 주인 의식에 기초하여 농촌문제를 스스로 해결 하도록 하고자 한 것이다.

촌민위원회 직선제가 전국적으로 실시되기 시작한 것은 1988년으로, 20 여 년에 달하는 긴 시간 동안 여러 가지 시안 착오를 거듭하면서 발전해왔다. 전국적으로 64만여 개에 이르는 촌민위원회에서 평균 80% 이상에 달하는 높은 투표 참여율을 나타내고 있으며, 80% 이상의 촌이 자체적인 촌민자치 장정 혹은 촌민 규약을 제정하고 있다(趙樹凱 2007). 또한 현재 중국에서 실시 되고 있는 각종 선거 중, 제도적 완비나 실천적인 성과 등 모든 측면에서 가 장 발전된 선거로 자리하고 있다. 그리고 이 같은 성과는 현재 도시지역 사구 주민위원회 선거나, 향진장 선거, 그리고 기층 인민대표대회 선거 발전의 중 요한 기초로 작용하고 있다.

세 번째는, 사구주민위원회 선거이다. 1988년 이래 중국의 농촌에서 촌민 직선에 의한 촌민위원회의 간부의 선출이 이루어진 지 10여 년이 지난 후, 기층 지역에서의 직선에 기초한 민주주의가 도시지역으로 확대되는 문제는 주요한 정치개혁의 관심사가 되었다. 도시지역에서의 기층 민주의 확대는 도시지역의 기층 자치 조직인 사구주민위원회의 간부를 직접선거를 통하여 선출하고, 도시지역의 각종 현안들을 주민자치를 통하여 해결하고자 한 시도에서 찾아볼 수 있다.

이처럼 도시 기층 사회에서 자치의 실시는 전통적으로 도시지역의 사회조직 단위인 딴웨이(單位) 제도[10]가 해체되면서 주민위원회가 사구주민위원회로 대체되는 과정과 병행하여 이루어졌다. 따라서 이는 중국의 체제 전환에 따른 사회구조의 대변혁에 대한 정치적인 대응 과정이라고 볼 수 있다. 즉 새로이 변화된 도시의 사회적 조건의 변화에 조응하여 사구주민위원회를 건설하고, 주민들의 직선에 기초한 자치계를 도입함으로써 도시지역에서의 정치, 사회적 안정을 도모하면서, 동시에 도시의 각종 현안을 자치를 통하여 해결하고자 한 시도라고 볼 수 있다. 아울러 사구의 자치 민주의 실천은 사구 주민의 시민 의식과 민주 의식을 육성하여 중국의 장기적인 민주적 발전을 위한 견실한 기초를 제공할 수 있다(李凡 2007a). 따라서 도시지역의 기층 민주주의 도입과 추진 역시 농촌지역에서의 촌민자치의 실시와 마찬가지로 중앙정부에 의해 위로부터 아래로 확대되고 추진된 정치적인 변화라고 볼 수 있다.

---

10 딴웨이 제도를 기초로 하여 도시 사회는 다음과 같이 구성되어 있었다. 첫째, 정부는 모든 경제, 사회, 정치적 업무에 대한 광범위한 관리를 책임지는 '전권(全權)정부'이고, 도시 사회의 유일한 거버넌스의 주체이다. 따라서 공공 권력 자원의 배치는 단극화되어 있고, 위로부터 아래로 수직적으로 관리되었다. 둘째, 정부 및 그 하부 딴웨이는 사회 성원의 구직(그 자녀들의 구직도 포함), 주택, 의료, 복지, 오락 등 모든 사회적 업무, 즉 생로병사와 의식주의 모든 것이 정부 및 그 하부 딴웨이에 의해서 해결되도록 하였다(徐勇 2001a, 307).

그러나 농촌지역과 달리 도시지역의 주민들은 자신의 거주 지역에 대한 경제적 이해관계가 덜 절실하게 연계되어 있을 뿐만 아니라(徐勇 2007a; 於建嶸 2007). 아직까지 상당수의 도시에서 딴웨이 제도를 중심으로 한 도시 공동체가 남아 있어, 도시 공동체 자치에 대한 주민들의 정치적인 무관심이 중요한 과제가 되고 있는 실정이다(普源軍 2007). 또한 직선제의 실시 범위도 아직까지 전국적인 수준에서 전면적으로 실시되지 못하고, 실험 단계에 처해 있는 상황이다.

네 번째는, 향진장 선거이다. 1998년 쓰촨(四川)성의 두 향(鄉)에서 최초로 향장 직선이 실시된 이래, 벌써 10년의 세월이 흘렀음에도 불구하고, 중국의 향진장 직선제의 실시는 아직까지 전국적인 수준으로 확대되지 못하고, 일부 지역에 한정되어 있으며, 여전히 향진장 직선의 확대를 둘러싸고 논쟁이 진행되고 있는 상황이다. 또한 직선으로 향진장을 선출한 지역에서도 그 다음에는 다시 향진장을 간선으로 선출하는 사례가 발생하는 등 전국적인 수준에서 전면적인 확대를 기대하는 것이 쉽지 않은 실정이다.

그럼에도 불구하고, 농촌지역의 기층 사회와 가장 밀접한 관련이 있는 정권 조직인 향진장에 대한 직선제의 실시는, 현재 농촌 사회에서 기층 정권 조직과 농민의 갈등이 폭발적으로 분출하고 있는 상황을 고려할 때, 이러한 문제를 해결하는 하나의 중요한 대안이 될 수 있다는 점에서 여전히 중요한 관심 대상이 되고 있다. 또한 촌민위원회 직선제나 사구주민위원회 직선제의 실시가 비록 상당 정도의 기층 사회의 민주주의 발전에 성과를 가져다주었지만, 이들 조직들은 기층 자치 조직인 데 반하여, 향진장 직선제의 실시는 기층 정권 조직의 수장을 인민들이 직접 선출한다는 점에서, 민주적 개혁에 대한 중국의 정치 지도자의 의지를 평가하는 척도로 간주될 수 있기 때문에 중요한 의미를 지니고 있다.

결국 개혁개방기 중국의 기층 사회에서의 직접선거의 실시는 기층 사회에 선거 민주주의를 도입하여, 주민들 스스로가 공동체의 주인 의식을 가지고 관리들을 감독하고 견제함으로써, 부패를 척결하고 기층 사회의 안정화를 이룩하고자 한 도구적인 목적에서 실시되었다. 또한 직선이 실시되고 있는 범위는 기층 사회의 최고 권력기관인 현급 이하 인민대표대회 대표 선출, 도시와 농촌의 기층 사회 자치 조직인 사구주민위원회와 촌민위원회 간부 선출, 그리고 기층 정권 조직의 수장인 향진장 선거 등 다양한 영역에서 이루어지고 있지만, 촌민위원회와 인대 선거를 제외한 사구주민위원회 선거와 향진장 선거는 아직도 제한된 지역에서 시범적인 실시를 하고 있다.

4. 기층선거와 중국의 정치개혁

그렇다면 상술한 바와 같은 다양한 형태의 직선제 실시는 중국의 정치개혁과 민주화 과정에 어떠한 의미가 있는가? 1988년 촌민위원회 선거가 전국적으로 실시되면서, 기층선거는 중국의 정치개혁 및 정치적 민주화 논의와 관련된 다양한 연구를 이끌어 내었다. 이 같은 연구들을 종합하면 다음 세 가지로 구분할 수 있다.

첫 번째, 기층선거를 중국의 민주화의 실현으로 간주함과 동시에 중국의 민주주의 건설의 출발점이며 돌파구로 간주하는 시각이다. 이 시각은 기층선거의 실시가 중국 기층 사회의 민주화로서, 현 시점에서의 중국 민주주의의 발전의 주요한 내용이라고 주장한다. 또한 촌민자치의 실시는 촌민의 정치적인 적극성과 주동적 정신을 유발시킴과 동시에 민주적 소양과 자질을 제고시킴으로써, 중국의 민주화 과정에서 국가권력을 사회로 환원시키는 데 유리하게 작용할 것이라고 주장한다(徐勇 1997; Wang 1996, 271-309). 그러나 이 시각은 기층선거가 현 단계의 중국의 민주주의 발전을 위한 기초를 닦는 데 일정한 역할을 할 수 있지만, 정치적 민주화의 돌파구로 작용할 것이라고 보는 것은 촌민자치를 지나치게 과장하여 평가한 것이라는 비판을 받고 있다. 톈지엔 스(Tianjian Shi)는 기층 단위에서 실시된 조사를 통하여, 중국인들의 권력과 권위에 대한 기존 태도의 변화에 대해 선거가 결정적인 영향을 미치고 있지 못하다는 결론을 내리면서, 촌민자치가 농민들의 정치적인 관심의 증가와, 농촌 관료들이 촌민의 요구나 주장에 대하여 좀 더 민감하게 반응하도록 하는 정도의 제한된 변화를 가져왔을 뿐이라고 지적하고, 중국의 정치적 변화를 이끌어 낼 결정적인 변수는 촌민자치의 실시가 아니라 정치적 엘리트임을 강조한다(Shi 2000, 541-559).

두 번째, 기층선거를 통한 선거 민주주의의 실행이 장기적으로 볼 때, 중국의 민주주의 발전의 기초를 닦음으로써 중국의 민주주의 발전을 위한 기초가 될 것이라는 시각이다. 이 시각은 기층선거의 실시가 농민의 민주적 훈련을 통하여 민주정치에 대한 소양과 자질을 제고시킴과 아울러 도시의 기층 민주주의의 건설에도 영향을 미칠 수 있다고 본다. 선거를 통하여 기층 인민들이 민주주의를 학습함으로써, 민주주의가 무엇인가를 이해하고, 민주적인 권리를 어떻게 행사하는가를 익히고, 어떻게 행동하는 것이 민주적인가를 학습하며, 그 과정에서 민주주의를 확대할 수 있는 기초를 확보할 수 있다는 점이다(程同順 2000; 朱光磊·程同順 1998).

기층선거의 실시가 기층 사회의 정치적인 시민권의 형성을 이끌어 내고 있다는 주장은 이 같은 시각에 힘을 실어주고 있다. 즉 기층 사회의 정치, 사회적인 안정성을 제고시키기 위해서 도입되었지만, 기층선거는 기층 인민의 정치 참여를 제도화하고 확대시켰으며, 기층 인민들이 지역 정치 공동체의 지도자를 스스로 선출하여 지역공동체에 대한 권력을 행사하는 것을 가능하게 했다. 또한 이 과정에서 기층 인민들의 정치권력에 대한 주체 의식과 권리 및 이익 의식에 근거한 정치적인 시민권 의식의 성장을 이끌어 내었다. 그리하여 기층선거는 중국의 기층 인민들이 오랜 기간 전제주의와 권위주의적인 통치로부터 벗어나, 자각된 권력 의식과 권리 의식을 보유한 정치적 시민으로 성장하는 데 도움을 주고 있으며, 그 결과 기층 인민들이 점차 상층 행정 단위 및 중앙정부로도 직접선거의 확대나 정치적인 요구를 확대시킬 수 있는 기초를 마련하였다(이정남 2005a).

따라서 장기적으로 볼 때, 기층선거가 중국의 민주화의 실마리가 될 수도 있다는 주장에 주목할 필요가 있다. 현재 비록 중국의 엘리트들이 간선제에 기초한 일당 통제를 선호하면서, 아주 제한된 범위 내에서 직접선거를 실시하려 하고, 적어도 얼마 동안은 중앙정부가 이 같은 상황을 통제할 수 있겠지만, 제한된 선거가 중국의 민주주의를 증진시킬 것임을 부정할 수 없다. 따라서 중국이 소련처럼 급속한 붕괴의 길이 아닌 점진적인 전환의 길을 간다면, 민주적 전환의 실마리는 제한된 선거의 특징과 발전으로부터 찾아야 한다는 주장은(Diamond and Myers 2004 1-23), 기층선거의 정치개혁에 대한 의미와 관련하여 충분히 주목할 만한 가치가 있다.

세 번째, 기층선거의 실시는 현 단계 중국식 보통 민주주의의 실현이며, 향후 중국 정치개혁의 모델이 되어야 한다는 주장이다. 이 시각은 기층선거의 실시가 당대 중국의 국정에 부합하는 보통선거 민주주의를 실시할 수 있는 안정적인 길이라고 주장한다. 중국은 인구가 많은 대국이라는 조건에서 전체 인민의 참여를 통한 보통선거제의 실시가 요구되고 있고, 동시에 새로이 변화된 사회적 조건에 부응하여 전체사회에 대한 효과적인 조정이 요구되고 있다. 이 같은 조건에서, 안정과 질서를 유지하면서 민주주의와 자유를 추진하기 위해서는, 기층 민주주의를 먼저 실시하는 것은 하나의 중요한 방책으로, 비교적 작은 대가를 치르고, 많은 사회적 효과를 볼 수 있도록 한다. 그리고 더 높은 단계로 민주주의를 추진할 수 있는 정치적인 자원을 축적할 수 있다. 또한 기층 민주의 실시 과정 중 비록 개별 지역에서 문제가 출현한다고 하더라도 이 것이 거대한 사회적인 혼란으로 치닫지 않을 수 있다. 그러나 기층 민주주의 가 건전하게 발전하지 않은 조건에서 상층 차원에서 민주주의를 서둘러 실시 하는 것은 정치적인 혼란을 초래할 수 있다는 것이다(王金華 2007). 뿐만 아니 라, 기층선거의 실시와 기층 민주주의의 발전 과정은 중국의 정치개혁과 민주 화의 하나의 경로를 제시해 주는 모델로 간주되고 있다. 촌민자치는 점진적인 과정을 통하여 확대되고, 법제적인 틀 내에서 진행되는 과정이며, 중앙정부와 지방정부, 그리고 농민들이 협력하여 공동으로 추진해 온 과정이라는 점에서, 향후 중국의 민주주의가 어떻게 추진되어야 할 것인가에 대하여 중요한 의미 를 던져주고 있다는 것이다(何增科 2003, 175).

사실 그동안 많은 서방의 학자들은 중국의 기층선거를 정치개혁과 민주 화와 관련하여 논의하기보다는, 농촌의 리더십의 강화 및 농민과 농촌지역 관리들과의 유대 강화를 통하여 농촌지역의 사회적 안정성을 확보할 수 있 도록 보장해 준다는 데 관심을 기울여 왔다(O'Brien and Li 2000; O'Brien 1994; Kelliher 1997; Pastor and Tan 2000). 그러나 상술한 다양한 논의에 기초하여 볼 때, 중국의 정치개혁에 대해 기층선거가 지닌 의미는 다음과 같이 규정할 수 있다. 우선, 기층선거는 현 단계에서 중국의 정치개혁을 추동해 내는 돌파구 로 간주하는 데는 한계가 있다는 점이다. 둘째, 기층선거는 기층 민주주의에 의해 기층 사회의 적극성을 추동하여 사회와 경제의 발전을 이끌어 내고, 동 시에 기층 사회의 안정을 확보하고자 하는 정부의 도구적인 목적하에서 시 작되었지만, 기층 사회의 정치개혁과 정치변화의 중요한 계기로 작용하고 있다는 점이다. 셋째, 따라서 기층 민주주의는 현 단계에서 중국의 민주주의 의 탐색 과정의 일환이며, 장기적으로 전국적인 수준에서 정치적 민주화를 실현하기 위한 준비 과정이라고 볼 수 있다.

5. 기층선거와 정치변화

그렇다면, 중국에서 기층선거의 실시는 현 단계에서 중국의 정치변화에 어떠한 의미가 있는가? 중앙정부의 의지대로 기층 사회의 거버넌스(governance) 구조의 변화를 통하여 기층 사회의 안정을 이끌어 내는 기능에 불과한가? 아니면, 당초의 중앙정부의 의지를 뛰어넘어, 기층 사회의 새로운 정치변화를 야기하는 사회적인 추동력으로 작용하고 있는가?

중국의 한 연구자는 현재 중국의 정치체제하에서 정치·경제적으로 중요한 모든 변화는 당의 정책적인 변화가 전제되어야 하며, 당의 정책적인 변화 역시 당내 주도적인 지위를 점하고 있는 지도자의 선택과 밀접한 상관관계가 있다고 지적한다. 중국의 정치개혁 과정은 부단한 정책 선택의 과정이며, 선택의 주체는 당의 영도자와 영도 계층이다. 비록 정책의 선택과 실시가 국가와 사회의 관계 및 사회단체들 간의 이익 관계를 재조정하더라도, 국가와 사회의 관계는 중국의 정치개혁을 충분히 설명할 수 없다(徐湘林 2003, 135). 그러나 기층선거의 실시가 기층 사회에 대한 당 통제의 일정한 원심력으로 작용하고 있음을 부정할 수 없다. 다만, 기층 개혁이 공산당 통치를 강화할 것인가, 혁명의 길을 재촉할 것인가는 여전히 불확실하다. 역사적으로 타이완이나 한국처럼 선거를 통하여 정치개혁이 성공한 사례도 있지만, 이는 매우 어려운 과정이다. 따라서 중국의 기층 정치개혁이 정치개혁 전반에 어떠한 영향을 미칠 것인가는 중앙의 지도자들의 점진적인 체제 변혁을 통제할 수 있는 능력과, 기층 사회의 발전에 달려 있다는 주장은 매우 의미 있는 주장이다(Perry and Goldman 2006, 1-19).

그렇다면, 중국공산당 지도부는 중국 내의 많은 연구자가 사고하는 바와 같이 기층선거를 중국식의 점진적인 정치개혁과 민주화의 중요한 모델로 간주하고, 기층선거의 확대를 통하여 점진적인 정치변화를 꾀하고자 하는가?

사실 그동안 기층선거의 실시가 최고 지도자의 정치적인 의지에 의해서 결정되었기 때문에, 기층선거의 확대를 통한 정치변화의 추진 역시 통치 엘리트의 정치적인 의지에 달려 있다고 볼 수 있다. 이 같은 관점에서 볼 때, 현재 기층선거의 확대를 통한 정치변화의 가능성은 매우 희박해 보인다.

그 이유는 현재까지 기층선거의 상층으로의 확대에 대한 중앙정부의 의지를 발견할 수 없기 때문이다. 중국공산당은 1982년 인민대표대회 대표 선출을 위한 직선 실시의 범위를 현급까지 확대하였고, 또한 1988년 촌민위원회 선거의 전국적인 실시를 결정하였다. 그리고 1998년 촌민위원회 선거가 일정한 성과를 거두면서 다시 도시지역 기층 사회로 선거를 확대하여 도시 주민위원회 선거의 확대를 시도하고 있다. 또한, 1997년 9월 15차 당 대회가 개최되기 직전에 당의 상급 지도자 수준에서 기층선거를 향진으로 확대시키는 문제를 둘러싸고 논쟁이 있은 후, 장쩌민에 의해서 잠정적으로 수용되면서 일부 지역에서 향진장 직선제가 실시되기 시작하였다.

그러나 기층선거를 좀 더 상층으로 확대하고자 하는 중앙정부의 의지는 좀처럼 찾기 어렵다. 이는 기층선거의 상층으로의 확대의 관문이라고 할 수 있는 향진장 직선제를 전국적으로 확대하려는 중앙정부의 의지를 아직도 발견할 수 없다는 데서 알 수 있다. 물론 2006년 11월 30일 중국의 기층 민주주의 연구 전문가 쉬용과 자오슈카이를 중앙정치국 제36차 집단학습회에 초빙하여 집단학습을 하고, 후진타오 국가주석이 기층 민주주의의 확대와 인민들이 민주적 권리를 직접 행사해야 한다는 점을 강조하면서, 17차 당 대회에서 정치개혁과 민주화와 관련되어 중요한 변화가 있을 수도 있다는 추측이 제기되기도 하였다.[11] 그러나 2007년 2월 28일 "사회주의 초급 단계에서는

---

11 제1장의 각주 2를 참조.

경제 발전에 매진해야 하며, 정치개혁을 할 때가 아니다."라는 원자바오의 연설은, 현재 정부 차원에서 기층선거의 상층으로의 확대를 위한 일정이 만들어지고 있지 않으며, 직선제를 여전히 아주 제한된 범위에서 실시하려 하고 있음을 의미한다.

결국 현재 기층선거가 상급 정부나 기관으로 확대될 가능성은 부패의 제거나 사회 안정의 유지 등 도구주의적 관점에서 도움이 된다고 생각되면, 당정(黨政) 최고 지도부에 의하여 위로부터 추진 될 것이다(Li 2007, 97-116). 그러나 중국의 통치 엘리트들은 기본적으로 간선제에 기초한 일당 통제를 선호하면서, 아주 제한된 범위 내에서 직접선거를 실시함으로써, 사회적 안정을 꾀하려고 할 것이다. 다만, 중국이 소련처럼 급속한 붕괴의 길을 가지 않고, 한국과 타이완과 같이 점진적인 길을 간다면, 제한된 선거는 인민들의 이익 갈등과 정치 참여 열기를 합법적인 제도적 틀로 끌어들이면서 중국의 점진적인 정치변화를 이끌어 낼 수 있는 중요한 실마리가 될 수 있을 것이다. 그러나 그 길은 정치, 사회적 혼란에 따른 폭발적인 정치변화가 없을 때, 그리고 통치 엘리트가 정치적인 안정을 유지하면서 지속적인 경제성장을 이끌어 낼 때만이 가능할 것이다.

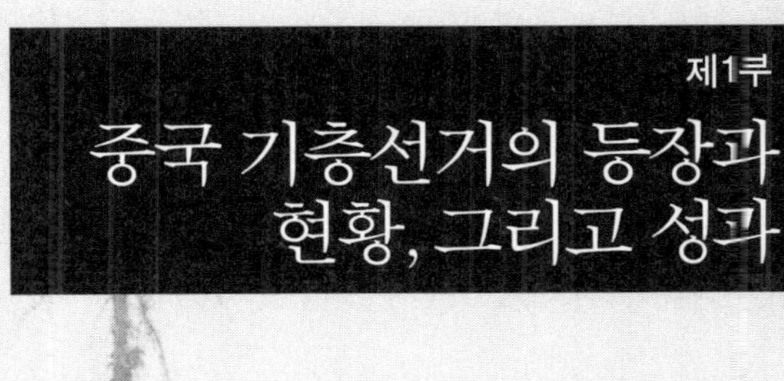
제1부
중국 기층선거의 등장과
현황, 그리고 성과

제2장

촌민위원회 직선제의 등장, 특징, 성과*

1. 촌민위원회 직선제의 등장 : 연원, 배경, 진통

촌민위원회는 공식적인 행정단위가 아닌 농촌 사회 기층 조직으로 분류되고 있지만, 중국 농촌의 모두 64만여 개에 이르는 촌민위원회는 농민들의 정치, 경제, 사회적 삶에 직접적인 영향을 미치고 있다. 촌민위원회 직선제가 전국적으로 실시되기 시작한 것은 1938년으로, 20여 년에 달하는 긴 시간 동안 여러 가지 시행착오를 거듭하면서 발전해 왔다. 전국적으로 평균 80% 이상에 달하는 높은 투표 참여율을 나타내고 있으며, 80% 이상의 촌이 자체적인 촌민자치 장정 혹은 촌민 규약을 제정하고 있다(趙樹凱 2007).

중국의 장구한 역사에서 중앙정부의 최하위 행정단위는 현에 그쳤으며, 현 이하의 단위는 지방 호족들이 관리권을 가졌다. 그러나 중화민국(中華民國) 시기 국민당은 행정 권력을 향촌 단위까지 연장하고자 하였고, 이를 위하여 구공소(區公所)와 촌공소(村公所)를 설치하였다(何增科 2003, 167). 신중국의 설립 이후 1949년부터 1954년 헌법이 제정되기 전까지 잠시 중국의 북쪽 지역

---

* 이 장은『국제정치논총』(한국국제정치학회) 제41집 2호(2001), pp. 139-159에 "개혁기 중국 농촌의 정치 참여와 통제: 촌민자치제를 중심으로" 라는 제목으로 발표된 논문의 내용에 기초하여 대폭적인 수정과 보완을 하였음.

에서 촌급 정권인 촌 정부가 설립된 적이 있었지만, 1954년 헌법의 공포와 함께 향진을 기층 행정 기구로 편재하였다.[1] 그러나 1958년 인민공사(人民公社) 체제가 실시되면서 향진은 정치와 경제적 기능이 통합된 인민공사와 생산대대(生産大隊) 체제로 대체되었다. 그 후 개혁개방 정책의 실시와 함께 1982년부터 인민공사 체제의 해체가 본격화되면서, 인민공사를 기초로 하여 향진 정권이 조직되고 생산대대를 기초로 하여 촌민위원회가 조직되었다. 이렇게 등장한 촌민위원회는 행정조직이 아닌 기층 자치 조직이라는 점에서, 그 이전 다양한 형식으로 출현된 기층 조직과 차이가 있다(肖立輝 2002, 51-58).

또한 중국 역사에서 촌민이 직접 촌의 대표를 선출하는 촌민 직선제의 실시는 촌민위원회의 건설과 동시에 진행된 촌민자치제의 실시 이후부터라고 볼 수 있다. 물론 1922년 산시(山西) 지역의 일부 농촌에서 촌민 선거를 통하여 촌장 및 촌의 지도자를 선출한 이래, 1931년부터 1934년 사이 강서(江西) 소비에트 시기, 항일 전쟁 및 내전 시기의 해방구에서 촌민 직선에 의해 촌장을 선출하고자 한 다양한 시도가 있었다. 그러나 이들 선거는 진정한 의미의 직선제와는 거리가 있다. 우선, 1922년 산시의 일부 농촌에서 중국 역사상 최초로 촌민이 촌장(村長)과 촌의 간부를 선출하였지만, 모든 촌민이 아닌 가장(家長) 혹은 가구 대표만이 선거에 참석하였고, 또한 가장 대표가 2인의 후보자를 뽑은 후 현지사(縣知事)가 최종적으로 촌장을 선택하는 간선제였다. 둘째, 1931년부터 1934년 사이 강서 소비에트 시기의 촌민 직선제 역

---

1 신중국의 설립 후 1949년부터 1954년 헌법이 제정되기까지, 중국의 기층 사회는 구촌제(區村制)와 구향제(區鄉制)가 병존하는 상황이 출현하였다. 구체적으로 북쪽 지역에서는 현 산하에 구(區), 구 산하에 촌(村)을 설립하고, 구와 촌의 인민대표회의를 소집하여 선거를 통한 구 정부와 촌 정부를 구성하였다. 이에 반하여 남방에서는 현 산하에 현의 파출 기구인 구공소를 설립하고, 구공소 산하에 향 정권을 설립하고, 향 인민대표대회가 선거를 통하여 향 정부를 구성하도록 하고, 촌에서는 촌급 정권을 설립하지 않았다. 1954년 헌법의 공포와 함께, 구촌제와 구향제가 병존하는 상황을 폐지하고, 향진을 기층 사회의 행정 기구로 편재하였다(肖立輝 2002, 52).

시 촌민 대회를 통하여 3~5인의 집행부를 선출하고, 이들 집행 위원들이 상호 선거를 통하여 촌장을 선출하였다는 점에서 간선제였다. 셋째, 1937년부터 1945년 항일 혁명 시기 산간령변구(陝甘寧邊區)에서 현 산하에 구, 구 산하에 향, 향 산하에 행정촌, 행정촌 산하에 자연촌을 설립한 후, 행정촌의 주임을 소속된 자연촌의 촌민 대회에서 선거를 통하여 선출하였지만, 이 선거 역시 각 가구의 가장이나 대표만이 투표에 참석하는 한계를 띠고 있었다. 넷째, 1945년 이후 공산당이 향과 행정촌을 나란히 농촌의 기층 행정제도로 편재시키고, 유권자의 직접선거를 통하여 구성한 향촌 인민대표회의에서 향촌 권력기관인 정부위원회를 선출하여 구성하도록 하였다는 점에서, 이 시기의 선거 역시 간접선거라고 볼 수 있다. 다섯째, 신중국의 건설 이후, 인민공사 시기 이전에는 향 혹은 촌의 인민대표가 선거를 통하여 향진장 혹은 촌장 및 그 간부들을 선출하였고, 그리고 다수의 선거가 상급 기관에 의하여 조정되었다는 점에서, 상급 기관의 실질적인 통제하에서 진행된 간접선거라는 한계를 지니고 있었다. 그 후 인민공사 시기에는 이 같은 선거조차도 사라지고 상급 당조직에 의하여 임명되었다(肖立輝 2002, 36-58).

따라서 중국 역사에서 농촌의 간부가 촌민의 직접선거를 통하여 실질적으로 선출되기 시작한 것은, 1982년 촌민위원회가 건설되기 시작하면서, 특히 1988년 촌민직선제가 전국적으로 실시되기 시작한 이후부터라고 볼 수 있다. 개혁개방 정책의 실시와 함께, 중국의 농촌지역은 농가호별청부제(農村家庭聯産承包責任制)가 실시되고 인민공사는 해체의 길로 나아가기 시작하였다. 그 결과 농촌 사회는 통치 공백 상태에 처하게 되었고, 이 같은 상황에서 광시성(廣西省) 장족 자치 구역의 한 촌에서 촌민들이 자발적으로 촌민위원회를 건설하고, 주민의 투표를 통하여 촌민위원회 간부들을 선출하였다. 바로 이것은 중국 최초의 촌민위원회 직접선거가 되었다. 그 후 촌민위원회 건설은 광시 지역의 농촌으로 확산되어 갔다. 중앙정부는 바로 이 같은 촌민의 자발적인 조직의 흐름을 인정하고, 1982년 신헌법에 촌민위원회를 기층 대중의 자치 조직으로 규정하기에 이른다. 그 후 1983년부터 1985년까지 전국적으로 94만 8,628개의 촌민위원회가 설치되었다.

촌민 직선제에 기초한 촌민자치의 확립은 농가호별청부제의 실시에 따라 인민공사 체제가 해체되고 향진 정부와 촌민위원회가 설립되고, 국가와 농촌 사회, 국가와 농민의 관계에서 다음과 같은 변화가 발생한 데서 그 원인을 찾을 수 있다. 우선, 농가호별청부제의 실시로 개별 가구가 농업 생산 단위가 되고, 농민이 경제적 이익의 주체가 됨에 따라, 촌 단위에서 독립적인 이익의 주체인 개별 가구를 단위로 한 공공 사회가 출현하였다. 둘째, 인민공사 체제의 해체와 함께 농촌 기층 사회의 자율성이 신속하게 제고되고, 촌 단위의 공공 사회가 자신의 의지에 근거하여 자율적인 자원 배치와 경제 발전, 공동체 관리를 할 수 있게 되었다. 셋째, 농가호별청부제의 실시로 농민이 경제적 이익의 주체가 되면서 농민의 정치 참여가 과거의 동원적인 참여에서 점차 자율적인 참여로 전환되기 시작하였다. 넷째, 국가에 대한 농민의 정치적인 지위의 변화이다. 즉 농가호별청부제의 실시 후 농민들은 자신들의 생산물을 스스로 통제하게 되었고, 국가와 농민 공동체가 농민으로부터 세금과 각종 요금을 거둬들이게 되면서, 국가 및 농촌 공동체와 농민과의 관계가 변화되었다. 그 결과 대부분의 농촌 공동체는 공공 복지시설을 건설하기 위하여 농민의 노동력과 재정 자원에 의존해야 하고, 농민들은 공동체의 각종 업무와 재정 운용 상황에 대한 더 많은 투명성을 요구하는 등 경제적 이익의 주체로서 간부나 국가에 대하여 자신들의 이익을 주장할 수 있게 되었다. 다섯째, 농가호별청부제의 실시 이후, 기층 사회에 침투할 수 있는 조직적인 체계인 인민공사 체제가 더 이상 존재하지 않게 되면서, 국가는 공산당 기층 조직에 의존하는 것 외에 새로운 통치 자원이 필요하였다. 특히 농민의 주체적인 지위와 농촌 기층 사회의 자율성이 갈수록 높아져 가는 상황에서, 국가는

농촌 기층 사회의 통치 방식에 대한 합법적인 기초를 만들 필요성이 있었다
(張厚安·徐勇·繼權 等著 2000, 2-8).

　이 같은 상황에도 불구하고, 농촌지역의 향진 관리들은 새롭게 변화하는
환경에서 출현하는 새로운 문제들의 해결에 대해 어떠한 대응 방안도 가지
고 있지 않았다. 오히려 이들 관료들의 부패로 농민들의 불만이 팽배하였고,
농민과 관리들 사이의 갈등이 심각한 문제로 등장하면서 농촌지역에 대한
정부의 통제력이 상당 정도 이완되는 현상이 발생했다(王愛平 1999, 30-31). 바
로 이 같은 상황에서 평전(彭眞)을 중심으로 한 당 중앙의 일부 지도자들에
의해, 촌민 직선에 의한 자치의 실시가 농촌지역 관료들을 혁신시키고, 농촌
지역에 대한 정치적 통제를 강화시킬 수 있다는 주장이 제기되면서 촌민자
치를 실시하게 되었다.

　그러나 촌민자치의 실시 과정은 그렇게 순탄한 것만은 아니었다. 1987년
11월 〈촌민위원회조직법/시안〉(村民委員會組織法/試案)이 통과되기까지, 촌
민자치에 찬성하는 입장과 반대하는 입장 사이에 팽팽한 대립이 있었다. 주
로 민정국의 관리나 중앙의 관료들은 촌민자치를 실시하는 데 찬성하는 입
장을 견지했다. 이들의 찬성 이유는 첫째, 촌민의 직선을 통하여 선출된 지도
자는 농촌지역의 경제를 발전시키고, 촌에 대한 통제를 가능하게 해줄 것이
며, 그 결과 농촌지역에서 붕괴된 국가의 권위를 회복할 수 있게 해 줄 것이
라는 점이다. 둘째, 촌민이 직접 선출한 관료들은 지명된 관료보다 국가의 정
책을 원만하게 집행할 수 있어, 촌민들로 하여금 국가가 원하는 것을 더 잘
할 수 있게 업무를 추진할 수 있다고 보았다. 이에 반하여 반대의 입장은 주
로 지방 관리, 특히 현급 이하 관리나 지방 공산당 관리들로부터 집중적으로
제기되었다. 이들은 촌민자치는 자산계급 자유화의 산물이고, 중국의 농민
은 문화적 소질이 너무 낮아서 민주적 자치를 실시할 준비가 되어 있지 않으
며, 따라서 촌민자치는 중국의 국정에 맞지 않기 때문에, 이를 실시하는 것은

너무 이르다고 주장했다. 혹자는 덩샤오핑은 한 번도 촌민자치를 얘기한 적이 없으며, 촌민자치는 펑전 등이 산시성 일부 지역의 이상주의자들로부터 발굴해 낸 것으로, 정치적 낭만주의적 발상이라고 비판하기도 하였다(Kelliher 1997, 63-86; 王金華 2007).

촌민자치를 둘러싼 논쟁은 1998년 촌민위원회조직법이 정식으로 통과된 이후 다시 한 번 전개되었다. 특히 현과 향진의 관리들을 중심으로 촌민자치의 전면적인 실시에 대하여 집중적인 비판이 제기되었다. 이들은 촌민자치가 농촌지역에서 당의 통치 지위를 약화시키고, 영도를 허물었으며, 집체경제를 와해시키고 농촌 사회의 안정을 해쳤다고 주장하였다. 농촌지역에 씨족이나 가족 등 종파 세력의 만연을 조장하였고, 세계에서 가장 선진적인 민주주의를 중국의 가장 낙후된 사람들 속에서 실시하고자 한다고 비판하였다(王金華 2007).

이 같은 격렬한 논쟁 가운데서도 당 중앙과 민정국(民政局)을 중심으로 한 중앙정부의 강력한 의지로 촌민자치는 순조롭게 실시되었다. 그러나 이들이 촌민자치의 실시를 적극적으로 주장한 이유는 농촌지역 관료들을 혁신시키고 농촌지역에 대한 정치적 통제를 강화시켜서 사회적 안정을 이끌어 내고자 한 도구적 목적에 있었다. 그리하여 촌민자치는 밑으로부터 자발적인 맹아가 싹텄지만, 중앙정부의 강력한 의지에 의하여 전국적으로 확대, 실시되었다는 점에서 위로부터의 추진된 기층 민주주의의 실시라고 볼 수 있다.

1987년 11월 전국인대에서 촌민위원회조직법(시안)이 통과되면서, 촌민위원회 선거는 전국적으로 확대되기 시작하였고, 3년에 한 번씩 정기적으로 실시되었다. 그 결과 1997년에 이르러서는 전국 촌의 60%가 직접선거 방식을 통하여 촌민위원회를 구성하였고, 25개 성이 촌민위원회조직법의 구체적인 세칙을 제정했다. 또한 1998년 촌민위원회조직법이 정식으로 통과되었고, 과거 10여 년의 실천을 총괄하면서 촌민자치의 내용을 민주 선거, 민주적 정책 결정, 민주적 관리, 민주적 감독으로 정리하였다. 특히 2002년 7월 중공 중앙과 국무원은 〈촌민위원회 선거업무를 진전시키기 위한 통지〉를 통하여, 처음으로 추천 및 선발권(推選權), 선거권, 지명권(提名權), 투표권, 파면권 등 5개 항목에 대하여 자세하고 체계적으로 설명함으로써, 촌민위원회 조직법을 보강하여 선거 과정 중 분쟁이 발생되기 쉬운 문제들을 해결할 수 있도록 제도적 정비를 하였다.

2. 촌민자치의 제도적 구성과 촌민의 정치 참여

촌민자치는 제도적으로 최고 결정 기구인 촌민대표대회(혹은 촌민 회의)의 민주적 결정과 감독, 촌민위원회의 민주적 집행, 그리고 이들 촌민위원회 간부와 촌민대표에 대한 민주적 선거를 통한 직접선거로 구성되어 있다. 특히 촌민위원회와 촌민대표대회로 구성된 조직적인 구성은 입법 기능과 행정 기능으로 나누어져 있다는 점에서, 중앙정부의 제도적 형태와 매우 유사하다고 볼 수 있다.

우선, 촌 단위의 최고 권력기관으로 촌민 회의가 있다. 촌민위원회조직법에 따르면, 촌민 회의는 전체 성인 촌민이 참석하는 최고 권력기관으로, 다섯 가지의 권리를 보유하고 있다(白鋼·趙壽星 2001, 327-332). 첫째, 촌민자치 활동의 기본 장정과 규칙을 제정할 수 있다. 둘째, 촌민위원회 선거 및 촌민위원회 성원의 교체와 보궐 선거권을 보유하고 있다. 셋째, 촌의 경제·사회 발전 계획과 연례 업무 계획에 대한 토론과 심의 및 촌민의 이익과 관련된 중대한 문제에 대한 토론과 결정권을 보유하고 있다. 넷째, 촌의 재무 상황에 대한 감독과 조사, 자치 조직의 기구 및 이들에 대한 감독권을 보유하고 있

다. 다섯째, 촌민위원회가 내린 부적절한 결의와 결정에 대한 부결권을 갖는
다. 이는 직접 민주주의의 원리에 입각하여 전체 촌민이 참가하는 촌민 회의
에 최고 결정권을 부여하고, 이를 최고 권력기관으로 규정하고 있음을 의미
한다.

그러나 현실적으로 촌민 회의를 개최하는 것이 쉬운 일은 아니다. 모든
촌민이 모여서 정책 결정을 일상적으로 수행하기에는 촌 단위의 인구가 지
나치게 대규모일 뿐만 아니라,[2] 농촌지역의 지리적 특성상 인구가 고립, 분
산적으로 흩어져 있고, 농민들이 바쁜 농사일로 공통된 여가 시간을 찾기 어
렵기 때문이다. 또한 대도시로 이동하는 농촌 인구가 급속히 증가하여, 촌민
회의를 일상적으로 개최함으로써 그 본래적인 기능을 수행하는 것은 현실적
으로 불가능하다. 이 같은 결과로 촌민 회의는 전체 촌민이 참여하여 개최하
는 것이 아니라, 일상적인 참여가 가능한 소수 간부에 의한 자치로 흐르게 되
는 상황이 종종 출현하였다. 바로 이러한 문제를 해결하기 위하여 중국 정부
는 1992년 이후 촌민대표대회를 설립하여 촌민 회의의 상임기관 역할을 하
도록 하였다. 그 결과 대다수의 농촌은 촌민대표대회가 조직되어 최고 권력
기관으로서 기능을 수행하고 있다. 그리하여 촌민은 촌민대표대회의 대표
위원을 선출하는 선거를 통하여 촌민대표대회 활동에 간접적으로 참여할 수
있다(徐勇 1997, 83).

촌민대표대회의 구성은 촌민의 직접선거에 의하여 대개 10가구당 1명씩
선출된 촌민대표와 촌 당지부 간부, 촌민위원회 간부, 촌민소조 대표와 당지
부 서기의 추천을 받은 지역의 유력 인사가 선출 과정 없이 자동으로 참석함

---

2 일반적으로 중국의 촌민위원회 산하의 인구는 1,000명에서 3,000명 정도이며, 많은 지역의 경우
는 8,000~9,000명 혹은 1만 명에 이르는 지역도 있다. 따라서 비록 18세 이상의 성인남녀로 한정
시킨다고 하더라도 그 수는 수 백 명에서 수 천 명에 이른다고 볼 수 있다.

으로써 이루어진다.[3] 이렇게 구성된 촌민대표대회는 1년에 3~4차례 대회를 소집하여 촌의 각종 문제에 대한 결정과 촌민위원회의 업무 사항을 감독한다. 이리하여 비록 촌민이 선거를 통하여 대표 의원을 선출함으로써 촌민대표대회의 구성 과정에 참여하지만, 실제 운영 과정을 볼 때 촌민의 선출 없이 자동으로 참여하는 당과 촌민위원회 간부들의 주도적 활동으로 인해 농민의 의사 대표 기관으로서의 촌민대표대회의 기능은 일정한 제한을 받고 있다고 볼 수 있다.

다음으로, 촌민의 행정적 집행기관인 촌민위원회는 크게 두 가지 역할을 한다. 첫째, 농촌의 공공 업무와 공익사업, 농촌 민간의 분쟁 조절, 사회적 치안 유지, 문화 활동의 전개, 촌 내의 집체자산의 보호와 관리, 촌의 경제활동에 대한 협조와 서비스, 환경보호 등 자치성을 띤 활동이다. 둘째, 향진 정부의 행정적인 기능에 협조하는 행정적 성격을 띤 역할이다. 예를 들면 농민의 납세, 병역, 의무교육, 가족계획, 농산물 수매 계약 등의 의무 이행을 추진하고 이끌어 내는 역할이다.

촌민위원회의 구성은 선거를 통하여 민주적 방식으로 이루어지고 있으며, 촌민대표대회가 그 역할을 감독하도록 하고 있다. 구체적으로 촌민위원회는 촌민의 간접선거를 통하여 선출된 1명의 주임과 2~6인의 부주임과 촌민위원으로 구성되며, 이들의 임기는 3년이다. 따라서 촌민은 촌민위원회 조직과 활동 과정에서 직접선거를 통하여 촌민위원회 간부를 선출하고, 촌민대표 의원을 선출하여 촌민대표대회가 촌민위원회의 활동을 감독하도록 하는 형식을 통해 촌민자치에 참여할 수 있다.

상술한 분석을 통하여 볼 때, 촌민자치는 최고 권력 기구인 촌민대표대

---

3 대부분의 촌은 촌의 하위 단위에 촌민소조를 신설하고 있으며, 촌민소조의 대표는 촌민대표대회의 참석 자격을 보유한다.

회의 민주적 정책 결정과 감독, 집행 기구인 촌민위원회의 민주적 정책 집행, 그리고 촌민의 직접선거에 의한 민주적 대표의 선출로 이루어지고 있다. 따라서 농민의 촌민자치 과정에 대한 참여는 최고 정책 결정 기구인 촌민대표대회의 대표 의원과 촌민위원회 간부를 선출하는 투표 행위를 통하여 이루어진다. 그러므로 선거는 촌민자치 과정 중 농민의 정치 참여의 대표적인 제도적 수단이 되고 있다. 따라서 촌민자치가 진정한 의미의 농촌지역의 민주적 자치로 자리 잡으려면, 공정하고 자유로운 선거에 의한 대표 선출을 통해 촌민위원회와 촌민대표대회가 구성되고, 이들 자치 조직이 진정한 민주적 정책 결정과 감독 및 집행을 할 수 있을 때 가능하다.

3. 촌민위원회 선거제도의 주요한 특징

인민공사 시기 중국 농민의 정치 참여는 정치 학습과 계급투쟁, 일상적인 군중대회 등을 통한 동원적 참여였다. 그러나 농촌 개혁과 함께 농민이 경제적 이익의 주체로 등장하면서 농민의 정치 참여 형태는 투표를 통한 자신의 이익 대표의 선출, 상급 정부에 자신의 이익을 직접적으로 요구하는 방식, 농촌 공동체의 관리에 직접 참여하면서 감독권을 행사하는 방식, 법률적 절차에 의한 합법적 권리의 주장과 정치적 저항 및 폭력적인 방법을 통한 참여 등 다양한 형태로 이루어지고 있다. 특히 촌민자치의 실시와 함께 현재 중국 농촌의 정치 참여의 가장 일반적인 형태는 선거를 통한 정치 참여로, 3년마다 치러지는 촌민위원회 간부 및 촌민대표대회 대표를 선출하기 위한 선거가 농민의 정치 참여의 가장 중요한 형식 중의 하나이다.

촌민자치 조직의 선거 과정 역시 각 성급 행정단위에서 제정된 지방 성 법규에 기초해 진행됨으로써 지역별로 편차를 보이지만,[4] 일반적으로 상급 정부에 의한 선거의 조직 과정과 촌민과 촌민자치 조직의 세부적인 선거 준비와 참여 과정으로 나누어서 살펴 볼 수 있다.

우선, 촌민자치조직 선거는 성 당위원회와 성 정부, 시, 그리고 현 당정 핵심 간부와 관련 부문 책임자가 회의를 개최하여 선거를 조직할 것을 결정하면서부터 시작된다. 그 후 현 정부의 당정 부문이 향진 정부의 당정 부문을 지도하면서 촌민 선거 영도소조를 설립하여 선거와 관련된 주요 일정을 정하고, 향진 정부가 선거 과정에 대한 각종 실무적인 지도를 수행하면서 선거를 진행한다. 또한 상급 정부는 선거에 대한 홍보, 선거 관련 인재 육성을 직접적으로 추진하고, 정해진 절차에 따른 선거의 조직 및 선거 과정에서 나타나는 각종 부정행위와 불법행위를 감독하고 처벌하는 역할을 통하여 선거 과정을 조직한다(民政局基層政權建設司農村處 1997, 128-130).

한편 촌민과 촌민자치 조직의 선거를 위한 조직과 참여는 준비 단계, 유권자 등록, 후보자 추천 및 정식 후보자 확정, 선거(후보 소개, 투표, 그리고 개표), 감사와 소송, 파면 등 6단계로 나눌 수 있다.

우선, 준비 단계에서는 촌급 영도소조를 설립한다. 촌급 영도소조의 설립은 촌의 선거가 정식으로 시작됨을 나타내는 것으로, 그 인선은 향진 선거 영도소조와 현행 촌민위원회 및 촌민대표대회 간부가 서로 상의를 한 후 이루어진다. 그러나 지역별로 영도소조 성원에 향진이 파견한 촌의 연락원과 군중 대표, 현임 촌민위원회 주임이 참여할 것인가에 대하여 약간 다른 방식을 채택하고 있다.

둘째, 유권자 등록 단계로, 촌민 영도소조가 결성된 후 유권자 등록이 이

---

[4] 2002년에 촌민위원회조직법에 근거한 성급 지방성 법규의 제정이 31개 성급 지역에서 완성되었다(王金華, 2004).

루어진다. 〈촌민위원회조직법〉 12조는 18세 이상의 촌민은, 법에 의하여 정치적 권리가 박탈당한 자를 제외하고, 민족, 성별, 직업, 가족 출신, 신앙, 교육 정도, 재산이나 거주 연한 등에 상관없이 모두 선거권과 피선거권을 가지며, 이들 선거권자와 피선거권자의 명단은 선거가 실시되기 20일 전에 공포되어야 한다고 규정하고 있다. 이 규정에 맞추어서 구체적으로 3불(不) 정책(중복 등록, 잘못된 등록, 등록 누락의 방지)에 근거하여 유권자 등록 작업을 마친 후 유권 자격을 가진 전체 유권자가 공포된다.

셋째, 후보자 추천 및 정식 후보자 확정 단계로, 1999년과 2000년에 진행한 후난(湖南)성과 지린(吉林)성 그리고 푸젠(福建)성의 선거 조사에 근거해서 이들 특징을 살펴보면,[5] 모든 촌에서 촌민의 직접적인 참여를 통하여 후보자의 추천과 정식 후보자의 확정이 이루어지도록 하고 있다. 또한 반드시 복수 후보자를 경선에 내세워서 촌민의 대표 선택권을 보장하고 있다. 우선, 예비 후보자 추천 방식은 촌민 10인의 연명과 예비선거, 그리고 자기 추천 등의 방식이 강조되고, 인대 선거에서 광범위하게 활용되고 있는 정당과 사회단체에 의한 추천이 매우 적은 비율을 차지하고 있다. 예를 들면, 후난성과 지린성의 경우 촌 당지부, 향진 조직, 촌민 선거위원회에 의하여 예비 후보자가 추천된 경우는 각각 약 11.3%, 4.5%이며, 나머지는 촌민 10인의 연명, 촌민소조, 촌민대표대회의 추천과 자기 추천으로 예비 후보자가 추천되었다. 또한 푸젠성의 경우는 거의 모든 예비 후보가 1인 1표나 촌민의 연명에 의해서 추천되었다. 둘째, 정식 후보자의 확정도 당과 향진 정부에 의한 지명보다 세 지역 모두에서 촌민회의나 촌민대표대회 그리고 촌민 개인의 직접선거를 통하여 선출하는 경우가 절대적인 비중을 차지하고 있다. 즉 후난성의 경우는 촌민대

---

5 제7장의 〈표 7-1〉 "선거의 경쟁성 보장과 공정한 투표 과정의 정도"를 참조.

표대회 예비선거를 통한 경우가 67.67%, 예비 후보 추천자 수에 의한 경우가 27.24%, 전체 촌민의 예비선거의 경우가 4.24%로, 거의 모든 촌에서 당과 향진 정부의 지명에 의한 후보 확정은 없다. 지린성의 경우도 촌민대표대회를 통한 경우가 12.7%, 예비 후보 추천자 수에 의한 경우가 40.7%, 촌민대회에서 예비선거의 경우가 51.0%이고, 선거위원회와 당지부, 향진 조직을 통한 경우는 단지 2%를 점하고 있을 뿐이다. 마지막으로 푸젠성의 경우는 촌민대표대회를 통한 경우가 90.46%, 촌민의 예비선거를 통한 경우가 3.73%, 예비 후보자 추천자 수에 의한 경우가 2.42%를 점함으로써, 향진 정부나 촌 당지부에 의한 정식 후보자 확정이 부재했음을 알 수 있다. 셋째, 촌민위원회 주임 정식 후보자의 수를 보면, 세 지역 모두에서 약 85% 이상이 2인 이상의 후보자의 경쟁을 통한 선거가 진행되었음을 알 수 있다.

넷째, 중요한 단계는 투표 단계로, 후보자 소개, 투표, 그리고 개표가 이루어지는 단계이다. 우선, 후보자 소개는 현재 촌민위원회 선거에서 전국적으로 통일된 하나의 고정된 형식이 존재하는 것은 아니다. 어떤 지방에서 경선 제도를 채택하여 후보자가 확정된 이후 정식 선거 전 경선 연설을 실시하고, 촌민의 질의를 받은 후 답변을 한다. 특히 어떤 지방에서는 선전차가 출동하는 등 경선 활동이 매우 활발하게 이루어지는 지역도 있다. 그러나 경선은 법률상으로 엄격한 규정이 있는 것은 아니다. 다만 중반 14호(中共中央辦公廳國務院辦公廳發 14號)는 "일정한 조건이 되는 지방에서 촌민위원회는 정식 후보자와 촌민이 서로 만나서 촌을 어떻게 이끌어 갈 것인지 구상을 소개하고 촌민이 제기한 질문을 답해야 한다."고 규정하고 있다. 다음으로 투표 과정에서 유권자 개인의 직접투표와 비밀투표를 통하여 투표의 공정성이 잘 지켜지고 있는가 하는 점이다. 유권자의 무기명투표를 보장하기 위하여 촌민위원회 선거에서는 각 성 단위에서 선거 실시 세칙을 규정하여 비밀 투표소에서의 투표를 최대한 확대하고, 이동 투표와 위임 투표를 제한하는 조치를 취하고 있다. 그러나 촌민위원회 선거에서 투표의 공정성과 관련하여 여전히 문제가 되는 것은 그동안 대다수의 촌에서 농촌지역의 특성을 반영하여 위임 투표를 인정하고, 이동 투표함의 설치를 통하여 투표 참여를 유도해 왔다는 점이다. 비록 각 지역에서 위임 투표와 이동 투표함을 통한 투표 행위를 제한하고자 하고 있지만, 이 같은 투표 형태는 촌민위원회 선거에서 여전히 정당한 제도적 형태로 인정받고 있다. 마지막으로 선거가 치러진 후, 공개 개표를 통하여 개표 결과를 촌민에게 공개적으로 개시·공고하도록 하고 있다.

다섯째, 감찰과 소송 단계로 우선, 감찰은 주로 선거 전 및 선거 중 불법적인 선거를 방지하고자 하기 위한 것이다. 구체적으로 선거 행위에 대한 감찰로, 후보자들이 유권자들에게 뇌물을 제공하거나, 강제적인 방법을 통하여 위협을 하거나, 투표 과정을 고의로 방해하거나, 표의 조작과 같은 각종 불법행위를 감찰한다. 두 번째로는 유권자 행위에 대한 감찰로, 유권자가 뇌물을 받았는지, 중복 투표를 했는지 등 유권자의 비규범적인 투표 행위와 투표 자격 부합 여부 등에 대한 조사이다. 세 번째는, 선거의 관리와 집행에 책임이 있는 선거위원회 업무에 대한 조사이다. 즉 유권자의 투표 행위를 유도하였는가, 비밀투표 원칙을 지켰는가, 투·개표 과정에서의 부정행위를 저질렀는가 등에 대한 조사 행위이다. 현재 각 촌의 선거위원회는 어떤 경우는 향진이 통제하고, 어떤 경우에는 해당 촌의 촌민이 스스로 통제하고 있으며, 기본적으로 중립을 지키지 않아 상술한 역할을 수행하는 데 한계가 있다. 또한 선거 감독 임무를 수행할 수 있는 전문적인 기구가 아직 존재하고 있지 않은 실정이다. 다음으로 법률적인 소송으로 주로 선거가 종료된 이후에 진행된다. 구체적으로 선거효력 소송, 당선소송, 당선자 소송 주로 세 가지가 있는데, 선거효력 소송과 당선소송은 유권자의 선거권에 대한 보장이라면, 당선자 소송은 당선자의 피선거권을 보장하기 위한 것이다. 촌민위원회 선거 과정에서 향진 정부나 당의 영향력이 여전히 강하고 이들 당정 부문에 의하여 당선자가 불법적으로 교체되는 경우가 종종 있는 현재의 상황에서, 촌민의 의지에 근거하여 선출된 당선자의 권리를 보장하는 것은 유권자의 권리를 보장하는 측면에서도 의미 있는 제도이다(李凡 主編 2005a, 20-22).

여섯째, 파면권 행사 단계이다. 1999년 5월 직선에 의해 선출된 촌민위원회 간부에 대한 파면을 시작으로 하여, 촌민위원회의 경우는 2002년 한해 약 1,000건에 달할 정도로 파면권 행사는 광범위하게 이루어지고 있다. 구체적인 과정을 보면 우선, 파면 요구의 제기로, 촌민위원회조직법은 촌민위원회 성원에 대한 파면은 선거권을 보유한 1/5 이상의 촌민의 연명으로 촌민위원회에 촌민위원회 간부에 대한 파면 요구를 서면으로 제기할 수 있다고 규정하고 있다. 그리고 촌민위원회 성원의 파면에 대한 요구와 건의는 촌민위원회에 의하여 수리된다. 다음으로 파면안이 수리되면 향진 정부와 촌민위원회가 공동으로 조사조를 구성하고, 본 안건에 대한 조사를 진행하여 이 안건을 표결에 부칠 것인지를 결정해야 한다. 조사조에 의해 조사가 끝난 후, 촌민위원회는 촌민회의 표결을 진행하기 전에, 촌민대표대회를 소집하여 파면안 표결에 참여할 선거권자 명단, 촌민회의 개최 시기와 장소, 토론 일정, 표결 방법 등을 정해야 한다. 최종적인 표결로, 유권 자격을 지닌 촌민 과반수가 참여하는 촌민대회를 소집하여, 전체 유권자의 과반수의 찬성이 있을 때 가능하다고 규정하고 있다. 마지막으로, 촌민위원회 간부의 파면을 요구한 자나 파면을 요구당한 자가 투표 결과에 불복할 경우, 상급 인민대표대회나 상급 정부의 관련 부문에 이의를 제기할 수 있으며, 향급 인민대표 주석단과 인민정부에 서면으로 소송을 제기할 수 있고, 관련 기관은 책임지고 조사를 진행하여 답변을 해야 한다. 촌민위원회 혹은 촌급 당조직이 수리하고 주도한 파면안은 공고와 동시에 향급 정부와 현급 민정 부문에 준비안을 보고해야 한다(이정남 2007b, 98-100).

4. 촌민위원회 선거의 성과와 한계

1) 성과

촌민 직선에 기초한 촌민자치가 실시되면서, 중국 내의 많은 학자들은 촌민자치를 중국의 민주화와 관련시키면서 그 정치적인 의미를 놓고 많은 공방을 하였다.

우선, 기층선거(특히 촌민자치)를 중국 민주화의 실현으로 간주함과 동시에 중국 민주주의 건설의 출발점이며 돌파구로 간주하는 시각이다. 이 시각은 촌민자치의 실시는 중국 기층 사회의 민주화로서, 현 시점에서의 중국 민주주의 발전의 주요한 내용이라고 주장한다. 또한 촌민자치의 실시는 촌민의 정치적인 적극성과 주동적 정신을 유발시킴과 동시에 민주적 소양과 자질을 제고시킴으로써, 중국의 민주화 과정에서 국가권력을 사회로 환원시키는 데 유리하게 작용할 것이라고 주장한다(徐勇 1997; Wang 1996, 271-309). 또 다른 시각은 기층선거가 현 단계에서 중국 민주주의 발전을 위한 기초를 닦는 데는 일정한 역할을 할 수 있지만, 정치적 민주화의 돌파구로 작용할 것이라고 보는 것은 촌민자치를 지나치게 과장되게 평가한 것으로 간주하는 시각이다. 이 시각은 기층선거의 실시가 농민의 민주적 훈련을 통하여 민주정치에 대한 소양과 자질을 제고시킴과 아울러 도시의 기층 민주주의의 건설에도 영향을 미칠 수 있다고 본다. 그러나 촌민자치의 실시가 중국 민주주의 성장의 맹아로 작용할 수는 있지만, 민주주의를 위한 돌파구가 될 수는 없다고 주장한다. 그 이유로 중국 민주주의의 돌파구는 정치체제 밖의 공동체 자치 민주인 촌민자치로부터 시작되는 것이 아니라, 정치체제 내부로부터 시작됨으로써 만들어 질 수 있기 때문이다(程同順 2000; 朱光磊·程同順 1998).

한편, 서방에서도 기층선거에 대한 분석을 통하여 중국 정치개혁의 특징

과 향후 정치적인 변화를 전망하는 연구가 매우 중요한 비중을 차지하고 있
다. 사실 그동안 서방에서는 중국의 기층선거를 정치개혁 및 민주화와 관련
시켜 논의하기보다는 농촌 리더십의 강화 및 농민과 농촌지역 관리들과의
유대 강화를 통하여 농촌지역의 사회적 안정성을 확보할 수 있도록 보장해
준다는 데 관심을 기울여 왔다(O'Brien and Li 2000; O'Brien 1994; Kelliher 1997;
Pastor and Tan 2000). 그러나 일부 연구자들은 기층선거를 중국의 정치개혁
및 정치변화와 관련시켜, 기층선거가 중국이 점진적 개혁을 통해 민주화를
추진할 수 있는 중요한 수단이 될 수 있을지에 주목하고 있다. 다이아몬드와
마이어(Larry Diamond and Ramon H. Myers)는 비록 중국의 엘리트들이 간선제
에 기초한 일당 통제를 선호하면서, 아주 제한된 범위 내에서 직접선거를 실
시하려 하고, 이것이 적어도 얼마 동안은 중앙정부에 의해서 통제될 수 있을
것이지만, 제한된 선거가 중국에서 긴주주의를 증진시킬 것이라는 점에서
매우 중요한 의미가 있다고 본다. 따라서 중국이 소련처럼 급속한 붕괴의 길
을 가지 않는다면, 민주적인 전환은 타이완과 같이 점진적인 길을 갈 것이며,
그 가능성의 실마리는 제한된 선거의 특징과 발전으로부터 찾아야 한다고
주장한다(Diamond and Myers 2004, 1-23). 그러나 대부분의 서방의 기층 민주
주의 전문가들은 향후 중국의 정치변화는 기층 사회나 시민사회로부터 시작
되기보다는 정치 엘리트의 의지에 달렸다고 보고 있다는 점에서 공통점을
찾을 수 있다. 중국은 현재 경제성장을 추진하고 대중 소요를 방지하기 위하
여, 다당제나 삼권분립이 아니라, 제한된 점진적 접근 방법을 채택하고 있으
며, 특히 기층선거를 중심으로 한 지방 정치개혁을 통하여 정치적인 안정을
꾀하고자 하고 있다. 이 같이 기층선거가 분명히 일정한 원심력으로 작용하
고 있지만, 기층 개혁이 공산당 통치를 강화할 것인가, 혁명의 길을 재촉할
것인가는 여전히 불확실하다고 주장한다. 따라서 중국의 기층 개혁이 정치
개혁에 어떠한 영향을 미칠 것인가는 기층 사회의 발전도 중요하지만 중앙

의 지도자들의 지도 능력이 주요한 변수로 작용할 것으로 보고 있다(Shi 2000, 541-559; Perry and Goldman 2006, 1-19; Li 2007, 97-116; White 2007, 162-171).

상술한 논의들을 종합해 볼 때, 기층 민주주의가 중국의 정치적인 민주화와 정치개혁의 동력이 될 수 있을 것이라는 기대를 갖게 하지만, 사실 중국의 촌민자치가 민주화를 위한 하나의 돌파구로서의 역할을 하고 있다고 보기는 어렵다. 그러나 촌민자치의 전면적인 실시가 중국의 기층 사회에 초래한 정치적인 변화는 아무리 강조해도 지나치지 않다. 중국의 한 연구자는 중국의 기층선거가 기층 사회에 초래한 정치적인 변화를 다음과 같이 정리하고 있다.

첫째, 중국의 민주정치 건설을 위한 중요한 제도적인 선택이라는 점이다. 신중국이 건설된 이래 비록 인민대표대회가 건설되고 선거를 통하여 대표를 선출하였지만, 이는 간선제를 통하여 실시되었다. 그러나 기층 차원에서 진행된 직접선거에 기초한 민주주의의 발전은 중국 민주주의 건설의 하나의 특색이다.

둘째, 선거를 통하여 기층 인민들이 민주주의를 학습함으로써, 민주주의가 무엇인가를 이해하고, 민주적인 권리를 어떻게 행사하는가를 익히고, 어떻게 행동하는 것이 민주적인가를 학습하며, 그 과정에서 민주주의를 확대할 수 있는 기초를 확보할 수 있다는 점이다.

셋째, 대중들의 적극성을 이끌어 내고 발휘하도록 하는 데 중요한 조치가 될 수 있다. 기층 인민들이 자신들의 생활에서 직접적으로 부닥칠 수 있는 문제를 통하여 적극적으로 정치에 참여할 수 있다. 대중들의 관심은 성장(省長)이나, 현장(縣長)이나 심지어 향진장이 아니라, 촌민위원회 주임이다. 자신들의 공동체의 대표를 선출하여 공동체가 잘 통치되고 발전된다면 대중들의 적극성이 제고될 것이고, 동시에 그 커다란 열정을 경제 건설에 집중하면서 생산력을 발전시켜 스스로의 생활을 개선시킬 것이다.

넷째, 당대 중국의 국정에 부합하는 보통선거 민주주의를 실시할 수 있는 안정적인 길이라는 것이다. 중국은 인구가 많은 대국이라는 조건에서 전체 인민의 참여를 통한 보통선거제의 실시가 요구되고 있고, 동시에 새로이 변화된 사회적 조건에 부응하여 전체 사회에 대한 효과적 조정이 요구되고 있다. 이 같은 조건에서, 안정과 질서를 유지하면서 민주주의와 자유를 추진하기 위해서는, 기층 민주주의를 먼서 실시하는 것은 하나의 중요한 방책으로, 비교적 작은 대가를 치르고, 많은 사회적 효과를 볼 수 있다. 그리고 더 높은 행정적인 위계로 민주주의를 추진할 수 있는 정치적 자원을 축적할 수 있다. 기층 민주주의의 실시 과정 중 비록 개별 지역에서 문제가 출현한다고 하더라도 이것이 거대한 사회적 혼란으로 치닫지 않을 수 있다. 그러나 기층 민주주의가 건전하게 발전하지 않은 조건에서, 상층 차원에서의 민주주의를 서둘러 실시하는 것은 정치적인 혼란을 초래할 수 있다는 것이다(王金華 2007).

상술한 주장은 중국의 기층 민주주의는 중국식의 민주주의 추진의 길이며, 동시에 중국의 사회·경제 발전을 이끌어 낼 수 있는 정치적인 변화로 간주하고 있음을 알 수 있다. 이 같은 주장은 기층 민주주의가 정치적 민주화의 추동 요인인가, 아니면 기층 사회의 적극성을 추동하여 사회·경제 발전을 이끌어 내고 동시에 기층 사회의 안정을 확보하고자 한 시도인가 하는 극단적인 평가로부터 벗어나서, 중국의 정치적인 민주화를 추진하기 위한 장기적인 준비 과정으로 보고 있다는 점에서 매우 의미 있는 평가라고 볼 수 있다.

2) 한계와 개선점

중국의 촌민위원회 선거는 그동안 실천 과정 중 여러 차례 수정을 통하여 높은 정도의 규범화의 길로 진입하였다. 그러나 아직도 특정 제도적인 요인과 실천 과정에서의 오류로 인해 여전히 일정한 한계를 보여 주고 있다.

우선, 제도적 요인에 따른 한계이다. 촌민위원회 간부가 더 이상의 당조직의 인선이 아니라 선거를 통하여 선발된다고 하더라도, 선거 과정이나 임기 중에 당의 영도를 벗어날 수 없다는 점이다. 향진 당위원회나 촌 당지부는 선거 개입이나 교육 등의 설득 방법을 통하여 자신들이 지지하는 후보가 당선되도록 함으로써, 이들이 당선된 이후 당과 권력 갈등이나 경쟁을 일으키는 것이 아니라 당의 영도를 받도록 하고 있다. 또한 촌민위원회조직법은 향진 정부가 촌민위원회 업무에 대하여 지도, 지지, 협조의 관계에 있지만, 촌민차치의 범위에 속하는 것에 대하여서는 간섭하지 말아야 한다고 규정하고 있다. 그러나 지도의 의미가 불명확할 뿐만 아니라, 현실적으로 촌민위원회가 향진 정부의 간섭을 뿌리칠 방법이 없다. 바로 이 같은 이유로 인하여 촌민 선거는 다음과 같은 심각한 문제를 노출하고 있다.

첫째, 촌민들의 직선을 통하여 당선된 후 촌 간부들이 향진 조직이나 간부들에 의해서 직위가 철회되는 경우가 종종 있다. 촌민위원회 간부의 파면 역시, 법률상으로 "어떠한 조직이나 개인도 촌민위원회 간부의 직위를 직접적으로 철회할 수 없으며, 직위를 중단하고 징벌을 주거나 직위를 떠나서 교육을 하는 방식 등을 통하여 촌민위원회 성원을 철회할 수 없다."라고 규정하고 있지만,[6] 실제 촌민위원회 선거 이후 선거를 통하여 당선된 간부들이 상급 정부에 의해서 불법적으로 파면되는 경우는 매우 흔한 일이다. 즉 선거를 통하여 당선된 촌민 간부들이 촌 내의 재정 상황을 정리하고, 그 상황을 공개하거나 세금 징수에 적극적으로 협력하지 않거나, 혹은 향진 간부와 친

---

6 "關於進一步做好村民委員會換屆選擧工作的通知"(中共中央辦公廳國務院辦公廳發「2002」 14 號, 02/07/14). http://www.people.com.cn/GB/shizheng/252/17/20020819/802562.html(검색일 : 2006년 10월 30일).

밀한 관계가 없는 경우 종종 향진 정부에 의해서 철회되기도 한다. 물론 이들은 명목상으로는 업무 능력에 문제가 있고, 임무를 완성하지 못하고, 내부의 분열을 조장하며, 촌의 당서기와 협력하지 못하고 갈등하는 등의 이유를 제시하지만, 대부분 이는 표면적인 이유에 불과하다.[7]

둘째, 당과 상급 정부가 선거 과정에 지나치게 관여한다는 점이다. 선거법은 당지부의 간부들은 규정과 절차에 따라 촌민위원회 지도부 후보자를 추천할 수 있으며, 선거를 통하여 촌긴위원회 지도부직을 겸직할 수 있다. 당원은 법이 정한 절차를 통하여 촌민소조장, 촌민대표로 당선될 수 있다. 촌 당지부 서기 인선을 위한 추천의 경우, 우선 촌민위원회 선거에 참가하여 대중들의 승인을 얻은 후, 다시 당지부 서기 인선을 위하여 추천된다. 만약에 촌민위원회 주임으로 당선되지 않으면, 당지부 서기로 추천되지 말아야 한다. 촌민위원회 지도부 중 당원들은 당 내의 선거를 통하여 촌 당지부 위원회 간부직을 겸직할 수 있다.[8] 이처럼 촌 당지부 성원과 당원들이 촌민 선거 과정에서 촌민들과 어떠한 관계를 맺을 것인가를 법률적으로 명확히 하고 있지만, 당과 상급 정부, 그리고 현임 촌민위원회 간부들이, 선거와 관련된 정책 결정 과정에 직접적으로 참여하고, 선거 진행 과정에 대한 각종 업무 관리, 그리고 이동 투표함과 투표소 설치 등의 업무를 함으로써, 선거의 공정성을 해치는 경우가 종종 있다. 기층선거가 국가에 의하여 위로부터 주도되었다는 점에서 그 참여가 불가피하지만, 당과 정부의 역할이 입법자나 감독자가 아니라 선거를 직접적으로 조직하고 관리하는 집행자 역할을 하는 것은 선거의 공정성을 해치는 요인이 될 수 있다.

---

7 이와 관련된 구체적인 사례는 8장 209쪽의 후베이성 첸장시의 야오리파(姚立法) 인민대표대회 대표가 2002년 촌민 선거가 실시되기 직전에 행한 조사를 참조.
8 위의 각주 6과 같은 문헌을 참조.

셋째, 선거 과정에서 나타나고 있는 각종 문제이다. 우선, 유권자 등록 과정에서 나타나는 보통선거 원칙과의 모순이다. 유권자 등록에서 거주지 우선 원칙이 아니라 원래의 호구(戶口)에 근거하여 유권자를 등록함으로써, 외부로부터 새로이 유입된 지역 주민들의 투표권이 실질적으로 배재되고 있다. 거주지를 벗어나는 농민들의 이동이 일반적인 사회적인 현상으로 자리하고 있는 현재의 상황에서, 이 같은 제도는 농민들의 투표 참여의 기회를 원천 봉쇄할 수 있으며, 따라서 이는 보통선거 원칙에 위배되는 제도라고 볼 수 있다. 농민공(農民工)에 대한 한 조사는,9 전체 농민공 중 79.5%가 최근에 진행된 투표에 참여하지 않았으며, 투표에 참여한 사람들조차도 단지 52.4%만이 직접 고향으로 가서 투표를 하고 나머지는 위임 투표(15.9%), 우편투표(14.5%) 등의 방식을 통하여 투표했다는 점을 보여 준다. 이는 바로 원래의 호구가 있는 거주지를 떠나서 거주하는 사람들에게는 선거권이 실질적으로 부정되는 결과를 빚을 수 있음을 의미 한다.

두 번째는, 후보자 추천 및 정식 후보자 확정 과정에서 나타나는 문제점이다. 지역 간 다양한 편차가 존재하기는 하지만, 지역별로 선거법에 규정된 방식이 채택되지 않은 경우가 종종 있다. 가령, 촌민의 예비선거를 거치지 않고, 현과 향, 그리고 현임 촌민자치 조직의 간부들에 의해서 임의로 정식 후보자가 결정되는 경우가 종종 있다.

세 번째는, 투표 과정에 대한 관리의 엄격함이 결여되어 있다는 점이다. 가령 투표용지의 배분 및 투표 과정에서 실제로 투표용지를 모든 유권자에게 배포하지 않고, 업무 요원이 향촌 간부의 동의하에 투표용지를 자신이 가

---

9 2001년 봄 우한시(武漢市) 농민공의 정치 참여 현황에 대한 설문 조사로, 회수된 전체 설문지는 모두 753건이고, 이들 753명 중 599명이 최근에 실시된 투표에 참여한 적이 없다고 대답했고, 145명만이 참여했다고 대답했다(黃輝祥 2004).

지고 있다가 한꺼번에 투표를 하는 경우도 있다. 이동 투표함이 운영되는 과정에서 종종 위임 투표 행위가 나타나기도 한다. 또한 한 사람이 3장 이상의 투표용지에 기입을 하거나, 한 가구의 대표가 전 가족의 투표를 대신하는 행위 등이 여전히 존재함으로써 1인 1표라는 보통선거 원칙이 지켜지지 않고 있다.[10] 주민들이 선거 과정에서 서로의 투표 기입 과정을 본다거나 누구를 찍을 것인가를 상의하는 등의 문제로 비밀투표 원칙도 철저하게 지켜지지 못하고 있다. 마지막으로 개표 과정에서 개표 행위자에 대한 감시 활동의 소홀도 문제이다.

네 번째는, 조사 및 소송과 관련된 제도적인 한계로, 촌민의 선거권의 보장과 당선된 촌 간부의 피선거권의 즈장 및 민의의 구현을 보장하기 위하여 사법기관에 소송권을 보장하고 있지만, 실제 소송이 사법기관에 의해서 받아들여지지 않는 경우가 종종 있다. 일례로 촌 간부가 상급 정부에 의해 임의로 해고된 것에 대하여 법원에 향진 당위원회와 정부에 대하여 소송을 제기하였지만, 행정소송의 대상은 행정기관과 그 관리에 국한되며 당위원회가 소송 대상이 될 수 없기 때문에 법원에 의하여 소송이 기각되는 사례가 발생하고 있다. 따라서 선거와 관련된 소송 제도에 대한 수정과 보완이 불가피하다고 볼 수 있다(李凡 主編 2005a, 21-22).

다섯 번째는, 당선된 후보자에 대한 파면권의 구현으로, 이 또한 현실적으로 매우 어렵다는 점이다. 일반적으로 촌민 간부에 대한 파면은 향진 정부가 촌민 대회를 주최하여 표결에 부치고, 그리고 최종적인 파면권의 결과는

---

10 1998년 7월에 지린성 5개현 40개 촌에 대한 조사에 근거하면, 40개 촌 중에서 약 35%달하는 14개 촌에서 위임 투표가 이루어졌고, 이들 14개 촌에서 회수한 투표용지 중 위임 투표를 한 투표용지는 평균 12.5%이며, 가장 비중이 높은 촌의 경우는 전체 투표자 수의 36%가 위임 투표를 하였다(孫龍·소志輝 2004).

향진 정부가 인가할 때 가능하다. 이는 촌민자치의 기본 원칙에 위배되는 것이다. 또한 향진 지도자와 촌 간부들 사이에 강한 이익 관계가 얽혀 있어, 이들은 상호 간에 보호를 하고 있다. 그 외에도 파면이 성립되기 위해서는 촌민의 과반수의 동의가 필요하지만, 이농현상이 심하고, 농사일로 바쁜 농촌에서 촌민의 과반수의 동의를 구하는 것은 매우 어렵다(李凡 主編 2005a, 22-23).

5. 결론

촌민위원회 선거는 이미 20여 년 동안 긴 역사적인 실천 과정을 거쳐 왔다. 또한 현재 중국에서 실시되고 있는 각종 선거 중, 제도적 완비나 실천적인 성과 등 모든 측면에서 가장 발전된 선거로 자리하고 있다. 그리고 이 같은 성과는 현재 도시지역 사구주민위원회 선거나, 향진장 선거, 그리고 기층인민대표대회 선거의 발전을 위한 중요한 기초로 작용하고 있다.

촌민위원회 선거는 농업 집단 생산체제가 붕괴되고 농촌 사회가 새롭게 조직적으로 재편되는 과정에서, 농촌 사회의 통치 공백을 메우고 농촌의 정치·사회적 안정을 이끌어 내기 위한 중앙정부의 정책적인 의도하에서 이루어졌다.

촌민위원회 선거가 처음에 실시될 때, 많은 학자들은 촌민위원회 선거가 중국의 정치적인 민주화의 돌파구이며 출발점이 될 것이라는 기대를 하기도 하였다. 그러나 이 같은 기대는 시간이 갈수록 줄어들고 있다. 즉 촌민위원회가 비록 기층 자치 조직이라고 하지만, 선거 과정과 운영 과정에서 여전히 당 조직과 향진 정부의 강한 영향력하에 놓여 있고, 상층으로의 선거의 확대는 여전히 중앙정부의 정치적인 의지에 달려있는 상황이기 때문이다. 따라서 촌민위원회 조직은 농촌 사회의 자율적인 영역을 대표하는 자치 조직이라기보다는 정부와 시민사회를 연결하는 중개 조직의 성격을 더 강하게 나타내고 있다.

그러나 이 같은 이유로 그동안의 촌민위원회 선거가 얻은 모든 성과들을 부정할 수 없다. 우선, 촌민위원회 선거를 통하여 중국의 인민들은 선거 과정에 참여함으로써, 민주적인 시민 의식과 권리 의식을 제고시키고 있다는 점이다. 이 점은 현재 중국의 농촌에서 발생하고 있는 농민 폭동, 그리고 당선된 촌민 간부들에 대한 농민들의 각종 파면 행위 등을 통하여 잘 나타나고 있다.

다음으로, 중국의 직접선거의 상층으로의 확대와 민주주의를 확대하는 데 있어서 필요한 이론적, 실천적, 그리고 제도적 기초를 제공하고 있다는 점이다. 이는 현재 상층으로의 선거의 확대가 관심이 되고 있는 시점에서 그 중요성은 더욱 더 부각되고 있다고 볼 수 있다.

촌민자치가 중국의 정치적인 민주화의 경로를 제시해 주는 주요한 모델이 되고 있다는 주장도 있다. 즉 촌민자치 과정은 점진적으로 확대되었으며, 법제적인 틀 내에서 진행되었고, 중앙정부와 지방정부, 그리고 농민들이 공동으로 추진하는 과정이라는 점에서, 향후 중국의 민주주의가 어떻게 추진되어야 할 것인가에 대하여 중요한 의미를 던져주고 있다는 것이다(何增科 2003, 175). 그러나 이 같은 주장이 현실적으로 가능할지는 여전히 미지수로 남아 있다. 이는 중앙정부가 중국 국내에서 최근 폭발하고 있는 성공의 위기의 각종 결과들을 잘 통제해내고, 정치개혁 과정을 잘 통제해 낼 때 가능할 것이다.

사구주민위원회 선거제도의 등장, 특징, 성과

1. 서론

중국에는 두 개의 기층 자치 조직, 즉 농촌지역의 촌민위원회와 도시지역의 사구주민위원회가 있다. 1988년 이래 중국의 농촌에서 촌민 직선에 의한 촌민위원회의 간부의 선출이 이루어진지 10여 년이 지난 후, 기층 지역에서의 직선에 기초한 민주주의가 도시지역으로 확대되는 문제는 정치개혁의 주요한 관심사가 되었다. 도시지역에서의 기층 민주주의 확대는 도시지역의 기층 자치 조직인 사구주민위원회의 간부를 직접선거를 통하여 선출하고, 도시지역의 각종 현안들을 주민자치를 통하여 해결하고자 하는 시도이다.

이처럼 도시 기층 사회에서 자치의 실시는 전통적으로 도시지역의 사회 조직 단위인 딴웨이 제도가 해체되면서 주민위원회가 사구주민위원회로 대체되는 과정과 병행하여 이루어졌다. 따라서 이는 중국의 체제 전환에 따른 사회구조의 대변혁에 대한 정치적인 대응 과정이라고 볼 수 있다. 즉 새로이 변화된 도시의 사회적 조건의 변화에 조응하여 사구주민위원회를 건설하고, 주민들의 직선에 기초한 자치제를 도입함으로써 도시지역에서의 정치·사회적 안정을 도모하면서, 동시에 도시의 각종 현안을 자치에 의해 해결하고자 한 시도라고 볼 수 있다. 따라서 도시지역의 기층 민주주의 도입과 추진 역시 농촌지역에서의 촌민자치의 실시와 마찬가지로 중앙정부에 의해 위로부터 아래로 확대되고 추진된 정치적인 변화라고 볼 수 있다.

　그러나 농촌지역과 달리 도시지역의 주민들은 자신의 거주 지역에 대한 경제적 이해관계가 덜 절실하게 연계되어 있을 뿐만 아니라(徐勇 2007a; 於建嶸 2007), 아직까지 상당수의 도시에서 딴웨이 제도를 중심으로 한 도시 공동체가 남아 있어, 도시 공동체 자치에 대한 주민들의 정치적인 무관심이 중요한 과제가 되고 있다(普源軍 2007). 또한 직선제의 실시 범위도 아직까지 전국적인 수준에서 전면적으로 실시되고 있지 못하는 상황이다.

　따라서 이 글은 중국의 도시지역에 사구주민위원회의 직선제를 도입한 배경과 사구 조직의 특징,1 사구 선거의 의의와 사구 선거제도의 특징. 그 성과와 한계를 살펴봄으로써, 도시기층 민주주의의 발전의 특징과 한계를 분석하고자 한다.

---

1 사구에 대한 개념 정의는 중국 내에서의 학자들에 따라 다양하게 이루어지고 있다. 첫째, 가도판사처(街道辦事處)가 관할하는 범위를 대략 사구의 지역적인 공간으로 간주하는 시각으로, 그 행정구획적인 색채를 약화시키고 사구의 특징을 부각시키기 위하여 많은 학자들은 가구(街區)라고 부르기도 한다(中國城市社區黨建課題組編 2000, 14). 둘째, 가도판사처와 주민위원회를 단위로 하여 기층 사구를 정의하는 시각이다(雷潔璟 主編 2001, 2). 셋째, 가도판사처 및 주민위원회 등 기층 관리기구를 가르키는 말이 되었다는 시각이다(桂勇·崔之餘 著 2001, 38-42). 넷째, 관방의 문건을 사례로 들어, 도시 사구를 가도판사처가 관할하는 범위로 정의하기도 한다(王思斌 2001, 5-8). 다섯째, 민정부(民政府)의 기층 정권 및 사구 건설사 사장의 정의에 따르면, 사구는 서비스 관리를 편리하게 하고, 사구 자원의 개발을 편리하게 하며, 사구 자치의 원칙과 지역적 일체감 등의 구성 요소를 편리하게 하기위하여, 원래 있던 가도판사처와 주민위원회를 적당하게 조정하였으며, 조정 후의 주민위원회가 관할하는 구역을 의미한다(張明亮 2001, 1-3). 따라서 이 글에서는 이 같은 개념 정의에 기초하여, 사구를 개편된 드시주민위원회가 관할하는 구역으로 간주하고, 사구주민위원회를 그 조직적인 형태로 간주하고 있다.

2. 사구주민위원회의 특징과 직선제의 도입

1) 기층 사회조직 개혁과 사구주민위원회의 등장

사구주민위원회는 도시지역의 기층 자치 조직으로, 그 연원은 1950년대 초반으로 거슬러 올라갈 수 있다. 신중국 건설 초기인 1954년, 도시 주민 업무와 기층 정권 건설을 강화하기 위하여, 전국인대 상임위가 〈도시 가도판사처(街道辦事處) 조직조례〉, 〈도시 주민위원회조직 조례〉를 발표하였다. 이 두 조례에 근거하여 도시의 기층 정부(區級 정부)는 관할구역을 몇 개의 구역으로 나누고 이들 구역에 파출 기관으로 가도판사처를 설립하여, 정부의 구체적인 업무를 수행하면서 동시에 주민의 의견과 요구를 상부에 대표하여 전달하는 역할을 하도록 하였다. 또한 주민들의 거주 지역에 기초하여 주민위원회를 설립하였다. 그 후 1982년 중국의 헌법은 도시 주민위원회와 촌민위원회를 기층 정부 조직이 아닌 자치 조직으로 규정하였으며, 1989년 말 〈도시주민위원회조직법〉이 통과됨으로써, 도시주민위원회는 법률적인 근거를 마련하게 되었다. 또한 1998년 이후 민정부(民政府)의 주도하에 진행된 도시 기층 조직 개혁으로 대부분의 주민위원회는 사구주민위원회로 개칭되고, 일부 지역에서는 사구 주민의 직선을 통한 사구주민위원회 간부의 선출을 기초로 하는 자치제가 실시되기 시작하였다.

전통적인 중국의 도시 기층 사회 자치 조직인 도시주민위원회는 두 가지 종류, 즉 서로 다른 딴웨이에 속하지만 동일 지역에 거주하는 주민들의 조직과 동일 딴웨이에 거주하는 사람들로 구성된 조직이 있다. 신중국의 건설 이후 중국의 도시 기층 사회는 구(區) 정부 산하의 파출 기구로서 가도판사처가 있고, 가도판사처 관리하에 주민위원회가 존재하였다. 가도판사처는 정부의 지시나 정책을 주민위원회에 전달하고 주민위원회를 관리하는 업무를 수행하였다. 그리고 주민위원회는 가도판사처의 관리를 반드시 받아야만 하였다. 따라서 가도판사처와 주민위원회의 관계는 상·하급 관계를 형성하였다. 특히 하나의 딴웨이가 곧 하나의 주민위원회를 형성한 경우, 주민들은 한편으로 딴웨이의 영도를 받으면서, 다른 한편으로 가도판사처의 영도를 받음으로써, 이중의 영도하에 놓여 있었다. 바로 이러한 관계하에서 가도판사처는 주민위원회 주임과 주민위원회 기타 간부들을 지명하였다. 따라서 주민위원회의 간부들 또한 간도판사처가 모집한 관리들이라고 볼 수 있다. 그 결과 주민위원회 간부들은 어떠한 주도권도 보유하지 못하였으며, 이들은 가도판사처에 의하여 임명되었기 때문에, 가도판사처에 복종해야만 했다. 한편 하나의 딴웨이로 구성된 주민위원회의 경우 주민위원회의 간부를 딴웨이에서 임명하였다(李凡 主編 2006, 271-272).

도시주민위원회의 구체적 구성을 보면 첫째, 규모는 〈도시주민위원회조직법〉에는 100가구에서 700가구 정도의 규모로 도시주민위원회를 조직하도록 하고 있다. 그러나 베이징(北京)시의 경우를 보면, 대부분의 주민위원회는 1984년 이전에 1,000가구 이상으로 구성되었으며, 1984년 주민위원회에 대한 정돈 작업을 거친 후 300가구에서 800가구 사이로 조정되었다. 둘째, 도시주민위원회의 주요한 역할은 당의 노선과 정책 및 방침을 관철하고, 당정의 각종 업무를 실현하는 것, 민간 분규의 해결, 사회 치안 유지, 대민 서비스의 전개, 정부의 공공 위생, 가족계획, 사회복지 등의 업무를 수행하는 데 협조하는 것 등이다. 셋째, 주민위원회의 조직적 구성은 5~9인으로, 주임과 부주임, 그리고 주민 위원의 업무를 각각 담당한다(牛丹 2001, 339-346).

그러나 1990년대 중반 이래 중국 정부는 도시 기층 조직 개혁을 단행하였다. 주민 수가 적고 자원이 적은 주민위원회를, 주민수가 비교적 많고, 자원이 좀 더 풍부한 도시 사구주민위원회로 재조직하고, 이들 조직에 자치권을 부여하여 도시 사구의 관리권을 도시 사구 주민에게 돌려준다는 원칙에 기초하여 단행되었다(李凡 2003, 5). 이 같은 도시 기층 사회조직 개혁은 1990 년대 중반 이래 상하이(上海), 선양(沈陽) 등 동해 연안 지역의 일부 도시에서 시작되었다. 그 후 민정부는 1999년 전국의 26개 도시를 사구 건설 시범 지역으로 정하고, 정부의 주도하에 사구의 건설을 추진하기 시작하였다. 민정부는 이 같은 기층 사회조직 개혁의 시범 지역에 대한 업무 목표를 3단계로 설정하였다. 첫 단계로, 도시 기층 관리체제의 개혁으로, 시장경제체제의 건설에 상응하는 사회 관리 체계의 수립이다. 구체적으로 사회주의 계획경제 체제 시기 도시지역의 사회조직 건설의 기본 단위인 딴웨이 제도가,[2] 시장화와 함께 점차 해체되면서 이를 대체할 도시 기층 사회에 대한 새로운 관리체제의 수립이 중요한 과제로 부각되었고, 이를 사구 제도의 건설로 해결하고자 한 것이라고 볼 수 있다. 두 번째 단계는, 주민의 생활수준을 개선하고 제고시키기 위하여 생활의 편리함, 양호한 치안 유지, 양호한 환경 유지, 조화로운 인적 관계의 확립 등을 이끌어 내는 것이다. 세 번째 단계는 기층 관리체제를 행정화된 관리 체제로부터 사구 주민에 의한 자치제로 전환해 간다는 목표이다(李慷 2001, 264).

중국 정부가 이처럼 도시 기층 사회조직 개혁을 추진한 배경은 다음과 같다. 첫째, 기층 조직 개혁을 통하여 주민의 참여 욕구를 충족시키고, 동시에 도시 기층 사회에 대한 효율적인 거버넌스 기제를 확립하여 통치 정당성을 강화하기 위해서이다. 둘째, 도시 기층 사회 관리 체계에 존재하고 있는 문제를 해결하기 위한 것이다. 1990년대 이래 도시 관리 업무가 증가하고 관리의 중심이 하부로 이동되기 시작하면서, 가도판사처가 원래 자신들이 맡은 대량의 행정 업무를 주민위원회에 전가시키기 시작하였다. 또한 가도판

---

2 딴웨이 제도의 특징에 관해서는 1장의 각주 10을 참조.

사처는 주민위원회에 대한 재정적인 지원을 통하여 주민위원회의 인사와 업무 분배 등을 실질적으로 결정함으로써, 주민위원회는 불가피하게 정부의 행정 업무를 수행하는 데 자신의 정력을 쏟을 수밖에 없었다. 다른 한편, 도시 기층 사회가 새로운 거버넌스를 요구하고 있다는 점이다. 즉 도시의 각종 업무를 과거 기층 정부가 모두 담당하는 방식이 더 이상 불가능하게 되었고, 국영기업의 개혁과 유동 인구의 유입이 급증하면서 딴웨이 제도에 기초한 과거의 관리 방식은 더 이상 이 같은 상황을 해결하지 못했다. 또한 주민 생활수준의 향상으로 주민위원회를 향한 서비스의 요구 수준 역시 증가하게 되었다. 바로 이러한 문제를 적절히 해결하기 위해서는 주민위원회의 개혁이 불가피했다. 셋째, 기층 민주주의를 추진하여 정권의 정당성을 강화하고, 사회적 자원의 참여를 동원하여 국가정책의 관철 능력을 제고시키기 위한 것이다. 다시 말하면, 정부의 직능 전환을 이끌어 냄과 동시에 기층 정권의 건설을 강화하여 기층 사회의 안정을 확보하고자 한 시도라고 볼 수 있다(石發勇 2007, 1-2/1-4Bar).

　도시 사구의 개혁을 통하여 형성된 사구주민위원회는 다음과 같은 제도적 특징을 지니고 있다. 우선, 과거 100~700가구 정도로 작았지만, 1999년부터 각 지역의 주민위원회의 관리 범위를 조정하여 1,000가구에서 1,500가구로 확대되었다. 이 같은 조정을 통하여 도시의 기층 사구와 주민위원회의 관할 범위를 일치시켰다. 다음으로, 관할 범위의 확대와 함께 기존 주민위원회 조직을 새로이 개편하였다. 1999년부터 실험적으로 진행된 26개 도시 사구를 통해서 보면, 기층 자치 조직의 구조는 대략 3~4개의 부문으로 구성되어 있다. 4개의 부문으로 구성된 경우는 사구의 정책 결정 기구로 사구주민대표대회(社區住民代表大會)가 있고, 정책 집행 기관인 사구주민위원회(혹은 사구공작위원회)가 있으며, 사구주민위원회는 사구성원대표대회(社區成員代表大會)에 대해 책임을 지고 정책 보고를 해야 한다. 사구감찰위원회(社區監査會)

는 감독 기능을 수행하고, 마지막으로 당지부 조직이 있다. 3개의 부문으로 구성된 경우는 주민대표대회가 의사 결정 기능뿐만 아니라 감찰위원회의 감독 기능을 동시에 수행하도록 하고 있다(時正新 2001, 24).

구체적으로 1998~99년 선양에서 진행된 도시 기층 관리 체제 개혁을 통해서 개편된 사구주민위원회의 제도적 특징을 살펴보면 다음과 같다. 우선, 사구의 규모를 가도판사처보다는 작고 주민위원회보다는 큰 규모로 조정하였다. 그 결과 2,753개 주민위원회가 합병하여 1,277개의 사구로 조정되어, 사구의 규모는 기존의 주민위원회가 500호로 구성되었다면 1,246호로 확대되었다. 다음으로, 사구 조직 체계의 건설을 통하여 사구 자치 민주의 방침을 실현코자 하였다. 즉 사구는 사구성원대표대회, 사구협상의사위원회(社區協商議事委員會), 사구주민위원회와 사구당조직(社區黨組織)으로 구성된 조직 체계이다. 사구성원대표대회는 사구의 정책 결정 기구이며, 사구주민위원회는 정책 집행 기관으로 사구성원대표대회에 대해 책임을 지고 정책 보고를 해야 한다. 사구당조직은 사구의 업무 중 핵심적인 영도적 지위에 있으며, 가도판사처 당조직의 영도하에 업무를 진행한다. 사구협상의사위원회는 사구 내의 인민대표대회대표, 정협 의원 , 지도급 인사, 주민 및 사구에 존재하는 딴웨이의 대표로 구성되며, 사구대표대회의 휴회 기간에 협상과 의사와 감독 기능을 행사하고, 사구주민위원회의 업무에 대해서 감독하고 의견을 제기할 수 있다(中共沈陽市委組織部 2007, 4/1-8Bar).

2) 직접선거 실시 배경과 발전

전통적인 주민위원회 주임의 선출은 주민 대표에 의해서 선거가 진행되었지만, 실질적으로는 가도판사처에서 지명한 것이었다. 그러나 중국의 도시 기층 조직 개혁은 자치제의 도입과 동시에 이루어졌다. 1998년부터 산둥(山東)성 칭다오(靑島)시 쓰방(四方)구에서 처음으로 시험적으로 실시된 사구 주민위원회의 직접선거는, 도시주민위원회 자치제 도입의 출발점이라고 볼 수 있다. 이처럼 중국 정부가 도시 기층 지역에 직선제에 기초한 자치를 도입한 배경은 다음과 같이 지적할 수 있다.

우선, 촌민위원회 직선제의 실시 경험이 도시지역에 미친 영향이다. 중국의 1982년 헌법은 중국의 농촌과 도시의 기층 대중 조직을 촌민위원회와 도시주민위원회로 구분하고, 이들을 기층 자치 조직으로 규정하였다. 그 후 1987년 전국인대는 촌민위원회조직법(시안)을 통과시킨 후 촌민 직선에 기초한 촌민자치를 실시하기 시작하면서, 농촌지역에 민주적 선거, 민주적 관리, 민주적 감독을 골자로 한 자치 민주주의의 발전 과정이 있었다. 이러한 농촌지역의 성공적인 촌민자치의 실현은 도시지역에서도 주민자치를 실시할 필요성이 있음을 인식하도록 만들었다.

둘째, 중국의 경제체제의 변화에 따라, 도시지역의 기층 자치 조직 구조에 중대한 변화가 초래되었다는 점이다. 우선, 시장경제체제로 전환되면서 도시지역의 주민들이 자유롭게 이동하게 되었고, 사회적 이동의 빈도나 방식에 중요한 변화가 일어났다. 다음으로 경제발전 과정 중 많은 국유기업과 사회 기구 및 정부 기구에 중대한 변화가 발생했다는 점이다. 즉 많은 기업이 파산하고, 정부와 사회 기구들이 축소, 조정되었으며, 그 자리에 대량의 민영 기업과 기구들이 출현하여, 원래의 딴웨이 제도를 대체하기 시작하였다. 그리하여 많은 주민들이 딴웨이인에서 사회인으로 전환되었다(李凡 主編 2005a, 27-28).

셋째, 사구의 발전을 위함과 동시에 도시 기층 사회의 안정을 도모하기 위한 시도라고 볼 수 있다. 사구에 충분한 자치권을 부여하여 사구의 주민들이 스스로 관리하도록 하고 정부의 간섭이나 개입이 불필요하도록 함으로써,

사구의 발전이 외부의 간섭에서 벗어나서 자신의 조건에 맞게 진행되어, 사구 성원들에게 봉사하도록 하기 위한 시도라는 점이다.

넷째, 사구의 자치 민주의 실천을 통하여, 사구 주민의 시민 의식과 민주 의식의 육성 과정은 중국의 장기적 민주적 발전을 위한 견실한 기초를 제공할 수 있다는 점이다. 그동안 중국의 주민들은 지나치게 정부에 의존하여, 크고 작은 각종 일에 대해 정부를 찾게 됨으로써, 정부의 부담을 가중시켜 왔다. 이런 점에서 시민 의식과 민주 의식의 배양이 매우 어려운 상황이었다. 바로 이 같은 상황은 중국의 시장경제체제의 발전과 다원적인 이익 갈등 구조의 출현에 따라 다원화된 시민사회의 성장이라는 현재의 상황에 부응하는 데 명확한 한계가 있다. 따라서 도시지역에서 직선제를 통한 자치 과정에 참여함으로써 민주적인 시민 의식의 함양을 이끌어 낼 수 있다고 보고 있다(李凡 2007a, 2/1-5Bar).

촌민위원회가 1988년부터 전국적인 수준에서 직접선거를 실시한 것과는 달리, 도시사구주민위원회 선거는 중앙정부의 지도하에 1998년부터 일부 지역에서 시험적으로 실시되기 시작하였다. 당시 민정부는 전국에 26개 시범 지역을 선정하여 도시 대중 조직 개혁을 추진하였다. 조직 개혁의 기본 방향은 인원과 자원이 분산되어 있는 주민위원회를 주민수가 비교적 많고, 자원이 좀 더 충분한 도시 사구주민위원회로 개조하는 것이었다. 또한 주민자치에 근거하여 도시 사구의 관리권을 도시 사구의 주민에게 돌려주고 자치의 길로 가도록 하는 것 역시 사구 조직 개혁의 중요한 방향이었다(李凡 主編 2005a, 28).

특히 사구 주민자치제의 도입을 위한 중요한 수단으로 사구 주민에 의한 직접선거가 실시되었다. 이 같은 직접선거의 시작은 1998년 여름 산둥성 칭다오시 쓰방구의 두 개 주민위원회에서 주민들이 직선을 통하여 주민위원회 성원을 선출하면서부터이다. 그 후 2000년에, 상하이, 난징(南京), 칭다오 등지에서 실험적으로 직선이 실시되었다. 또한 2001년 광시성의 20여 개의 사구에서 직접선거를 실시했다. 그 후 직접선거가 확대되면서 2002년 9월 광시성은 전 자치구에 1,156개의 사구주민위원회의 선거를 실시했으며, 평균 80% 이상의 높은 참여율을 보이며 선거가 진행되었다. 특히 광시 자치구의 선거는 대도시에서 중소 도시, 그리고 현급 도시까지 진행되었다. 따라서 광시 자치구의 선거는 성급인 자치구 차원에서 모든 사구에 대하여 진행됨으로써, 도시 사구주민위원회 선거의 실시를 위한 하나의 중요한 전환점으로 간주되고 있다(李凡 主編 2005a, 273-274).

광시 자치구 선거가 하나의 중요한 계기가 되면서, 중국의 최고 지도층은 선거를 진일보 확대할 때가 되었다는 인식을 하기에 이른다. 그리하여 2002년 8월 베이징 지우다오완사(九道灣社)구에서 진행한 선거는 중국의 다양한 매체가 앞을 다투어 소개함으로써 도시지역 선거에 대한 많은 관심을 불러일으켰다. 그러나 이 같은 변화에도 불구하고, 선거제도의 제도적 미완비, 선거에 대한 도시 주민의 참여 열기 부족 등이 여전히 중요한 과제로 제기되고 있었다. 이 같은 상황에서 2003년 3~11월 사이에 실시된 저장(浙江)성 닝보어(寧波) 하이완(海曙)구의 59개 사구에서 실시된 선거는, 후보자 추천, 비밀투표의 보장과 이동 투표함과 위임 투표의 취소, 후보자들이 선거에서 자문단을 구성하는 등의 방법을 통한 열띤 경선이 이루어짐으로써 선거제도를 개선하기 위한 일련의 시도를 했다는 점에서 주목을 받았다(李凡 主編 2005a, 274).

이처럼 1998년에서 2006년 현재까지 중국의 사구주민위원회 선거는 아직 실험 단계에 처해 있으며, 그동안의 다양한 실험들을 결과로 하여 그 범위를 전국적으로 확대시켜야 한다는 중요한 과제를 안고 있다. 현재까지의 중국의 도시 직선제 실시 개혁의 특징을 요약하면 다음과 같다.

첫째, 직접선거 제도의 실시 범위가 지속적으로 확대되고 있다는 점이다. 1998년에서 2001년까지 중국의 도시 직접선거가 실시되는 사구의 총 수는 50개 정도이고 도시의 수 역시 몇 개의 도시에 한정되었다. 그러나 2002년 광시 자치구가 전체 자치구 차원에서 실시하면서 실시 범위가 대규모로 확대되고, 그 후 베이징이나 선양 등 대도시 지역으로도 확대되고 있는 추세이다. 이러한 과정에서 도시 직선은 점차 정부나, 학계, 도시민들의 관심 대상으로 부각되고 있으며, 도시 주민의 자치의 주요한 형식으로 인지되고 있다.

둘째, 선거제도가 점차로 완비되고 있다는 점이다. 후보자 추천과 정식 후보자 결정, 투표 절차 등에서 더욱 완비된 제도적 형태의 모색을 시도하고 있다.

셋째, 사구의 조직 방식 및 선거 방식 등에서 지역별로 다양한 실험이 진행되면서 다양한 방식이 채택되고 있다는 점이다(李凡 主編 2005a, 40-42).

3. 사구주민위원회 선거제도의 특징

중국의 사구 선거제도의 특징은 사구의 유형에 따라 다른 선거 유형을 나타내고 있다. 구체적인 선거 유형과 선거 진행 과정 중 나타난 선거제도의 특징을 살펴보면 다음과 같다.

1) 사구 선거의 다양한 유형

그동안의 사구 조직 개혁에 따라, 다양한 유형의 사구가 출현하였고, 이들 사구의 상이한 유형은 유권자의 태도나 투표 행위에 많은 영향을 미쳤다. 그렇다면 중국의 사구 선거에 영향을 미치는 사구에는 어떠한 유형이 있는가? 이에 대하여 중국의 대표적인 선거 연구의 전문가인 리판(李凡)은 아래와 같은 여덟 가지로 사구의 유형을 분류하고 그것이 선거에 미치는 영향을 분석하고 있다(李凡 2003, 25-36).

첫째, 2000년 난징시의 현무(玄武)구와 바이샤(白下)구에서 채용한 방법으로 외부인 채용형이다. 바이샤구 산하의 요부시제(遊府西街) 사구의 선거에서 채용된 유형으로, 이 사구의 선거 규정은 주민 10인 이상의 연명에 기초한 후보자 추천을 규정하였지만, 급여가 지나치게 낮고 아는 사람이 많지 않다는 이유로, 해당 지역의 원주민 중 아무도 경선에 참여하기를 원하지 않았다. 따라서 바이샤구는 구 범위 내에서 요부시제 사구의 주민위원회 간부에 대한 채용 공고를 내고, 채용 원서를 낸 사람들 중 5인을 뽑아서 이들로 하여금 사구의 업무를 진행하도록 하였다. 이들이 두 달여에 걸쳐서 사구의 각종 업무에 종사하면서 사구의 상황에 익숙해지도록 하고, 사구 주민들을 만나서 자신들을 소개할 수 있는 좌담회 등을 개최하였다. 두 달여 후에 주민들의 투표가 실시되었고, 투표 결과 득표수가 가장 많은 4인을 주민위원회 성원으로 결정하고, 득표수에 따라 주민위원회 주임, 부주임에 임명, 나머지 2명도 사구의 중책을 맡도록 하였다. 이들 4인은 모두 해당 지역의 원거주자가 아닌 외지인으로, 해당 지역 원주민의 선거에 대한 참여 열정의 부족이 중요한 문제로 지적될 수 있다.

둘째, 단일 딴웨이가 사구를 구성함으로써 나타난 선거 유형이다. 이 유형에 속하는 사구는 과거 중국의 도시 기층 사회조직 단위가 딴웨이 제도에 기초하고 있어서,[3] 비교적 흔히 발견될 수 있는 유형이다. 이 유형의 사구에

---

3 딴웨이와 도시 사구 조직과의 관계는 다음 3단계를 통하여 변화되어 왔다. 우선 첫 번째 단계로, 1950년대에 중국의 도시는 딴웨이 제도와 도시 사구 조직이 동시에 등장하였다. 사구는 구 정부로부터 가도판사처까지 행정조직이 확장되면서 통제가 강화되었다. 동시에 딴웨이 제도는 당정 기관으로부터 모든 국영기업과 집체 소유의 성격을 띤 기업이나 사업 조직으로 확대되어 딴웨이 사회가 형성되어 갔다. 두 번째, 1960~70년대 2단계로, 사구의 딴웨이화와 딴웨이의 사구화의 동

서의 선거 과정 특징을 살펴보면, 우선 단일 딴웨이 제도를 단위로 한 사구는 서로 간에 매우 익숙하다는 점을 특징으로 들 수 있다. 사구 주민과 딴웨이가 통일되어 있고, 사구주민위원회의 간부들 역시 딴웨이의 후방근무 기구 및 노동조합 기구의 간부들과 중첩되어 있다. 그 결과 사구의 자치는 본래 딴웨이의 노동조합과 밀접한 관계를 맺고 있다. 따라서 선거의 실시가 비교적 용이하며, 일반적으로 딴웨이의 노조 지도자가 사구의 지도자로 선출되는 경우가 많다. 그러나 중국의 도시지역의 사구 선거에 대한 주민들의 무관심이 공동체의 구성원, 즉 사회인으로서보다 딴웨이인으로서 소속감이 일차적이라는 점이 주된 원인이 되고 있어서(劉志昌 2007, 1/1-7Bar), 선거에 대한 주민들의 적극성 부족이 중요한 문제점으로 지적되고 있다.

셋째, 혼합형 사구에서의 선거이다. 혼합형 사구는 다양한 종류의 딴웨이가 한 지역에 함께 거주하고, 동시에 딴웨이에 속하지 않는 가구들도 거주하는 것을 말한다. 이 같은 특징을 지닌 사구에서 선거에 대한 반응을 살펴보면, 많은 수의 주민들이 선거에 대하여 관심이 없고, 주민위원회에 대한 일체감 역시 매우 약하다. 그러나 경제적인 상황이 좋지 않은 딴웨이의 구성원들은 경제적인 상황이 좋은 딴웨이의 구성원보다 선거나 주민위원회에 대한 관심이 훨씬 높다. 그 이유는 경제적인 상황이 좋지 않은 딴웨이의 주민은 기업들이 도산에 직면하면서, 딴웨이인에서 사회인으로 전환되고 있으며, 그 결과 사구에 대한 의존도가 증가하고 있기 때문이다.

넷째, 도시와 농촌이 결합하여 새롭게 사구를 형성한 유형이다. 도시 주

시적 발전을 통하여, 딴웨이 사회는 전성기에 접어들었고, 법정 사구는 도시 사회의 주변적 지위로 밀려났다. 3단계로 1980~90년대로, 도시의 딴웨이 사회가 점차로 축소되고 해체의 길로 가면서 도시의 사구 조직이 다시 등장하고 새로운 면모를 갖추어 갈수록 그 역할이 증대되어 가면서 주도적인 지위를 확보하였다(於嗚超 2007, 1/1-12Bar).

변의 일부 지역을 도시로 편입시켜 사구를 구성한 후, 이들 지역에서 선거를 진행한 경우이다. 이러한 사구의 주민들은 도시에서 장사를 하는 농민과 도시 주민들로 구성되어 있다. 따라서 이 지역에서는 많은 수의 딴웨이가 존재하지 않으며, 전형적으로 도시 주민의 일부와 농민들이 새롭게 사구를 건설한 경우이다. 따라서 주민들은 기본적으로 딴웨이인이 아니고 사회인이라고 볼 수 있다. 때문에 주민들은 선거의 진행에 관심을 기울일 뿐만 아니라 주민위원회의 직위를 위하여 경선에 나설 뜻을 가지는 등 선거에 대하여 매우 적극적인 관심을 보이고 있다.

다섯째, 중소 도시(城鎮) 사구에서의 선거이다. 현급 도시의 사구 선거에서 나타난 유형으로, 원래의 주민위원회와 기업, 기관, 학교가 상호 결합하여 사구주민위원회를 형성한 경우이다. 이들 사구의 선거 결과를 보면, 군중들의 참여가 적극적이며, 비교적 합리적인 선거 과정이 있고, 최종적으로 해당 지역의 선거 과정에 부합하는 선거 결과가 출현한다. 특히 중소 도시의 사구 선거는 지난 십여 년간 진행된 촌민의원회 선거의 경험을 쉽게 받아들일 수 있기 때문에, 대도시에 비하여 주민들의 적극성을 비교적 쉽게 동원할 수 있어, 대도시의 사구에 대한 무관심을 극복할 수 있는 장점을 지니고 있다. 여기에는 세 가지의 이유가 있다. 첫째, 경제 발전으로 많은 농민들이 도시로 들어와서 각종 상업 활동에 종사하면서, 도시 내에서 주택을 구입하여 도시의 주민이 되었지만, 여러 가지 요인으로 그들은 진정한 도시의 주민이 될 수가 없었다. 따라서 이들은 사구 내의 각종 일에 대하여 많은 관심을 가지고 있다. 둘째, 도시 내의 구 주민위원회가 새로운 사구주민위원회로 변화 중, 상당수의 사람들이 원래의 업무 딴웨이로부터 이탈되었다. 따라서 그들을 위하여 여러 가지 서비스를 제공해 줄 새로운 조직이 필요하게 되었다. 셋째, 현급 도시의 특성상 그 하급 행정단위인 진(鎮)에서 몇 개로 나누어진 사구 선거를 통하여 사구주민위원회의 간부들이 선출됨으로써, 이들 간부들의 사회적, 정치적 지위가 비교적 높은 편이며, 그 결과 이들 사구주민위원회 간부에 대한 주민들의 관심도가 높기 때문이다.

여섯째, 대도시 슬럼 지구 사구에서의 선거이다. 이곳은 비록 대도시 지역에 있지만, 실업자 계층 등이 많이 살고 있어, 주민들의 소득수준이 매우 낮고, 교육 수준도 비교적 낮은 상황이다. 따라서 이 지역에서의 주민들은 딴웨이로부터 모두 벗어나 있어 딴웨이에 대한 소속감이 거의 없는 것이 특징이다. 따라서 그들은 사구에 매우 많은 관심을 가지고 있으며, 사구의 활동에 적극적으로 참여한다. 그 결과 이들은 선거에 대한 관심이 매우 높고 선거에 적극적으로 참여한다.

일곱째, 향진형 사구에서의 선거이다. 이 유형은 원래는 향진에 존재하던 주민위원회가 사구로 개혁한 이후 그 규모가 커진 경우이다. 이 유형의 사구는 원래 농촌과의 관계가 밀접하기 때문에, 농촌 촌민위원회 선거 방식에 매우 익숙하기 때문에 선거의 실시가 비교적 쉽게 이루어질 수 있다. 따라서 이런 유형의 사구에서는 군중의 참여 열정이나 선거제도 등 대도시의 선거와 비교할 때, 모두 순조롭고 용이하다고 볼 수 있다.

여덟째, 이사회형(理事會型) 사구에서의 선거이다. 주민의 선거로 선출된 주민위원회가 일상적인 업무를 수행하는 집행자가 아니라, 이사회나 정책 결정 기구를 구성하여 이것이 주민위원회의 일상적인 업무를 수행하도록 한다. 일상적인 업무는 직업으로서 사구 업무 종사자에 의하여 수행하도록 하는 것을 특징으로 한다. 이 경우 주민의 선거에 대한 참여 열정이 직업으로서 사구의 업무에 종사하고자 하는 열정으로부터 온다. 그 이유는 사구주민위원회의 업무가 비교적 적지만 일정한 보수가 지불되기 때문이다. 이 경우 주민위원회의 성원이면서 이들이 이사회를 구성하여 사구를 운영하기 때문에, 선거에 대한 주민들의 관심이나 열정이 낮은 것을 극복할 수 있다.

2) 선거 절차의 특징과 문제점

현재 중국 도시의 사구주민위원회의 선거는 지역마다 각기 다르게 진행되고 있기 때문에, 하나의 규범적이고 통일적인 절차와 제도를 만드는 것이 매우 중요한 과제로 부각되고 있다. 그러나 현재 진행되고 있는 선거 과정을 사구주민위원회 성원의 추천 방식, 예선 방식, 경선 방식, 투표 과정의 네 단계로 나누어서 살펴보면 다음과 같다.

첫째, 사구주민위원회 성원의 추천 방식이다. 현재 사구주민위원회 선거는 시범적인 실시 단계로 전국 각지에서 각기 다른 방식으로 추천이 이루어지고 있다. 1998년 칭다오의 사구 선거에서는 유권자 10인의 연명으로 후보자를 추천하는 방식을 채택하였고, 반면에 2001년 광시 자치구의 경우는 선거위원회의 추천과, 유권자 대표의 추천, 그리고 유권자 10인의 연명을 받아 본인이 접수하는 방식 세 가지를 채택하였다. 2000년 난징 지역의 경우는 가도판사처에서 초빙하여 사구에 추천하는 방식을 통해 가도판사처에 의하여 실질적으로 추천되었다. 또한 2002년 선전(深圳)의 경우는 유권자나 가구 대표, 주민소조 대표 추천으로 이루어지거나, 다른 한편 가도판사처가 일정한 비율에 근거하여 자신의 후보 명단을 추천하기도 하였다. 선양의 경우도 주민소조, 주민 10인 이상 연명, 그리고 가도판사처가 추천하는 세 가지 방식이 활용되었다. 또한 베이징의 경우는 유권자가 직접 후보자를 추천하여 그 중에서 추천자가 가장 많은 사람이 최초 후보자가 되었다. 이처럼 아직 각 지역에서 후보자 추천 방식이 다양하게 사용되고 있으며, 민주적인 방식과 비민주적인 방식이 혼재되어 있는 상황이다. 후보자 추천과 관련된 또 다른 문제는 후보자의 조건 문제와 유권자의 조건 문제로, 이 문제들 역시 지역별로 각기 다른 조건 기준에 의해서 진행되고 있는 상황이다.

둘째, 예선 방식이다. 접수에 참여한 후보자에 대하여 많은 지방에서는 예선의 방식을 채택하였다. 이는 접수에 참여한 사람의 수가 정식 후보자 수

보다 많기 때문이다. 이러한 방식은 각지의 선거로부터 볼 때, 기본적으로 두 가지 종류이다. 우선, 전통적 협상 방식으로, 이는 유권자, 유권자 대표, 선거위원회와 가도판사처가 토론과 협상을 거듭한 끝에, 정식 후보자를 결정하는 방식이다. 이 같은 방식은 선전이나 광저우(廣州) 지역에서 사용되었다. 다른 한 가지는 예선 방식으로, 예선의 방식을 통하여 많은 후보자 중에서 정식 후보자를 선출하는 방식이다. 선거에 참여하는 최초 후보자는 주민대표대회에서 연설을 하고, 주민대표는 문제를 제기한 후 전체 주민대표가 정식 후보자의 수에 근거하여 투표를 진행한다. 이러한 방식은 주민대표대회에 의해 정식 후보자에 대하여 예선을 진행하는 방식이다.

셋째, 경선 방식이다. 현재 사구주민위원회의 선거 과정에서 경선은 기본적으로 이루어지지 않고 있다. 일반적인 방법은 사구 투표일 당일 선거에 참가한 정식 후보자가 몇 분간의 경선 연설을 한 후 투표를 진행하는 방식이다. 비록 2002년 베이징과 광시성 일부 지역의 도시 사구 선거에서, 선거 5일 전에 후보자 연설을 두 차례에 걸쳐서 진행하는 변화가 있었지만, 이 같은 변화는 아직 일반적으로 실시되고 있지는 않다.

넷째, 투표 절차이다. 투표 절차에는 투표장의 질서, 이동 투표함 문제, 위임 투표, 비밀투표, 투표 종료 후 즉시 공개 개표 문제 등이 해당된다. 우선 투표장 질서 문제로, 투표 당일 경선 연설을 하거나, 검표원, 표 계산원, 감독원 명단을 발표하고 박수로 이를 통과시키는 방식을 일반적으로 채택하고 있으며, 이로 인한 투표장의 무질서가 공통적으로 나타나고 있다. 두 번째는, 유권자에게 최종 투표용지를 교부하는 과정에서, 특히 위임 투표자들에게 투표용지를 지불하는 과정에서 종종 부정 현상이 나타나기도 한다. 세 번째는, 이동 투표함 관리의 문제이다. 중국에서는 지방의 선거 조직자가 높은 투표율을 추구하고, 선거 결과가 과반수의 참여를 전제로 하고 있는 선거법의 규정으로, 종종 이동 투표함을 사용하여 투표율을 높이고자 한다. 그러나 이동 투표함은 비밀투표의 보장이 어렵고, 거짓표를 만들어서 투입하기가 쉽다는 문제를 낳고 있다. 네 번째는, 위임 투표 역시 이동 투표함을 이용한 투표와 마찬가지로, 지방의 선거 조직자들이 높은 투표율을 추구하면서 위임 투표가 광범위하게 활용되고 있다. 비록 각지에서 한 명이 위임 투표를 할 수 있는 투표용지가 3장을 초과하지 못한다고 규정하고 있지만, 위임 투표의 범위가 너무 커서, 그 비율이 대략 20~30%가 되거나 어떤 지역은 더 높게 나타나기도 한다. 또한 선거 과정에서 위임 규칙을 준수하지 않고, 투표용지를 조작하는 등의 불법 투표 행위가 종종 발생하고 있다. 다섯 번째, 대부분의 지방에서 비밀투표 원칙을 지키고자 하고 있지만, 비밀 공간에서 비밀투표를 하기보다는, 무기명투표를 비밀투표로 이해하는 경향이 보편적으로 나타나고 있다. 여섯 번째, 투표 종료 즉시 공개 개표도 잘 지켜지지 않아, 일부 지역은 투표가 끝난 후 하루, 이틀 지난 후 개표를 하는 등 혼란을 부추기기도 한다(李凡 2007b, 1-8/1-8Bar).

4. 평가와 과제

1) 인식의 문제

첫째, 주민들의 선거에 대한 무관심이다. 도시의 사구주민위원회는 농촌의 촌민위원회가 농민들의 이익과 밀접하게 연결되어 있는 것과는 달리, 상대적으로 도시의 이익과 덜 밀접하게 연결되어 있다. 촌민위원회의 경우, 훌륭한 촌민위원회 주임이 당선된다면, 농민의 소득의 증가와 감소에 결정적인 영향을 미칠 뿐만 아니라, 토지 청부 계약에도 일정한 영향을 미친다. 이처럼 농민들은 촌민위원회와 이익 관계에서 밀접한 상관관계를 지니고 있으며, 따라서 촌민위원회 선거에 매우 적극적인 관심을 가지고 참여한다. 그러나 도시에서의 상황은 다르다. 즉 사구의 주민들은 업무 단위가 사구에 있지 않고, 월급도 사구로부터 받지 않으며, 퇴직 이후의 퇴직금 역시 사구에서 받지 않는다. 다시 말하면 사구와 주민들 간의 관계는 생활상의 관계이고, 사구의 환경이 어떠한가, 주변의 생필품 구입이 편리한가, 사구의 치안이 안전한가 등이 주민들이 중점적으로 중요시하는 문제들이다. 이 같은 사구의 기능은 과거에는 국가가 전적으로 담당하였으며, 사구 주민들의 일이 아니었다. 바로 이러한 이유로 사구의 주민들은 사구에 대하여 관심이 크지 않았으며, 사구의 지도자의 변화와 자신들의 이익 관계와 별로 상관관계도 없었다. 따라서 누가 선출되는지 뿐만 아니라 자신이 경선에 참여하는 데에도 별로 관심이 없었다. 바로 이 같은 요인은 사구주민위원회 직선을 추진하는 데 커다란 장애 요인이 되고 있다(李凡 2007a, 2-4/1-5Bar).

둘째, 사구 선거의 도입 및 선거 형식에 대한 의견의 일치가 여전히 이루어지고 있지 못한 실정이다. 도시지역의 기층 민주를 추진하는 데 있어서 주민 직선제를 도입할 필요가 있는가에 대한 상이한 인식이 존재한다. 어떤 이는 기층 당조직의 발전 이후 기층 민주주의가 실시될 수 있으며, 따라서 민주 선거를 통한 기층 민주를 추진할 필요가 없다고 주장한다. 실제로 민정부가 일찍이 추진한 26개 사구 실험 지역 중에서도 처음부터 사구 선거를 실시한 지역은 많지 않으며, 대부분 민주적 관리나 민주적 감독으로부터 시작하여 기층 민주주의를 추진하고자 하였다. 그러나 기층선거 없이 기층 민주를 실시하고자 하는 것은 정부의 동원에 의해 진행하는 피동적인 민주에 불과하며, 주민들의 적극성과 창의성을 기초로 하지 않기 때문에, 정부의 동원이 완만해지면 기층 민주도 중단될 수 있다는 한계가 있다. 선거에 의해 생겨난 기층 민주의 동력은 정부의 동원에 의해서 대체될 수 없다.

셋째, 어떤 선거제도를 채택할 것인가에 대한 의견이 일치되어 있지 않다. 전통적인 주민위원회선거는 주민대표에 의해서 선거가 진행되었지만, 실질적으로는 가도판사처에서 지명한 것이었다. 그러나 현재 많은 사구에서 지명 후 파견 방식보다는 주민의 선거를 통하여 간부를 선출하는 방식이 주민들의 참여 열정을 불러일으키는 등의 많은 장점을 가지고 있다고 평가하고 있다. 그러나 이들은 구체적 선거 방식에 있어서 1인 1표 방식보다 매 가구당 가구 대표에 의한 한 표가 더 적합하다고 주장한다. 이러한 점들은 도시 사구 선거에서 1인 1표에 의한 사구주민위원회 간부 선출을 둘러싸고 여전히 인식의 통일이 이루어지지 않고 있음을 반영하는 것이다(李凡 主編 2005a, 43-44).

2) 제도의 문제

첫째, 전국 각지의 선거제도의 차이가 매우 크며, 전국적으로 통일적이고 규범적인 선거제도가 아직 정착되고 있지 않다. 이는 현재 대부분의 도시 사구의 선거가 모두 탐색과 실험 단계에 처해 있으며, 선거제도에 대한 비교와 분석을 거치지 못함으로써 초래된 것이다. 특히 선거제도 중에서 후보자 추천과 경선 방식, 선거 절차의 문제에서 그 문제가 비교적 심각하게 나타나고 있다(李凡 主編 2005a, 45).

둘째, 사구 자치의 정도의 문제이다. 사구주민위원회는 도시 주민의 자치 조직이다. 주민들이 스스로 관리해야 하고, 상급의 가도판사처는 사구에 대하여 통제가 아닌 지도 관계를 형성해야 한다고 규정되어 있다. 그러나 많은 사람들이 사구주민위원회를 중국 정부기구의 가장 낮은 단계로 간주하고 대중적 자치 조직으로 생각하지 않는다는 점이다. 따라서 각종 정부 기관의 행정명령이 모두 사구에 부단하게 하달되고, 사구가 이를 필히 행하도록 하고 있다. 이런 상황에서 국가가 사구에 부여한 자치권은 공허한 말에 불과하다. 특히 사구주민위원회의 성원들의 월급 역시 모두 국가로부터 제공되고 있다. 바로 이런 상황은 정부에 대한 사구의 자율성을 떨어뜨리는 주된 요인이다.

셋째, 당의 영도 문제이다. 촌민위원회와 마찬가지로 당의 사구에 대한 영도를 인정한다고 할 때, 촌민위원회의 경우는 촌 당지부라는 하나의 조직의 영도를 받으면 되지만, 사구 조직의 경우 당원의 수는 농촌의 지부의 수보다 많으며, 당원들은 모두 자신들의 업무 단위를 가지고 있고, 자기의 지부를 가지고 있다. 규정에 따르면, 한 명의 당원은 단지 하나의 지부에만 참여할 수 있다. 따라서 사구의 지부는 어떤 당과 관계가 있는 사구의 사람들에 의해서 규정될 수밖에 없으며, 지부의 당원의 수는 사구 내에 존재하고 있는 다수의 공산당의 수에 비해서 소수를 점하고 있으며, 사구 주민에 비하면 더욱 더 소수이다. 따라서 사구주민위원회와 당지부와의 관계를 어떻게 형성할 것인가가 여전히 과제로 남아있다(李凡 2007a, 2-4/1-5Bar).

3) 법률과 법규 환경 미정비

촌민위원회의 경우 1988년부터 전국적인 수준에서 선거가 실시되면서 상당한 경험적인 시행착오를 통하여 법률과 법규에서 제도적인 완비 과정을 겪어 왔다. 가령 1987년 촌민위원회조직법(시안)이 선포된 후 1998년 이는 정식으로 통과되었다. 또한 촌민위원회조직법 외에도 촌민위원회 선거가 실시될 때마다, 모든 성은 성급 정부와 인대가 '선거 방법'을 제정하고, 현과 시급에서는 '실시 방법'을 제정한다. 그러나 이러한 법규나 정책이 도시의 사구 선거에서는 존재하지 않고 있다. 1989년 주민위원회조직법이 통과되었지만, 이 법은 이미 새로이 재편되고 있는 도시 사구에 적절하지 못한 법률 체계가 되었고, 따라서 수정이 불가피하게 요구되고 있는 실정이다. 또한 촌민위원회와 달리 도시 사구의 선거에서는 기본적으로 성급 차원에서 선거를 실시하기 위한 문건이 없다. 그 이유는 광시성에서 성급 차원에서 선거를 추진한 것을 제외하고, 아직까지 도시 사구 선거는 기본적으로 시급이 추진하고 있기 때문이다. 그리고 시급은 대부분 전통적 주민대표의 선거 방식과 가구 대표의 선거 방식에 근거하여 관련 문건을 제정하고 있다. 이들 문건에는 직선 방식에 대한 구체적인 규정이 없는 것이 특징이다. 이처럼 사구의 문건들이 비직선제를 위주로 하고 있기 때문에, 직선제 민주주의의 절차와 제도에 적합한 법이나 절차를 만들어 내기 어려운 상황이다(李凡 主編 2005a, 46).

제4장

향진장 직선제의 등장, 특징 그리고 발전 전망*

1. 서론

　기층선거의 확대, 발전은 현재 중국 민주주의의 발전을 설명하는 핵심 화두라고 볼 수 있다. 그동안 중국 정치개혁이 체제 전환에 따른 경제와 사회적 변화에 조응하기 위한 행정관리 체제 개혁에 초점을 맞추면서, 직접선거에 기초한 민주적 개혁은 촌민위원회나 사구주민위원회 등 기층 자치 조직 수준의 아주 제한된 범위에 한정시켰기 때문이다. 특히 촌민 직선제를 중심으로 한 촌민자치의 실시가 지난 20여 년 동안의 장기적 실천 과정에서, 기층 거버넌스 구조의 변화 및 기층 주민들의 정치의식의 변화를 초래하면서, 이제 기층 차원에서 진행된 민주적 개혁의 상층으로의 확대에 관심이 모아지고 있다. 그리고 그 핵심 화두는 특히 기층선거가 향진이라는 기층 정권조직으로 확대될 것인가이다.

　이처럼 현재 기층선거의 확대와 관련된 논쟁의 초점이 향진장 직선에 맞추어지고 있는 데는 다음의 요인이 작용하고 있다. 첫째, 향진이 농촌지역의

---

* 『국제지역연구』(한국외대 외국학종합연구센터) 11권 2호(2007), pp. 309-394에 "중국의 기층 민주주의의 확대와 향진장 직선제"라는 제목으로 발표된 논문임.

기층 사회와 가장 밀접한 관련이 있는 정권 조직임과 아울러, 현재 농촌 사회에서 기층 정권 조직과 농민의 갈등이 폭발적으로 분출하고 있는 상황에서, 정권 조직의 수장인 향진장 직선제의 실시는 이러한 문제를 해결하는 중요한 대안으로 거론되고 있기 때문이다(楊雪冬·托尼 賽奇 2004, 79-80). 둘째, 촌민위원회 직선이나 사구주민위원회 직선이 기층 자치 조직의 간부 선출을 위하여 행해진 데 반하여, 향진장 직선제는 기층 정권 조직의 수장을 인민들이 직접 선출한다는 점에서, 그리고 민주적 개혁에 대한 중국 정치 지도자의 의지를 평가하는 척도가 될 수 있다는 점에서 중요한 의미를 지니기 때문이다(Li 2006, 98).

그러나 현재 향진장 직선제는 일부 지역에서 실험적으로 실시되고 있는 상황이며, 전면적인 확대를 둘러싸고 연구자들 사이에 여러 가지 의견이 분분한 상황이다. 우선, 중국 내의 학자들은 향진장 직선제의 실시가 필요하다고 인정하지만, 현재 중국의 사회적 조건에 대한 판단에 따라 낙관론과 비관론으로 나누어지고 있으며, 또한 향진장 직선제를 통해 현재의 향진 체제를 개혁하는 것이 아니라, 향진 거버넌스 체제 자체에 대한 근본적인 개편을 주장하는 시각도 있다. 첫째, 향진장 직선제에 대하여 긍정적인 입장을 펼치고 있는 학자들은, 현재의 농촌 주민의 정치·문화, 교육 수준, 이성적 판단 능력 등에서 향진에서도 직접선거를 확대할 수 있는 조건이 확보되어 있을 뿐만 아니라, 향진장 직접선거는 중국의 기층선거가 상층으로 확대되는 출발점이 되어야 한다고 주장하고 있다. 그 이유로 촌민위원회 직접선거가 이미 농촌에서 직선의 범위를 확대할 수 있는 기초를 공고히 하였고, 현재의 농촌에서의 농민과 촌민 간의 긴장 관계를 해소하는 데 있어서, 직접선거는 농민과 지방정부 사의의 충돌을 완화할 수 있다는 점을 들고 있다. 그리고 이는 직선을 통하여 농민의 권리를 강화하고, 이들이 향진 정부를 감독하게 함으로써 가능해진다고 보고 있다. 따라서 지금 강장 향진 범위로까지 직선의 범위를 확대해야 된다는 것이다(李凡 2005a, 308; 肖唐鏢 2003, 55-65; 何包鋼·郎有興 2002, 136-137; 李凡·壽慧生·彭宗超·肖立輝 2000).

둘째, 향진장 직선이 이루어지기 위해서는 안정적인 사회제도, 비교적 성숙된 NGO의 발전 및 일정한 민주적 소질을 구비한 농민들이 존재해야 하지만, 현재의 농촌은 이 같은 조건이 구비되지 않아 어렵다는 비관론이다. 이들은 직접선거가 기층 정권의 정당성의 강화와 직접적인 상관관계가 없으며, 반드시 능력 있는 인재의 선발을 보장하는 것도 아니라고 주장한다. 그리고 인민대표대회에 의한 간접선거가 직접선거보다 현 단계 중국의 민주주의 발전에 적합하며, 직접선거에 많은 학자들이 집착하는 것은 직접 민주주의에 대한 낭만적인 환상과 현재의 향진 정권 체계에 대한 실망에 기인한다고 주장한다. 따라서 현재의 향진 정권의 개혁은 직선제를 통한 개혁을 이끌어내기보다는 인민대표대회를 개혁하고, 이를 통하여 향진 정부의 감독 기능을 강화하면 된다는 시각이다(胡振亞·任中平 2006, 85-87).

셋째, 직선제를 통한 향진 체제 개혁이 아니라 다양한 형식에 기초하여 향진 거버넌스 체제 자체의 근본적인 개편을 주장하는 시각들이다. 우선, 촌민 자치의 실시에 기초하여 향진 자치 혹은 향민 자치를 주장하는 시각이다. 이 시각은 중국의 기층 정권을 현급 정부로 축소 조정하고, 향진 정부는 촌민자치와 마찬가지로 자치 조직화시켜, 향민에 의한 자치를 실시할 수 있도록 해야 한다는 것이다(於建嶸 2007). 다음으로, '향진 정부, 촌민자치'를 중심으로 한 거버넌스 구조는 시장화와 근대화, 민주화가 발전할수록 부적응 현상이 나타나고 있다고 주장하면서, '현 정부, 향 파출 기관, 촌민자치'를 중심으로 하여 농촌 거버넌스 구조를 전환하거나, 향진을 없애고 현이 촌을 직접 관리하도록 해야 한다는 시각도 있다(徐勇 2007b). 마지막으로, 향진 정권이 국가의 정권 조직으로 여전히 존재하지만, 현 정부에 종속적인 상황을 철저하게 변화시킬 수 있도록 '향정 자치'(鄕政自治)를 실시해야 한다는 주장도 있다(吳理財 2007).

중국 내의 연구자들이 향진에서의 직선제의 실시 조건 및 향진의 거버넌스 구조에 관심을 집중하고 있다면, 서방의 학자들은 향진장 직선제의 전면적인 확대의 동력에 주목하고 있다. 이들은 밑으로부터 위로의 민주적 선거의 출발점으로 고려되고 있는 향진장 직접선거에 주목하고 있지만, 향진장 선거의 확대를 통한 정치개혁의 추진 가능성에 대해서는 비관적인 전망을 내놓고 있다. 기층 관료의 책임감 강화에 대한 밑으로부터의 압력이 존재하고 있으며, 부패를 청산하고자 한 공산당 정책의 실패로, 앞으로 중국의 지도자들은 향진 직접선거와 같은 정치개혁에 더 많은 더 관심을 가지겠지만(Cheng 2001, 135), 기층선거가 상층인 향진장 선거로 확대될 수 있는 가능성은 대중들에 의한 밑으로부터의 압력에 의해서보다, 상층 지도부가 도구주의적인 관점에서 부패의 제거나 사회적 안정, 유지 등에 도움이 된다고 생각되면 위로부터 추진 될 것이라고 주장하고 있다(Li 2006, 97-116; White 2007, 162-171).

이처럼 향진장 직선제의 실시를 둘러싸고 중국 내외의 연구자들 사이에서 직선제 실시를 위한 사회적 조건 및 동력, 그리고 향진 거버넌스 구조의 개편에 이르기까지 포괄적인 방향에서 논의가 되고 있다. 연구자들 사이에 이처럼 서로 다른 시각들이 존재하고 있지만, 현재 향진 정치개혁은 향진 거버넌스 구조의 전면적인 개편보다는 직선제가 유력한 대안으로 간주되고 있으며, 최고 지도부로부터의 암묵적인 동의하에 제한된 지역에서 향진장 직선제가 시범적으로 실험이 되고 있는 상황이다. 따라서 이 글은 이론적인 논의에 초점을 맞추기보다는, 향진장 직선제가 제기된 배경과 정치적 의의, 현재까지의 실시 현황, 그리고 향진장 직선제에 대한 정부와 기층 사회(관료 및 기층 주민)의 인식 등에 대한 구체적 분석을 통하여, 현재까지 진행된 중국의 향진 선거의 현황과 특징을 분석하고 전국적인 차원으로 확대, 발전할 가능성을 전망하고자 한다.

이를 위해서 이 글에서는 우선, 향진장 직선제의 등장 배경과 정치적 의의를 살펴보고, 다음으로, 직선제를 중심으로 한 향진장 선출을 위한 다양한 방식들을 소개함으로써 현재까지 진행된 향진장 직선제의 구체적 실시 현황과 특징을 분석하고자 한다. 그리고 향진장 직선제의 전면적인 확대에 대한 중앙 정부의 정책과 지방 관리나 기층 주민들의 여론 동향을 분석함으로써, 향진장 직선의 전면적 실시와 중국의 기층 민주주의 확대를 전망하고자 한다.

2. 향진 정권의 특징과 향진장 직선제 등장 배경

1) 향진 정권의 특징과 향진장 직선제의 의의

향과 진은 중국의 최하위 기층 행정단위로, 2001년 1월 현재 1만 9,341개 향과 2만 374개 진이 있다(黃衛平·鄒樹彬 2002, 37). 향진 정부는 위로는 국가와 연결되고, 밑으로는 농촌 기층 사회와 직접적으로 연결되기 때문에, 농촌 사회에 대한 국가의 통치를 대표한다고 볼 수 있다. 따라서 국가의 농촌 사회에 대한 통치는 상당 정도 향진 정부의 실질적인 행위에 달려 있다고 볼 수 있다. 향진 정부는 농민들에게는 국가권력으로 비치고 있으며, 따라서 향진 정부의 행위는 많은 부분 국가의 권위 및 정당성의 사회적 기초가 되고 있다.

향진 정부는 중앙정부의 구성과 마찬가지로 통상적으로 향진 인민대표대회, 향진 인민정부, 공산당 조직으로 구성되어 있다. 여기서 향진 정부는 기층 국가 행정기관이면서 동시에 향진 인대의 집행기관으로, 향진 인대의 결의나 상급 행정기관의 결정과 명령을 집행하고, 해당 행정구역 내의 행정 업무를 수행한다. 그리고 향진 정부의 구성은 향진장 1명, 부향진장 약간 명으로 구성되며, 향진 정부 산하에 각 전문 부문이 있다. 한 조사에 따르면,

1990년대 이후 향진 정부가 팽창하면서 평균 각 향진 정부 산하에 19개의 단위나 부문이 있으며, 그 인원은 290명에 달하고 있다(黃衛平·鄒樹彬 2002, 45).

그동안 향진장의 인선은 비록 〈지방조직법〉상으로는 향진 인민대표대회 주석단 혹은 향진 인대가 10인 이상의 연명을 하여 추천한 후 향진 인대가 선거를 통하여 선출할 수 있다고 규정하고 있지만, 실제로는 현 당상임위원회가 결정하여 향진 당위원회로 문건을 보낸 후, 이를 향진 인대 주석단이 통과시키는 형태로 진행되었고, 등액 선거를 통하여 이루어졌다(黃衛平·鄒樹彬 2002, 47). 이는 바로 향진장이 상급 당정 기관의 소수의 사람들에 의해서 결정되었음을 의미한다.

따라서 향진장 직선제의 도입은 지방정부의 행정 수장을 향진 주민들이 직접선거를 통해 선출하는 것을 의미하기 때문에, 그 정치적인 의미는 매우 중요하다. 우선, 직접선거의 실시는 간접선거에 비하여 민주화 정도가 더 높다는 점이다. 지도자에 대한 압력의 정도가 더 크고 선거 과정에서 대중의 참여 정도 역시 더 높아질 수 있어, 지도자와 향진 대중 사이의 관계가 변화될 수 있다. 왜냐하면 전체 주민들의 직접 투표를 통하여 선출된 지도자들은 간접선거를 통하여 선출된 지도자들보다 전체 유권자와의 관계에 대하여 매우 큰 관심을 기울일 수밖에 없기 때문이다. 따라서 기층 인민과 직접적으로 맞대고 있는 기층 정부인 향진 정부의 관리를 직접선거를 통하여 선출하는 것은, 정부와 기층 인민 간의 긴장 관계를 완화시키고, 중앙정부의 정책이 기층 정부의 부패나 전횡에 의해서 왜곡될 가능성을 감소시킨다.

둘째, 직접선거 범위의 확대라는 점이다. 농촌의 기층 조직인 촌민위원회 선거가 활발하게 진행되고 있으며, 도시지역의 기층 조직인 사구주민위원회에 대한 직접선거 역시 점차 확대되고 있다. 그러나 이들 선거는 모두 기층 조직에 한정된 선거라는 점에서 기층 정권인 향진장 직선제와 구분된다. 또한 현급 이하 인민대표대회에 대한 직접선거 역시 점차 제도적인 개선을 통하여 경쟁성과 민주주의 원리가 도입되면서 발전되고 있지만, 중국의 모든 정권의 행정 수장이 여전히 간선제를 통해 선출되고 있어, 향진장 직선제의 도입은 정권 단위로까지 직선제가 확대되고 있다는 점에서 매우 중요한 의의가 있다(李凡 主編 2005a).

2) 농촌 사회의 정치적 갈등과 향진장 직선제의 등장

1990년대 이래, 향진의 관리와 주민들 사이의 관계가 악화되고 각종 사회적 갈등이 증폭되면서, 향진 정부에 관심이 집중되어 왔다. 이처럼 향진 정부가 농촌 사회의 사회적 갈등의 중심으로 부상한 데에는, 향진 정부가 농촌 지역에 위치한 기층 정권으로서, 중앙정부를 대신하여 각종 농촌문제에 대한 농민들의 불만의 주요 대상이 되고 있기 때문이다.[1] 그리고 이 같은 사회적 갈등의 해소를 위하여, 향진장 선거제도의 개혁은 하나의 중요한 대안으로 거론되어 왔다. 이처럼 향진 정부와 농민 간의 갈등이 농촌의 사회적 갈등의 중심이 된 데에는 다음과 같은 요인들이 주요하게 작용했다고 볼 수 있다.

첫째, 향진 정부의 재정적인 취약성과 농민에 대한 기층 정권의 과다한 부담 전가이다. 최하급 정부로서 향진 정부는 상급 정부에서 요구하는 업무들이 점점 늘어나고 있고, 게다가 특정 업무는 강제적으로 부여될 뿐만 아니라 엄격한 평가를 요구받고 있다. 만약에 향진 정부가 제때에 임무를 완성하

---

1 중국 농촌에서 농민들의 주요한 불만 사항은 과다한 조세 부담, 강제적인 토지 징수, 기층 관리들의 부패 등의 문제로, 농민들은 이 같은 문제가 발생한 주원인을 기층 관리들이 중앙정부가 정해 놓은 법과 정책을 잘못 이행하고 부패하여 발생한 것으로 간주하고 있다. 그리하여 농민들이 중앙정부의 정책과 법을 근거로 하여 기층 정부와 관리들에게 저항하는 상황이 빈번하게 발생하고 있다. 이는 중국의 농촌문제가 마치 기층 관리와 농민 간의 문제로 비쳐지고, 중앙정부가 뒤로 숨는 결과는 만들어 내고 있다고 볼 수 있다(O'Brien and Li, 2006).

지 않으면 처벌을 받을 수 있고, 심지어 기타 부문의 업무 성적 역시 영향을 받을 수 있다. 즉 관련된 향진 정부의 수장은 비판을 받거나, 처벌을 받거나, 직위가 이동되거나 강등되기도 한다(榮敬本·崔之元 等著 1998, 25-57). 그러나 1994년 분세제 개혁이 현과 시, 향진의 재정 관계에 대한 구획을 명확히 제시하지 않았기 때문에, 상급 정부가 향진에게 업무를 하달할 때 그에 상응하는 재정적인 지원을 해주지 않는다. 설상가상으로 1990년대 중반 이래에는 많은 향진의 주요한 재정 수입원이 되어 온 향진 기업이 잇달아 도산하는 상황에 처하게 되었다. 이 같은 상황에서 비록 향진이 재정의 수입과 지출에서 독립적인 운용을 보장받고 있다 하더라도, 향진의 재정 상황은 향진 내의 공공서비스를 제공할 수 없을 정도로 빈약한 상태에 처하게 되었으며, 심지어 많은 향진은 향진 간부의 급여조차도 보장할 수 없는 상황이다. 따라서 향진은 재정을 확충하기 위하여 여러 가지 노력을 할 수밖에 없으며, 여기서 농민은 자연스럽게 향진 정부가 압력을 전가시키는 대상이 되었다. 뿐만 아니라 많은 향진 간부들은 효과적인 유인 동기가 없는 상황에서 향진의 일을 하지 않으려고 하거나, 심지어 일부는 자신들의 직위를 이용하여 부정한 방법으로 수입을 얻는 상황이 속출하게 되었다. 바로 이 같은 상황에서 기층 정부 및 관리의 정당성이 농민들로부터 의심과 도전을 받고 있으며, 농민들은 집단행동을 통하여 기층 관료들에 저항하고, 중앙정부의 보호를 받고자하고 있다(Bernstein and Lu 2000, 742-750; 於建嶸 2006).

둘째, 지난 20여 년에 가까운 세월 동안 진행된 촌민위원회 선거 경험이 농촌지역에 민주주의의 발전을 초래하였고, 농민들의 권리 의식이 제고되면서, 농민들이 점차 정치적인 행동에 나서게 되었다는 점이다. 비록 중국의 기층 민주주의를 위한 개혁이 중앙정부에 의하여 위에서부터 아래로 진행되었지만, 기층 자치 조직의 개혁이 농민들로 하여금 민주주의를 실행할 수 있는 공간을 주었고, 기층 민주주의의 발전 과정에 개입할 수 있도록 만들었다. 농민들의 개입 과정을 보면, 처음에는 피동적인 참여에 머물렀으나 점차 민주주의가 발전하면서 주동적인 참여로 전환되어 갔다. 이 과정은 크게 3단계로 설명할 수 있다. 첫 번째 단계, 초기과정에서는 정부가 직접선거와 자치를 추동하게 되었지만, 정부는 농민들이 민주주의를 실행할 것이라 확신하지 못하고 의심스러운 태도를 견지한다. 따라서 이 단계에서, 정부는 농민이 더욱 더 많이 참여하기를 희망하고 주동적인 농민의 선거 참여를 요구하면서, 제도적으로 촌민위원회 선거의 조직권을 농민에게 제공하였다. 두 번째 단계, 농민이 선거와 자치에 참여하기 시작하였고, 참여 과정에서 정부와 상호 협력 관계를 형성하기 시작하였다. 이 단계에서 농민들은 선거를 통하여 촌민위원회 권력을 장악했고, 일부 향진 정부는 군중들과 갈등에 직면하였다. 세 번째 단계로, 정치 참여와 실천 과정을 통하여 중앙정부의 법률과 정책을 이해하고, 선거 기회를 이용하여 자기의 권리를 지키고자 한다. 지방정부 역시 선거를 통하여 자기의 이익을 지키려하기 때문에, 농민과 향진 정부 사이의 갈등과 충돌이 지속적으로 확대된다. 이런 갈등은 농촌의 군중과 향진 정부 및 관리들 사이의 긴장을 강화시키고, 농민들이 자신들의 이익을 위하여 선거를 매개로 향진 정부와 경쟁하는 국면이 발생한다. 또한 그 과정에서 일부 농민들은 언론 매체와 지식계, 그리고 중앙정부의 지지를 얻기도 한다(李凡 主編 2005b, 19).

　　마지막으로, 농민의 정치적 요구의 표출 통로의 부재로 인하여 농촌 사회의 불안정성이 확대되고 있다는 점이다. 현재의 향진 관리 기구는 많은 문제가 있어 효율성이 떨어지고 있는 상황이지만, 다른 한편 농민들은 대중매체의 보급과 인구 이동의 보편적인 흐름, 농민의 정치의식의 지속적인 제고 등으로, 향진 관리에 대해 좀 더 높은 정치적인 요구를 하고 있는 상황이다. 따라서 현재의 향진의 거버넌스 구조로는 그들의 의견이나 이익을 제기할 수 있는 적절한 통로를 제공해 줄 수 없고, 그 결과 농민들은 폭력을 사용하여 향진 정부나 향진 간부를 공격하기도 한다(楊雪冬·托尼 賽奇 2004, 79). 특히 농민들의 폭력적인 정치적인 행동은 1990년대 이래 폭발적으로 증폭했으며, 중국 경찰에 따르면 100명 이상의 시위자가 참석한 시위는 1993년 8,700건, 1994년 10,000건, 1999년 3만 2,000건, 2003년 5만 8,000건, 2004년 7만 4,000건이고, 매일 평균 200건 이상의 시위가 발생하고 있다(Shirk 2007, 56).

바로 이 같은 상황에서 향진 정치개혁이 중요한 정치적인 현안으로 부각된다. 혹자는 향진 조직을 철폐하여 향진 자치를 실시하거나, 향진을 현의 파출 기관으로 편입시켜 방대한 향진 조직을 축소하여 농민의 부담을 경감시켜야 한다는 주장을 하는가 하면, 혹자는 근본적인 개혁을 단행하기 전에, 현행 향진 체제에 대한 개혁을 통하여 문제를 해결해야 하며, 이를 위해서는 직선제를 통한 향진 수장의 선발 메커니즘의 개혁이 가장 좋은 대안이라고 주장하고 있다. 그 이유는 농민이 향진장 선출에 대한 권리를 보유하게 됨에 따라, 기층 정부 관리들은 농민의 지지가 필요하고, 이를 얻기 위해서는 기층 관리들의 변화 역시 불가피하기 때문이다. 따라서 향진장의 직선제 실시는 농촌지역의 사회적 안정을 이끌어 내고 정치·사회적 불안을 해소하는 중요한 대안이 될 수 있다는 것이다(李凡 主編 2006, 233).

3. 향진장 선출의 다양한 방식과 그 특징

1) 직선제와 향진장 선출 방식

1998년 말 쓰촨성 수이닝(遂寧)시 부원(步雲)향과 쓰촨성 메이산(眉山)시 칭선(青神)현 난청(南城)향에서 향진장 직접선거가 실시된 이래, 2004년 4월에는 윈난(雲南)성 홍허(紅河)주2 스핑(石屛)현 산하의 7개 진에서 동시에 향진장 직접선거를 실시하는 등, 향진장 직선제를 실시하기 위한 일련의 실험이 진행되었다. 비록 이 같은 시도들이 아직까지 전국적인 수준으로 확대되지 못하고, 일부 지역에 한정되어 있으며, 여전히 향진장 선거의 확대를 둘러싸고 논쟁이 진행되고 있는 상황이지만, 향진장의 선출 방식에 중요한 변화가 초래되고 있음을 부정할 수 없다.

2004년 윈난성 홍허주 스핑현의 향진장 선거를 사례로 하여, 직선제의 구체적인 진행 과정을 살펴보면 다음과 같다. 첫째, 조사, 연구 및 선거의 준비 단계이다. 이 단계에서는 주(州)의 당조직 공작조가 스핑현의 향진 상황에 대하여 조사를 실시하고, 향진 직선에 대한 총체적인 배치를 한다. 구체적으로 주 당위원회 산하에 향진선거실험공작영도소조(鄕鎭選擧試點工作領導小組)를 설립하고, 스핑현 당위원회 산하에 향진직선실험공작영도소조와 감독지도소조(督導小組)를 설립하였다.

둘째, 직선제에 대한 선전의 시작과 유권자 등록이다. 2004년 2월 1일에 시작하여, 주와 현 각각의 선거 영도소조는 스핑현에서 모든 현 간부를 동원한 간부 대회를 개최하여 향진 직선과 관련된 업무를 논의하였다. 그 후 주의 선거 영도소조와 현의 선거 영도소조 및 감독지도소조가 향진에 진입하여 촌의 각 가구를 조사하고, 향진 직선에 대한 선전 업무를 시작하였다. 이와 동시에 유권자 등록 업무를 시작했으며, 그 결과 전 현의 유권자는 모두 10만 6,612명에 이르렀다.

셋째, 향진 인대대표를 선거하여 향진 인민대표대회를 개최하였다. 각 향진에서 1명의 인대대표를 선출한 후, 3월 16일을 시작으로 각 향진은 인민

---

2 주(州)는 중국의 소수민족 자치 지역의 행정단위를 지칭하는 것으로, 중국의 소수민족 자치 지역은 성급 단위인 구-지구급 시 단위인 주-자치 현-자치 향진이 있다.

대표대회를 개최하여, 유권자가 직선제로 향진장을 선출한다는 결정을 이끌어 냈다. 그리고 향진 인대 내에 선거위원회를 설립할 것을 결정하였다. 향진 인대의 주관하에 향진 선거위원회가 직선의 실시와 관련된 모든 업무의 조직과 집행을 책임지면서 향진 직선제를 위한 실험이 정식으로 시작되었다.

넷째, 향진장 후보자의 추천과 확정 단계이다. 후보자 추천 과정에서 상급 당위원회는 내정자를 정하거나 후보자를 추천하지도 않았다. 선거 실시 방법은 "고등학교 이상을 졸업한 모든 사람으로, 경제와 사회에 대한 행정관리 능력을 보유하고 있고, 호적이나 직업이 향진에 있으며, 연령이 25~45세 사이"이고, "30명 이상의 연명으로 추천된 사람"은 예비 후보자가 될 수 있다고 규정하고 있다. 추천 과정 중, 전 현의 1만 3,434명의 등록된 유권자가 후보자 추천 과정에 참여하였고, 모두 77명의 예비 후보자가 추천되었다. 그후 자격 심사를 통하여 66명이 조건에 부합한 것으로 판정되었다. 이 같은 판정 이후, 각 향진의 후보자들은 유권자 대표, 촌민위원회, 향진 인대 주석단이 공동으로 구성한 향진 연석회의에서 연설을 하고 변론을 전개하였다. 그리고 최종적으로 무기명투표 방식으로 정식 후보자를 2명씩 선발하였다.

다섯째, 유권자들이 선거를 통하여 향진장을 선출하는 단계이다. 이 단계에서 각 향진의 2명의 정식 후보자는 촌을 단위로 하여 각 선거구의 유권자와 만나면서 유세를 진행하였다. 이에 기초하여 4월 20일 유권자의 직접투표로 2명의 후보자 중에서 향진장을 선출했다. 모든 현의 등록된 유권자 중 10만 3,513명이 투표에 참여하고, 투표율은 97.1%에 달하였다.

여섯째, 향진인민대표대회가 선거 결과를 심사하는 단계이다. 4월 21~24일 사이에 각 향진의 인민대표대회는 각각 회의를 개최하여 선거위원회가 제출한 유권자의 향진장 직접선거 공작 보고를 심사하고, 선거가 유효한지 아닌지를 결정하며, 선출된 향진장에 대한 자격이 유효한가를 심사했다. 그리고 선출된 향진장의 추천에 근거하여 부향진장의 인선을 포괄, 통과시키고 새로운 향진 정부를 시작시켰다. 이 같은 과정을 거쳐 4월 24일에 이르러 7개의 향진에서 모두 새로이 선출된 향진장을 중심으로 새로운 향진 정부를 출범시켰다(周平 2005, 65-66).

2) 향진장 선출의 다양한 방식

직선을 통한 향진장의 선출은, 지방정부의 수장은 각급 지방인대의 선거를 통하여 선출된다는 헌법과 지방조직법에 위배된다. 따라서 상급 정부의 인정을 받지 않고 자발적으로 진행될 경우, 2003년 여름 충칭(重慶)시 청커우(城口)현 핑바(坪壩)진의 경우처럼[3] 정치적인 위험 부담이 따르기 때문에, 직선제의 장점을 최대한 도입하면서도 합법적인 틀 내에서 선출을 가능하게 하는 다양한 방식이 고안되어 시험되고 있는 상황이다. 이 같은 방식은 다음과 같이 분류할 수 있다.

첫째, '삼표제'(三票制) 방식이다. 선전시 다펑(大鵬)진이 1999년 진장 선거에서 이 방법을 채택했는데, 이 방법의 기본적인 특징은 유권자들이 후보자를 추천하고, 다음으로 대표 선거를 실시하여 진 인민대표대회에 후보자를 추천한 후, 인민대표대회가 최종적으로 진장을 선출하는 것이다. 구체적으로 1999년 1월, 17개 선거구의 5,048명의 유권자가 76명의 후보자를 추천하였고, 다펑진 당위원회는 100명 이상의 유권자의 추천을 받은 후보자에 대하여 자격 심사를 실시하여, 5명을 그 다음 선거의 후보자로 확정하였다. 그 후 경선과 유세 과정을 통하여 1,086명의 대표가[4] 진 인민대표대회에 추천할 최

---

3 구체적인 내용은 94쪽을 참조.
4 1,086명의 대표는 모든 진의 전체 당원, 진과 촌의 간부, 가구 대표로 구성되었다. 그러나 일부

후의 후보자를 선출하였다. 그리고 진 인대는 선거를 통하여 추천된 후보자를 진장으로 선출하였다(楊雪冬·托尼 賽奇 2004, 81).

둘째, '양표제'(兩票制)를 통하여 향진의 주요 간부를 선출하는 방식이다. 1999년 산시성 린이(臨猗)현 주오리(卓裏)진에서 이 방법을 채택하였다. 다펑진과 비교할 때, 이 방법은 우선 전체 진의 주민들이 향진의 주요 지도자(진장, 진 당서기, 진 인대 주석)에 대하여 신임 투표를 하고, 상급 당위원회는 득표수에 근거하여 추천 인선을 결정한 후, 현재의 선거법 틀 내에서 선거를 진행하는 방식이다. 구체적으로, 1999년 4월 10일 린이현은 주오리진의 지도자에 대한 여론조사 계획을 수립하였다. 4월 10~16일에 현과 진의 관련 부문이 준비를 하였고, 16일에는 주요 지도자의 경선 연설이 있었다. 진 당서기와 진장, 진 인민대표대회 주석이 500명의 대표 앞에서 자기의 업무 상황을 소개하였다. 이틀 후에 투표가 진행되었고, 9,000명의 유권자들이 17개의 투표소에서, '동의', '기본 동의', '비동의' 세 개 항목에 투표를 하였다. 투표 결과 '동의'나 '기본 동의'가 과반수가 되지 않으면, 차기 후보로 상급으로 추천될 수 없었다. 그러나 투표 결과 3명이 모두 차기 후보로 동의를 얻게 되었다(楊雪冬·托尼 賽奇 2004, 82).

셋째, 공개 추천과 공개 선출(公推公選) 방식이다. 쓰촨성 수이닝시 스중(市中)구 및 난부(南部)현이 이 방법을 채용하였다. 이 방법은 일종의 시험과 선거를 결합한 방식으로, 구체적인 과정을 보면, 공석인 자리를 공개하고, 응시 조건을 넓게 한다. 그리고 많은 응시자들이 필기시험에 참가하고, 그 결과 6명을 선발하여 이들에 대해 면접을 실시한다. 면접 참가자는 향진 간부, 촌

사람들은 신분상 중복되는 경우가 많았고, 진의 전체 가구가 1,500 세대임에도 불구하고 가구 대표가 1,086명에 불과한 점 등으로 미루어 볼 때, 모든 가구가 대표되지 않았음을 말해 준다(黃衛平 主編 2000, 25).

급 간부, 촌민대표 및 상급 지도자들로 규모는 100인 이상이다. 면접에 근거하여 투표를 진행하고, 그 결과 선출된 선두 2인이 진 인민대표대회에 추천되고, 진 인대는 선거를 통하여 향진장을 선출한다.

넷째, 향진 인대가 직접 향진장을 추천하는 방식이다. 쓰촨성 면양(綿陽)시에서 1998년 11월에 실행한 방식으로, 상급 당정이 향진장의 인선을 위하여 후보자를 추천하지 않고, 대신에 진 인대대표들이 연명으로 후보자를 추천하는 경우이다. 이는 그동안 향진장의 후보들이 상급 당정에서 추천되고, 인대에 의해서 선출되었다는 점을 고려하면, 일정한 변화를 의미한다.

다섯째, 후베이(湖北)성 징산(京山)현 양지(楊集)진에서 2002년 9월에 실시된 방식으로, 두 가지 단계를 통하여 후보자를 확정하는 방식이다. 우선 전체 진 주민들이 후보자를 추천하고, 그 후 촌민대표대회가 추천된 후보자들 중에서 향진 인대에 추천할 후보자를 선출한다. 그리고 최종적으로 인민대표대회가 선거를 통하여 향진장을 선출하는 방식이다. 이는 선전의 대펑진과 유사한 방식이나, 주요한 차이는 촌민대표대회가 추천과 인선 조직으로 그 기능을 하고 있다는 점이다(楊雪冬 2007).

상술한 향진장 선출 방식의 다양한 시도를 총괄 비교해 보면, 결국 향진장 선출을 둘러싸고 다음 세 가지의 시도들이 실험되고 있음을 알 수 있다. 첫째, 철저하게 직접선거를 실시하여, 전체 향진 주민이 직접 향진장을 선출하고자 한다는 점이다. 부원향의 제1차 선거는 바로 이 같은 시도로, 이는 현재의 조건에서 향진 주민들이 각 향진의 조건에 부합되는 향진장을 선출할 만한 능력과 이성적인 판단력을 보유하고 있다는 인식에 기초하고 있다. 그러나 직선제를 통한 방식은 현재의 헌법이나 지방정부조직법의 관련 규정과 부합하지 않으며, 또한 현재 향진 선거를 규범화할 수 있는 적절한 절차를 만들고 있지 못하다는 점에서 여전히 한계가 존재하고 있다.

둘째, 현재의 법률적 틀 내에서 전체 향진 주민이 향진 선거 과정에 참여하도록 하는 방식이다. 선전의 다평진과 후베이성의 양지진의 개혁은 바로 이러한 사고에 근거하여, 전체 향진 주민이 후보자를 추천하도록 하고 있다. 이 방식은 현재의 법률적인 규정과 부합되나, 전체 주민들이 추천한 후보자가 향진 인대에 직접 추천되는 것이 아니고, 촌민 회의나 기타 회의 방식 등 2차 선거를 통하여 진행된다는 점이다. 이는 현행 선거법의 틀 내에서 지지를 받기가 어려울 뿐만 아니라, 선거가 조작될 가능성이 있다는 점이 한계로 지적되고 있다.

셋째, 현재의 법률적인 틀 내에서 선출하는 방식이다. 기본 방법은 시험이 후보자를 추천하는 주요한 방식으로 간주되고, 동시에 향진 주민의 후보자에 대한 이해를 증진시키고자 한 방법이다. 수이닝시의 공개 추천과 공개 선출은 바로 이 같은 사고에 근거하고 있다. 이 방법은 시험을 통하여 후보자의 자격 요구를 제고시킬 수 있고, 동시에 선거 과정에 많은 주민들의 참여를 이끌어 낼 수 있지만, 응시 자격의 제한이 너무 많고, 빈번한 시험에 다른 비용이 증가할 수 있으며, 일종의 경쟁 방식인 면접이 명확한 조직적인 규정이라고 보기는 힘들다는 한계점이 지적되고 있다(楊雪冬 2007).

결국, 직선제를 통한 향진장 선출 방식은 민주적인 향진장 선출 방식으로 주목받고 있지만, 현행 법률의 틀을 벗어난 선출 방식이라는 점에서 정치적 위험부담이 있다. 한편 다른 여타 다양한 선출 방식들 역시 비록 과거의 당정에 의한 위로부터의 일방적인 인선에 비하여 민주적인 선출 방식으로의 전환이라고 볼 수 있지만, 여전히 간선제의 틀을 벗어나지 못하고 있다는 점에서 한계가 있다. 그러나 이들 방식들은 모두, 향진장 인선 방식의 변화를 통하여 농촌지역의 관리와 군중 간의 관계를 해소하고자 한 시도라는 점에서 공통점을 지니고 있다.

4. 향진장 직선제 확대와 중앙정부, 지방정부 그리고 기층 사회의 인식

1998년 향진장 직선제가 실시된 이래, 벌써 10년의 세월이 흘렀음에도 불구하고, 향진장 직접선거는 아직 매우 제한된 지역에서 실시되고 있으며, 기층 정치개혁 확대의 중요한 대상으로 부상하고 있지 못한 실정이다. 이런 상황에서 향진장 직접선거의 향후 전망을 위해서, 중앙정부의 정책적 의지와 지방수준에서의 여론 동향을 살펴보고자 한다.

1) 향진장 직선제의 확대와 중앙정부의 정책적 의지

중국에서 향진장 직선제의 실시는, 1997년 9월 15차 당 대회가 개최되기 직전에 당의 상급 지도자 수준에서 기층선거를 향진으로 확대시키는 문제를 둘러싸고 논쟁이 있은 후, 장쩌민에 의해서 잠정적으로 수용되면서 시작되었다. 특히 1998년 10월, 빌 클린턴 미국 대통령의 방중 직전에, 당중앙위원회는 향진 수준으로 선거를 확대하기 위한 적극적인 노력을 할 것이라는 당의 의도를 천명하였다(White 2007, 171). 이 같은 상층 지도부의 의지 표명이 직접적인 계기가 되어(Li 2002, 707-708), 그 직후 1998년 말 스촨성 수이닝시 스중구 부원향에서 최초의 향진장 직접선거가 실시되고(黃衛平·鄒樹彬 2002, 248-261), 거의 동시에 쓰촨성 메이산시 칭선현 난청향에서도 향장과 부향장 그리고 당위원회 간부를 직선으로 선출하는 실험을 함으로써, 향진장 직선에 대한 중국 내외의 학자들의 관심이 증가되었다.

그러나 2002년 당 중앙이 12호 문건을 발표한 이후, 전국 각지의 향진장 직선 개혁은 중단되었다(弧佳佳 2007). 구체적으로 2002년 부원향은 1998년

제1차 직선제가 실시된 이후 두 번째로 실시되는 선거에서 직선제가 아닌 간선제로 향진장 선출 방식을 전환시켰다.[5] 또한 충칭시 청커우현 핑바진에서는 상급 정부의 동의 없이 자체적으로 진행된 직선제 개혁이 중도에서 무산되는 사건이 발생하였다. 즉 청커우현 인민대표대회 대표이면서 핑바진의 진장인 웨이(魏) 씨의 주도로, 2003년 8월 18일 핑바진의 당 대회와 인민대표대회를 개최하여 〈중공 청커우현 핑바진 당위원회의 우리 진의 종합정치개혁의 관한 건의〉를 통과시키고, 진 당서기와 진장에 대한 직선과 상임 당대표 제도와 인민대표 제도를 설립할 것을 결정하였다. 그리고 결과를 승인해 줄 것을 전국인대에 신청했지만, 이 같은 지방 단위의 정치개혁 실험에 대한 상급 정부의 반대로 웨이의 모든 직위와 업무가 박탈되고, 개혁이 중도에서 중단되었다(韓福東 2003, 227-234; 瑪雅 2006).

그러나 이 같은 과정에도 불구하고, 1998년 이래 향진장 직선에 대한 압력은 지속적으로 존재해 왔다. 이에 2004년 4월 윈난성 홍허주 스핑현 7개 진에서 동시에 향진장 직선이 실시되고, 8월에 홍허주 루이시(瀘西)현의 10개 향진에서 당위원회 지도부를 직선으로 선출하는 일이 발생했다(周平 2005, 65-66). 우선, 이 실험은 비록 현행법의 틀을 벗어났지만, 정치적 위험을 감수하면서 개혁을 추진하고자 하는 주 당위원회 서기의 강한 의지에 기초하고 있었다(唐建光 2004). 즉 부윈향과 난청향 선거가 그동안 현급 당위원회 차원에서 결정되었지만, 스핑현의 경우는 현보다 상급인 주 당위원회 차원에서 선거가 결정되었다는 점이다. 주 당위원회의 동의를 얻어 직선이 결정되었

고, 현 당위원회가 직선실험영도소조를 결성하고 주 당위원회 부서기가 영도소조장을 맡았으며, 주 인대 상임위원회가 부조장을 맡았고, 향진 당위원회 서기는 각급 향진 선거위원회 주임이 되었다. 그리고 선거의 전 과정은 각급 인민대표대회에 의해서 조직되었다. 둘째, 이 선거는 과거의 선거가 향 수준에서 이루어졌다면, 이제 현 수준으로 확대됨으로써 규모가 커졌다는 점에서도 중요한 변화가 있다. 셋째, 과거 부원향과 난청향에서는 향장만을 직선으로 선출하고 나머지 부향장은 여전히 과거의 방식대로 간선제를 통하여 선출했던 것과는 달리, 향장을 선출한 후 향장에게 조각권을 부여했다는 점 등에서 또한 커다란 변화가 있었다. 그러나 이 선거 역시 선거 초반 단계에서 이 실험이 지닌 정치적 위험성을 고려하여 약 40여 일에 걸쳐서 외부에 비밀로 진행되었다. 16기 4중 전회에서 심의 통과된 〈중공 중앙당의 집권능력건설강화에 대한 결정〉에서 "당의 영도를 견지하고 인민을 주인으로 하고 법치국가를 유기적으로 통일시켜, 사회주의 민주정치 능력을 부단히 제고해야 한다."는 문장이 이 선거 실험에 충분한 긍정을 제공한 후에야, 마침내 이 실험이 외부에 공개되었다는 점에서, 중앙정부의 정책적인 의지가 직선제 실험의 지속과 확대에 결정적인 변수임을 말해준다(李凡 主編, 2006, 280).

그러나 향진장 직접선거를 전국적으로 확대하고자 하는 중앙정부의 의지는 좀처럼 발견하기 힘들다. 이는 2006년 말과 2007년 초 중국 정부와 지식인들 사이에서 기층선거 확대와 정치개혁을 둘러싼 한 차례의 '정치적 소동'을 통해서도 알 수 있다. 즉 2006년 11월 30일 중국의 기층 민주주의 연구전문가 쉬용과 자오슈카이를 중앙정치국 제36차 집단학습회에 초빙하여 집단학습을 하고, 후진타오 국가주석이 기층 민주주의의 확대와 인민들이 민주적 권리를 직접 행사해야 한다는 점을 강조하면서, 학계에서는 직선제 확대와 정치개혁에 대한 기대감이 확대되었다. 이 같은 상황에서 어떤 연구자는 중국인의 '민주주의에 대한 공포증'을 지적하면서 민주주의와 정치개혁을 추진할 것을 주장하였고,[6] 직접선거의 범위를 성급 수준으로까지 확장해야 한다는 주장도 제기되었다(陶雙文 2007). 또한 덩샤오핑의 정치개혁을 간부의 종신제 폐지나 일국양제를 제외하고 기존의 전통적인 정치체제로부터 어떠한 변화의 돌파구도 마련하지 못했다고 비판하면서, 덩샤오핑을 뛰어넘는 정치개혁을 단행할 필요성도 제기되었다(西瓜 2007). 그러나 원자바오 총리가 2007년 2월 28일 "사회주의 초급 단계에서는 경제 발전에 매진해야 하며, 정치개혁을 할 때가 아니다."라는 연설로 정치개혁과 둘러싼 논의에 경종을 울렸고(溫家寶 2007), 곧 정치개혁에 대한 논의의 열기는 식어 갔다. 바로 이러한 점이 현재 정부 차원에서 향진 정부의 수장에 대한 직선제의 도입을 전국적으로 확대시키지 못하고, 다만 일부 지역에 제한된 실험의 진행을 인정하는 수준에 머무르게 한다.

따라서 중국에서 향진장 직선제 실시는 밑으로부터 위로의 민주 선거 확대의 출발점일 뿐만 아니라, 상층 지도부의 정치개혁 의지를 판단할 수 있는 척도가 될 수 있다는 점에서 관심의 초점이 되고 있지만, 향진장 선거의 전면적 확대는 지방정부 관료의 부패 제거나 사회적 안정의 유지 등 도구주의적 관점에서 도움이 된다고 생각될 때, 상층 지도부에 의하여 위에서부터 추진될 것이라는 주장이 지배적이다(Li 2006, 97-116; White 2007, 162-171). 즉 향진은 국가의 정권 기관이기 때문에, 향진에서 경쟁성 선거의 실시는 지방정부 수장의 인선과 관련된 국가제도의 근본적 변화를 의미할 뿐만 아니라, 중앙과 지방의 권력 구조에도 영향을 미칠 수 있기 때문이다. 따라서 실제로 최고 지도부는 향진장 직선제도에 대하여 현재까지 명확한 긍정을 하고 있지 않다. 이미 향진장 직선제를 실행한 지역도 상급 정부에서 그 사건에 대한 의견

---

6 제1장의 각주 2를 참조.

을 일치시키지 못하는 상황이다. 최고 지도부가 긍정을 하는가 안하는가, 언제 긍정을 하는가는, 향진장 직선 제도의 실시로 초래될 정치적 이익, 즉 정치안정 정도, 중앙정부의 정책과 명령의 집행 정도, 경제·사회 발전의 달성 정도 등에 달려있다고 볼 수 있다. 따라서 단기적으로 볼 때, 전국적인 수준의 범위에서 향진장 직선제를 실시하는 것은 어려울 것이다. 다만 중국 정부는 일정한 조건이 구비된 곳에서 향진장 직선제의 실험을 하여, 문제를 탐구하고 경험을 총결하여, 적정한 시기에 직선제의 실시를 확대하기 위한 준비를 진행 중인 상황이다(金太軍 2007).

2) 향진장 직선제 실시의 여론 동향

상술한 바와 같이 향진장 직접선거의 전면적인 실시에 대한 중앙정부의 의지가 그다지 강하지 않으며, 제한된 영역에서 실험을 통한 준비 단계에 있다. 그렇다면, 기층 인민들이나 기층 간부, 그리고 지방의 관료들은 향진장 직접선거에 대하여 어떠한 입장을 견지하고 있는가? 향진장 직선의 실시에 대한 여론 조사 결과들은, 향진장의 선출을 직선제로 실시하는 것이 필요하지만 지금 당장 실시하기에는 조건이 성숙하지 않았다는 초기의 주장이 점차 변화되고 있음을 보여 주고 있다.

우선, 가장 일찍이 1998년 허바오강(何包鋼)과 랑요우싱(郎有興)이 저장성의 115명의 향진 간부에 대하여 향진장 직접선거에 대한 설문 조사를 한 결과, 77.4%가 향진장 직접선거의 실시는 너무 이르다는 대답을 하였고, 20.9%가 향진장 직접선거를 반드시 실시해야 된다고 대답했다(何包鋼·郎有興 2002, 141).

또한 1998년 10월에서 11월 사이 장시(江西)성 7개 현의 29개 향진 536

<표 4-1> 당신은 향진장이 향진 주민의 직접선거를 통하여
선출되어야 한다고 생각하는가? (단위 : %)

	예, 지금 당장 실시해야 함	예, 현재 조건이 미성숙	아니오, 직선은 국정에 맞지 않음	모르겠음	기타
향진 간부	19.4	55.2	19.8	4.5	1.1
당정 정직(正職)	7.1	76.2	16.7	-	-
당정 부직(副職)	13.6	60.0	26.4	-	-
일반 간부	24.7	55.6	19.7	-	-
촌 간부	15.1	50.6	29.1	0.6	2.9
촌민	22.3	20.3	23.2	17.4	13.4

주 : 당정 정직(正職)은 향진장과 향진 당서기, 당정 부직(副職)은 부향진장과 당부서기를
　　말하며, 일반간부는 이들 정직, 부직 간부를 제외한 당정간부를 의미한다.
출처 : 肖唐鏢(2003, 62).

명의 향진 간부에 대한 설문조사와, 1999년 10월에서 12월 사이 장시성 두 개 현의 40개 촌의 112명의 촌 간부에 대한 설문 조사, 그리고 2000년 12월에서 2001년 1월 장쑤(江蘇)성 한 현의 20개 촌 400명의 촌민 유권자와 60명의 촌 간부에 대한 설문 조사 결과 역시, 마찬가지로 향진 직선제 실시의 필요성은 인정하지만 아직까지 조건이 성숙하지 않았다는 인식이 일반적으로 나타나고 있다.

<표 4-1>에서 알 수 있듯이, 향진 간부와 촌 간부, 그리고 촌민들의 향진장 직선에 대한 지지율을 보면, 향진 간부, 촌 간부, 그리고 촌민의 비율이 점진적으로 증가하고 있는 추세로, 향진 간부 중 지지하는 비율은 74.6%, 촌 간부는 65.7%, 촌민은 42.6%이다. 그러나 현재 바로 직선을 실시할 수 있다고 주장하는 비율은 다소 차이가 있다. 즉 촌민이 지지하는 비율은 22.3%, 향진 간부가 지지하는 비율은 19.4%, 촌 간부는 15.1%이다. 이는 아직 향진 직선의 전면적인 실시에 대한 여론적인 지지 기반이 농촌지역에서 충분히 무르익지 않음을 알 수 있다.

<표 4-2> 각급 지도자에 대한 직선 실시의 지지 비율 (단위 : %)

	반드시 직선제를 해야 한다				현재 직선제를 실시해야 한다			
	촌 직선	향진장 직선	현장 직선	성장 직선	촌 직선	향진장 직선	현장 직선	성장 직선
향진 간부	95.4	74.6	60.8	-	48.5	19.4	9.7	-
촌 간부	90.2	65.7	43.6	30.7	75.9	15.1	7.6	4.7
촌민	79.5	42.6	22.2	15.7	74.2	22.3	8.0	4.9

출처 : 肖唐鏢(2003, 63).

그러나 향진 직선 실시에 대한 이 같은 비율은 현이나 성급 행정 수장의 직선제 실시에 대한 지지도에 비하면 상대적으로 높다. <표 4-2>에서 보듯이, 직접선거의 확대에 대한 논의와 관심은 주로 향진장 선거에 집중되어 있다고 볼 수 있다. 즉 현장 직선과 향장 직선이 실시되어야 한다는 향진 간부나 촌 간부, 촌민들의 인식은 비교적 높은 비율로 나타나고 있지만, 현재 직선을 실시해야 한다는 것에 대해서는 향진장과 현장에 대해서 각각 평균 20% 이하와 10% 이하로 아주 낮은 비율을 나타내고 있다.

향진장 직선제의 실시를 둘러싼 지방정부 간부들의 지지도는 2003년과 2004년 지방 각급 간부에 대한 여론 조사 결과를 보면 다소 변화가 나타나고 있음을 알 수 있다. 2003년과 2004년 사이에 한 성의 성 당위원회 당학교의 6개 지도 간부 연수반시의 청급(廳級) 간부반, 현의 처급(處級) 간부반, 중청년(中靑年) 간부반, 공무원반, 각 대학의 처급(處級) 정치 업무 담당 간부와 향진 당서기반에, 현재의 중국의 정치 상황에 대한 평가와 만족도, 정치개혁의 목표와 방향, 경로 선택과 전망에 대한 설문 조사를 실시하였다. 구체적으로 시의 청급 간부반에 대한 조사는 2004년 상반기 연수반에서 실시되었고, 나머지는 모두 2003년 하반기 연수반에서 실시되었다. 전체 680장의 설문지를 배포하고, 571매를 회수하였다.

<표 4-3> 당신은 다음 직위가 직선으로 선출되어야 한다고 생각하는가? (단위 : 명, %)

	촌주임	향진장	현시장	성장	국가주석
아니오	17(3.0)	53(9.3)	93(16.3)	172(30.1)	197(34.5)
예, 그러나 조건이 미성숙됨	138(24.2)	247(43.3)	299(52.4)	259(45.4)	251(44.0)
예, 지금 당장 실시 가능함	381(66.7)	234(41.0)	128(22.4)	74(13.0)	50(8.8)
잘 모르겠음	4(0.7)	6(1.1)	12(2.1)	25(4.4)	30(5.3)
기타	2(0.4)	1(0.2)	3(0.5)	5(0.9)	7(1.2)
무응답	29(5.1)	30(5.3)	36(6.3)	36(6.3)	36(6.3)
합계	571(100)	571(100)	571(100)	571(100)	571(100)

출처 : 肖唐鏢(2006, 348).

<표 4-3>은 촌민위원회 주임부터 국가주석까지 직선을 실시하는 것에 대하여 어떻게 생각하는가라는 질문에 대한 조사 결과를 보여 주고 있다. 결과는 촌에서 국가주석직까지 위로 올라갈수록 직선제 실시에 대한 찬성 정도가 낮고, 그리고 지금 당장 직선을 실시하는 것에 대한 찬성 비율 역시 촌에서 상급으로 갈수록 낮아지고 있다. 가령, 직선을 실시해서는 안 된다는 비율을 보면, 촌민위원회가 3.0%, 향진장이 9.3%, 현과 시장이 16.3%, 성장이 30.1%, 국가주석이 34.5%로 상급으로 갈수록 높다. 또한 지금 당장 직선을 실시해야 한다는 대답 역시 촌민위원회 주임 66.7%, 향진장 41.0%, 현장과 시장 22.4%, 성장 13.0%, 국가주석 8.8%로, 갈수록 낮아진다. 그러나 향진장 직선제의 실시와 관련된 설문 조사 결과만을 비교해 보면, <표 4-1>의 1998년 향진장과 향진 당서기에 대한 조사 결과 지금 당장 향진 직선을 실시해야 한다는 주장이 19.4%에 불과한 것과 달리, 41.0%의 높은 수치로 나타남으로써, 지방 관리들의 향진 간부에 대한 직선 요구가 상당 수준으로 높아졌음을 알 수 있다.

상술한 지방 관료와 기층 주민들에 대한 일련의 여론조사 결과는 중국의 향진 직접선거의 실시가 압도적으로 다수의 지지를 받고 있지는 않지만, 시간이 흐르면서 지지율이 상승하여 위의 〈표 4-3〉에서 볼 수 있듯이 40% 이상의 지방 관료와 주민들이 당장 직선제의 실시를 요구할 정도로 그 비율이 상승하고 있음을 알 수 있다. 이는 향진장 직선제의 실시를 위한 여론 기반이 지방 차원에서는 상당 정도로 축적되고 있음을 의미한다.

5. 결론

중국의 향진장 직선제의 실시는 아직까지 전국적인 수준으로 확대되지 못하고, 지극히 일부 지역에 한정되어 있는 실정이며, 여전히 향진장 직선의 확대를 둘러싸고 논쟁이 진행되고 있는 상황이다. 또한 직선을 통하여 향진장을 선출한 지역에서도 그 다음에는 다시 향진장을 간선으로 선출하는 사례가 발생하는 등 전국적인 수준에서 전면적인 확대를 기대하는 것은 쉽지 않다.

그럼에도 불구하고, 농촌지역의 기층 사회와 가장 밀접한 관련이 있는 정권 조직인 향진장에 대한 직선제의 실시는, 현재 농촌 사회에서 기층 정권 조직과 농민의 갈등이 폭발적으로 분출하고 있는 상황에서 이러한 문제를 해결하는 하나의 중요한 대안이 될 수 있다는 점에서 여전히 중요한 관심 대상이 되고 있다. 또한 촌민위원회 직선이나 사구주민위원회 직선제의 실시가 비록 상당 정도의 기층 사회 민주주의 발전에 성과를 가져다주었지만, 이들 조직들은 기층 자치 조직인데 반하여, 향진장 직선제의 실시는 기층 정권 조직의 수장을 인민들이 직접 선출한다는 점에서, 민주적 개혁에 대한 중국의 정치 지도자의 의지를 평가하는 척도로 간주될 수 있는 중요한 의미를 지니고 있다.

비록 제한된 지역에서 실험적으로 행해지고 있는 수준이지만, 실제 향진장 직선제의 진행 과정을 보면, 기존의 촌민위원회 선거를 통하여 선거의 제도화와 절차화에 대한 풍부한 경험을 가지고 있음에 따라, 비교적 높은 수준의 선거 제도화가 이루어지고 있다. 뿐만 아니라 직선제의 실시가 현행 선거법을 위배함에 따라 초래될 수 있는 정치적 위험부담을 줄이면서도 합법적인 틀 내에서 직선제의 장점을 최대한 살리기 위한 다양한 선출 방식이 고안되어 시험되고 있는 상황이다.

그렇다면, 이 같은 실험적인 성과들은 향진 선거의 전국적인 확대를 이끌어 내고 있는가? 현재 중국 정부는 기층 민주주의 발전의 필요성을 종종 강조하고 있지만, 향진 선거의 전국적인 확대나 정치개혁에 대한 논의를 확대하려고 하지 않는다. 다만 일부 지역의 실험들을 묵인하면서 그것이 사회적·정치적 안정에 어떠한 역할을 할 것인가를 계산하고 있는 상황이다. 중앙 정부의 정책적인 의지가 약한 것에 반하여, 지방 차원에서의 향진장 직선제의 실시의 목소리는 점차 커지고 있다. 설문 조사 결과에 따르면 지방의 관료들이나, 주민들의 향진장 직선제의 실시에 대한 지지 여론이 점차 확대되고 있으며, 이는 향진장 직선제가 실시될 수 있는 지방 수준에서의 여론적인 기초가 형성되고 있음을 의미한다.

결국 촌민자치가 실시될 때, 향진이나 현급의 기층 관료들로부터 강한 저항이 있었던 것과는 달리, 그동안 10년에 가까운 실험적 실시 기간을 거치면서, 향진장 직선제의 실시는 지방 차원에서 상당 정도의 지지 기반을 확보하고 있다고 볼 수 있다. 따라서 중앙정부가 향진장 직선제의 전면적 확대가 농촌 사회의 안정과 기층 정치개혁에 지닌 의미를 어떻게 평가하는가에 따라, 향진장 직선제의 전면적인 확대의 앞날이 달려있다.

제5장

인민대표대회 직접선거의 등장, 현황과 정치적 의의*

1. 서론

인민대표대회 제도는 1949년 신중국의 설립 이후 설립된 중국의 최고 권력기관이면서 동시에 대의 민주주의 제도의 한 형태이다. 따라서 중국공산당은 인민대표대회 대표들을 인민들의 직선을 통하여 선출하는 것을 민주주의 발전의 중요한 지표로 간주해 왔다. 그러나 신중국의 설립 이후 인민대표대회 대표는 당에 의해서 실질적으로 지명되었고, 당의 의해서 그 활동이 통제되어 왔으며, 문화대혁명과 같은 정치적인 격변기에는 활동이 중단되기도 하였다. 개혁개방 정책의 실시는 인민대표대회가 본래의 역할과 기능을 회복하는 데 결정적으로 중요한 계기가 되었다.

1979년 〈선거법〉과 〈조직법〉은 인대 선거의 범위를 기존의 향진급에서 현급으로 확대, 실시하고, 각종 선거 절차를 민주적으로 전환시킬 것을 규정하였다. 바로 이것은 개혁개방 정책과 함께 시작된 중국 인대 선거 개혁의 시작으로, 비록 현급과 향진급에 제한된 준기층 혹은 기층에 직선제의 범위를

---

* 이 장의 2절은 7장 "중국의 기층선거와 정치적 시민권 형성" 중 2절 2)와 3절 1)의 내용에 기초하여 수정 보완한 것임.

제한하고 있지만, 전국적인 수준에서 주민들이 인대대표를 자신의 손으로 직접 선출하는 것은 매우 중요한 정치적인 의미를 지닌다고 볼 수 있다.

그러나 중국의 인대 직선제의 실시는 촌민위원회 선거만큼 눈에 띠는 성과들을 내놓고 있지는 않다. 그 이유는 인민대표대회 선거는 촌민위원회 선거만큼 실질적인 경쟁 선거가 도입되지 못하였고, 뿐만 아니라 인대대표의 활동이 촌민위원회 활동만큼 주민들의 이익과 직접적인 관련성을 가지고 있지 못하기 때문이다. 그러나 2003년 선전과 베이징의 인대 선거에서 독립 후보자의 출마와 자유 경선 등이 파격적으로 행해지면서, 인대 선거에도 일련의 변화가 이루어지고 있다.

따라서 이 글은 개혁개방 이후 중국의 기층 인대 선거의 실시 및 발전 과정을 살펴보고, 중국 기층 인대 선거의 현황과 문제점을 살펴봄으로써, 기층 인대의 직선제의 실시가 중국의 민주화에 지니고 있는 의미와 한계를 살펴볼 것이다.

2. 개혁기 기층 인대 직선제 실시 및 특징

1) 개혁개방 정책과 인대 직선제의 확대 및 발전

중국에서 근대적인 의미의 최초의 선거의 실시는 청말(淸末) 각 성의 자문국(諮問局) 선거로 거슬러 올라 갈 수 있다. 그러나 당시에는 유권자의 자격이 엄격하게 제한되어 있었고, 유권자가 대표를 선출한 후 다시 그 대표가 성의 자문국의 의원을 선출했다는 점에서 간접선거였다(彭宗超 2002, 206). 1911년 10월 신해혁명 후 중국 역사상 최초로 공화제 정부가 들어선 이후,

1912년 말 제1기 전국 중의원 선거를 실시하였지만,[1] 이 선거 역시 유권자의 자격을 매우 제한하여 시행된 간접선거였다는 점에서 한계가 있다.[2] 그 이후, 국민당과 공산당의 오랜 대립으로 양 정당이 스스로의 통치 지역에 한정된 선거를 실시함으로써, 전국적인 수준에서 통일된 선거는 실시되지 못하였다. 바로 이 같은 정치적인 혼란 상황과 오랜 전제주의적인 전통은 인민의 직접선거를 통한 최고 지도자의 선출을 계속해서 늦추는 요인이 되었다.

신중국의 건설 이후에도 직접선거를 통한 정치 지도자의 선출과 이를 통한 인민의 정치권력 행사는 이루어지지 못하였다. 비록 중국공산당이 혁명 시기에 보통, 평등, 직접, 비밀선거에 근거한 인대의 구성과, 인대에 의한 각급 정부의 구성을 제기하면서, 선거를 통한 정치 지도자의 선출을 강조하였지만(黃衛平·汪永成 主編 2003, 67-77), 신중국의 건설 이후에는 중국의 특수성을 이유로 선거에 대한 입장을 변화시켰다. 즉 인구가 많은 낙후한 국가에서, 문맹률이 높으며, 선거경험이 부재하고 선거에 대한 관심과 적극성이 부재한 조건에서 당장 선거를 실시하는 것은 불가능하며 장기간의 훈련을 통하여 선거를 점차적으로 실시해야 한다는 것이다(劉少奇 1985. 54-55).

그리하여 1953년 5월에서 10월 사이에 신중국의 건설 후 최초로 실시된 인대 선거에서, 현급 이상에서는 간접선거가 실시되고 직선제의 실시는 향진급에 한정되었으며, 투표 방법 역시 거수 방법을 통하여 이루어졌다는 점

---

1 당시 중국의 의회는 참의원(參議院)과 중의원(衆議院) 양원으로 구성되었으며, 중의원은 각 지방 인민의 직선에 의하여 선출되고, 참의원은 지방의회에 의하여 선출되었다.

2 구체적으로, 성별, 재산과 문화적 수준에 따라 유권자의 자격 제한을 두었다. 선거권을 보유하기 위해서는 만 21세 이상의 남자, 선거구 내에 2년 이상 거주라는 필수조항 외에도, 연 납세 2위안 이상인 자, 500위안 이상의 부동산의 보유자, 그리고 소학교 이상의 졸업 및 이에 상당하는 자격을 가진 자라는 세 가지 조건 중에서 반드시 하나를 충족시켜야 했다(徐矛 1992, 57-58). 또한 선거가 각 성 단위에서 의원 정족수의 50배에 해당하는 최초 당선자를 선출한 후, 다시 이 최초 당선자들에 의하여 최종 당선자를 선출하도록 하는 복선제 방식으로 진행됨으로써, 간접선거의 틀을 벗어나지 못하고 있다(彭宗超 2002, 206).

에서 그 한계를 드러냈다. 그리고 후보자의 추천과 결정도 중국공산당과 민주당파 그리고 인민 단체에 의하여 실질적으로 이루어짐으로써 인민들의 자유로운 후보자 추천이 불가능하였다. 또한 지주들이나 반혁명 분자의 선거권이 인정되지 않은 제한된 보통선거였다(蔡定劍 2002, 5-6). 그러나 이것마저도 1957년 하반기부터 불어 닥친 정치투쟁과 계급투쟁 중심 분위기하에서, 인대의 역할과 기능이 사실상 마비되면서 중단되었다.

이 같은 상황은 개혁개방 정책의 실시와 함께 변화하기 시작하였다. 1979년 〈전국인대 및 각급 지방인대 선거법〉과 〈지방인대 및 지방인민정부 조직법〉을 제정·반포하면서, 1953년의 선거법에 대한 중요한 수정을 가하였다. 우선, 직접선거의 범위를 향진급에서 현급까지 확대하였고, 둘째, 등액선거에서 후보자의 수를 당선자 수보다 많게 하는 차액 선거를 실시하도록 규정하였다. 셋째, 1953년 선거법에서 조직 추천을 위주로 한 후보자 추첨으로 인하여, 당과 인민 단체에 독점되어 있던 후보자 추첨권을, 당과 인민 단체, 유권자 개인 등 누구든지 3인 이상의 동의만 있으면 후보자를 추천할 있도록 하였다. 넷째, 투표 방식도 모두 무기명 비밀투표로 하도록 하였다. 다섯째, 각종 형식을 통한 후보자의 선전을 가능하도록 하고, 여섯째, 반혁명 분자에 대한 선거권 박탈도 폐지하여 모든 사람들이 투표에 참여하는 보통선거가 가능하도록 하였다(蔡定劍 2002, 9-10).

이처럼 직접선거를 현으로 확대하는 것은 현급 이하라는 제한된 수준에서나마 인민이 자신의 대표를 스스로 선출하여 정치 공동체의 주인이 되도록 하고, 소수 정치 지도자에 권력이 집중됨으로써 오는 폐단을 방지할 수 있다는 사고에서 출발하였다(彭眞 1989a, 38-43; 1989b, 56-58). 이리하여 1979년에 제5기 전국인대 2차 회의에서 개정된 전국인대와 지방인대 그리고 지방정부조직법이 통과된 후, 중공 중앙의 지시하에, 민정부는 1979년 하반기에 전국의 각 성과 시 및 자치구의 66개 현급 행정단위에서 현급 인대 직선제를

시범적으로 실시하고, 1980년 하반기에 또 다시 전국의 28개 성, 시 자치구
의 460개 현급 직접선거의 실험을 하였고, 그 결과 1981년 말에 전국적으로
선거 업무가 종료되었다.

특히 1980년 베이징 인대 선거에서 베이징대학 및 기타 대학에서 활발한
경선 활동이 이루어지고, 그 과정에서 삼권분립, 언론의 자유 등 자유와 민주
가 중요한 쟁점으로 등장하였다. 이 같은 베이징의 분위기의 영향을 받으면
서 전국 각지의 대학에서는 이와 유사한 상황이 나타났다. 이에 공산당은
1982년 선거법을 개정하여, 후보자의 선전 방식에 제한을 가하였는데, 각종
방식의 선전 매체를 활용할 수 있다는 규정에서, 단지 유권자소조에서만 후
보자를 소개할 수 있다고 제한하였다. 이는 1980년 선거에서 나타난 경선 열
기를 낮추기 위한 목적에서 이루어진 것이다. 또한 지방 국가기관의 지도자
나 인대 상임위원회가 차액 선거를 해야 한다는 규정에서 차액과 등액 선거
를 해도 된다고 규정함으로써, 보수적인 선거법으로 개정하여 선거에 대한
인민들의 열기를 낮추는 계기가 되었다(李凡 主編 2005a, 61). 이 같은 1982년
퇴행적 선거법 개정에 대한 불만이 증가하면서, 1986년과 1995년 두 차례에
걸쳐서 선거법 개정이 있었다. 이 개정에서 차액 선거의 실시와 유권자의 후
보자 추천권 보장 등이 이루어진다(蔡定劍 2002, 16-31).

그러나 중국 선거법 개정의 혁기적인 전환점은 2004년 제4차 선거법 개
정이다. 2003년 베이징과 선전에서 독립 후보자의 대대적인 출마와 자유로
운 경선, 그리고 이들의 당선으로 인대 선거에서 실질적인 경쟁성이 보장되
는 개혁이 이루어지는 결정적인 계기가 되었다. 이 같은 영향으로 2004년에
두 가지를 핵심 내용으로 한 또 한 차례의 선거법 개정이 이루어졌다. 하나는
각 선거구의 정식 후보자의 형성 과정 중 원래 협상과 숙고를 통한 결정 과
정이 있었지만, 정식 후보자는 일치된 의견을 통하여 결정할 수 없고, 예선을
통하여 예선시 득표수의 많고 적음에 근거하여, 정식 후보자 명단을 결정해

야 한다고 규정하고 있다. 다른 하나는, 후보자는 추천자가 소개해야 된다는 규정을, 선거위원회는 후보자와 유권자가 만날 수 있도록 조직하고, 후보자는 유권자가 묻는 질문에 대답하도록 해야 한다고 개정하였다. 이는 바로 후보자 경선의 보장을 의미하며, 후보자가 인쇄된 유인물이나 대자보를 통하여 경선을 진행할 수 있음을 의미한다. 바로 이 같은 변화는 1979년도의 개정된 선거법으로 다시 복귀하였음을 말해 준다(李凡 主編 2006, 277-278).

　　이처럼 1979년 이래 중국의 선거법 개정은 직접선거의 범위의 확대, 등액 선거에서 차액 선거로, 거수투표에서 무기명 비밀투표로, 정당과 인민 단체에 의한 후보자 추천으로부터 유권자의 후보자 추천권의 보장, 자유로운 경선의 보장 등 민주적인 방향으로 진행되어 왔다고 볼 수 있다. 이 같은 변화와 함께 1980년부터 2005년까지 현급 인대 선거가 7차례, 향진급 인대 선거가 8차례 실시되었다.3 이처럼 현과 향진급 인대 선거의 실시 회수가 다른 것은, 1995년 이전 향진급 및 현급 인대의 임기가 모두 5년이었지만, 1995년 헌법의 수정을 통하여 현급 인대는 5년마다, 향진급 인대는 3년마다 선거를 실시하도록 했기 때문이다. 그러나 2004년 수정, 통과된 선거법에서는 향진 인대대표의 임기를 5년으로 연장하여, 향진 인대 선거와 현급 인대 선거가 모두 각각 5년마다 동시에 실시될 수 있도록 하였다(李凡 主編 2005b, 33). 바로 이 수정된 선거법에 기초하여 2006년 7월부터 2007년 12월 말까지 현과 향진급 인대 선거가 동시에 실시되고 있다. 이 선거에는 전체 9억의 유권자가 참여(그 중 향진급 선거가 6억 명)하고, 향진 정권이 3만 5,400여개, 현급 정권 2,800여 개가 참여하여, 모두 200만여 명의 향진급 및 현급 인민대표대회를 선출하는 대규모의 선거이다.4

---

3 1953년부터 1980년 이전까지 현급 인대와 향진급 인대는 모두 각각 8차례의 선거가 실시되었다(劉智·史衛民·周曉東·吳運浩 著 2001, 40, 45).

2) 인대 선거 진행 과정의 특징

인대 선거는 일반적으로 준비 단계, 유권자 등록, 후보자 추천 및 정식 후보자 확정, 후보 소개와 투표라는 4단계를 통하여 진행된다. 준비 단계에서는 선거 기구의 설립, 선거 과정을 관리할 관리자의 육성과 선거에 대한 홍보 작업이 이루어진다. 그 다음 단계는 대표자 수의 확정과 분배, 선거구 구획과 선거구별로 진행되는 유권자 자격 심사를 통하여 유권자 등록이 이루어진다. 세 번째 단계인 후보자 추천과 정식 후보자 확정 단계에서는 1차로 예비 후보자가 추천되고, 추천된 예비 후보자에 대하여 예비선거 혹은 협상 과정을 통하여 정식 후보자가 확정된다. 마지막으로 후보 소개와 투표 단계에서는 유권자에게 정식 후보자를 소개하고, 투표와 개표 작업이 이루어진다. 이 4단계를 자세하게 살펴보면 아래와 같다.

첫째, 준비 단계이다. 우선, 선거 기구의 설립으로 현과 향진의 직선은 선거위원회를 설립하고, 선거위원회가 선거를 주도하도록 하고 있다. 현과 향진의 선거위원회는 현급 인대 상임위의 지도를 받고, 선거위원장 역시 사전에 당의 비준을 받아 현급 인대 상임위가 임명한다. 선거위원회는 대략 9~15명으로 구성되어 있으며, 주임 1인과 부주임 2~3인으로 구성되어 있다. 또한 각 선거구에는 선거 영도소조가 설립되어 당회 해당 선거구의 선거를 책임진다. 선거소조는 조장 1인과 부조장과 성원 약간 명으로 구성되며, 조장은 일반적으로 당지부 서기가 맡고, 부조장은 당지부 부서기와 촌민위원회 부주임이 맡으며, 영도소조 성원은 촌민소조장과 촌 소속 기업의 책임자가 맡아서, 이들이 선거구의 선거 관련 사항을 책임진다. 그 다음은 선거 일정 안배로, 현급 인대 상임위가 선거에 대한 결의를 작성하면, 선거위원회가 이 결의에 근

---

4 "19個省份全面啓 動縣鄕人大換屆選擧", 『人民日報』 (06/10/26).

거하여 선거 업무 방안을 작성한다. 구체적으로 선거 전체에 대한 구체적인 일정을 확정하고, 선거구를 구획하며, 그리고 당위원회, 정부, 인대, 정협 등 지방의 주요 정계, 관계, 재계의 주력 인사들로 구성된 선거 동원 대회를 개최한다. 또한 선거 업무 진행을 담당할 인재를 육성하는데, 현과 향진의 선거위원회는 각각 선거 인재 육성반을 편성하여 이들에게 교육을 실시한다.

둘째, 대표자 정원 분배와 선거구 획정 그리고 유권자 등록 단계이다. 우선 대표 정원 분배로, 현급 인대의 기본적인 대표 총수는 120명으로, 인구 5,000명당 대표자 1인을 원칙으로 하고 있다. 그러나 인구가 165만 명을 초과하는 지역의 경우 대표자 총수가 450명을 초과하지 않아야 하며, 인구가 5만이 되지 않는 지역의 경우는 대표자 총수가 120명이 되지 않아도 된다. 그리고 향진급 인대는 인구 1,500명당 1명으로, 인구가 6만 명을 초과하는 향은 100명을 초과하지 말아야 하고, 인구가 13만 명을 초과하는 진은 130명을 초과하지 말아야 한다. 그리고 인구가 2,000명이 안 되는 향진은 40명 이내로 해야 한다. 이 같은 기준에 따라, 대략 현급 인대대표의 정원은 120~450명 선에서 결정되고, 인구가 특별히 작은 현은 120명 이내인 경우도 있다. 향진급은 40~100명 선에서 결정되며, 인구가 거대한 향진이라고 하더라도 130명을 초과할 수는 없다. 이 같은 대표자 수의 결정은 현급의 경우는 성급 인대 상임위에서 선거법에 따라 결정하고, 전국 인대 상임위에 보고한다. 그리고 향진급 인대대표는 현급 인대 상임위에 의해서 확정되고 상급 인대 상임위에 보고한다. 인원이 확정된 후에는 인원의 배분을 해야 하는데, 인원 배분에서 농촌지역의 대표가 도시지역의 대표수의 4배를 초과하지 못하도록 함으로써, 도시와 농촌의 대표자 수의 지나친 불균형을 막고자 했으며, 지역 내 소수민족이 거주할 경우 무조건 1인 이상의 대표를 배분함으로써 소수민족에 대한 배려를 원칙으로 하고 있다(袁達毅 2003, 56-60).

대표자 정원 배분이 끝나면, 선거구 획정으로, 세 가지 원칙에 근거하여 이루어지는데, 먼저 거주 지역과 생산, 사업, 업무 단위를 기준으로 한다. 다음 원칙은 선거구의 대소로, 모든 선거구에서 1~3명이 대표를 뽑도록 한다. 또한 소도시의 선거구는 각 대표가 대표하는 인구 총수가 대등해야 하며, 농촌의 선거구 역시 각 대표가 대표하는 인구 총수 역시 유사하게 이루어져야 한다.

선거구 획정 후 단계는 유권자 등록으로, 유권자 등록의 기본 원칙은 선거구에 따라 진행되고, 등록 확인된 유권자는 단지 하나의 선거구에서만 등록 가능하다. 유권자 자격은 선거일 20일 전에 공표되어야 한다. 18세 이상의 성인을 원칙으로 하며, 과거처럼 반혁명 분자 등 정치적인 이유로 선거권이 부정되지 않는다. 그러나 해당 지역의 호구가 있는 사람에게 원칙적으로 유권자 자격이 주어짐으로써, 시장경제체제로의 전환에 따른 많은 인구 이동으로, 실질적으로 해당 지역에 거주하지만 호구가 없는 사람에게 유권자 자격을 주지 않는 것이 커다란 사회적 문제로 부각되고 있다.

셋째, 후보자 추천과 정식 후보자 확정 단계이다. 먼저, 후보자 추천 과정은 예비 후보자의 추천과 정식 후보자의 추천이라는 두 단계로 이루어진다. 우선, 예비 후보자의 추천 방식으로는 공산당, 민주당파, 사회단체가 연합하여 추천하는 조직 추천 방식과 10인 이상의 유권자의 연명으로 추천하는 방식이 있다. 예비 후보자의 추천 방식이 중요한 이유는 인민들이 후보 추천 과정에서부터 대표 선택권을 행사할 수 있는 기회이기 때문이다. 따라서 중국 공산당은 유권자의 후보자 추천 참여가 직접선거의 성공에 매우 중요하다고 보고, 선거 때마다 각 지역에 유권자의 후보 추천을 장려하는 정책을 실시하라고 권유하고 있다(조영남 2002, 305-331). 이 같은 흐름 속에서 실제로 톈진(天津)시, 베이징시, 상하이시, 저장성은 지방 성 법규를 통하여 정당 단체에 의한 추천 후보자 수를 전체 후보자 수의 정원의 15~20% 이내가 되도록 규정함으로써(史衛民·雷兢璇 1999, 37), 후보자 추천 과정에서 유권자의 직접 참여

를 이끌어 내고 있다.[5]

예비 후보자는 선거 15일 이전에 유권자에게 공포되고, 추천한 정당이나 단체 그리고 개인은 소조 회의에서 추천한 대표를 소개할 수 있다. 이같이 유권자 소개는 법률상으로 매우 제한을 받아 왔으며, 그 결과 유권자들의 불만을 사 왔다. 이에 2004년 선거법 개정을 통하여 대자보, 인터넷, 인쇄물 등 자유로운 선전과 경선이 가능하도록 보장하고 있다.

다음은 정식 후보자 확정 단계로, 예비 후보자 수는 대표 정원보다 적게는 5~6배, 많게는 몇십 배 이상 많다. 예비 후보자들은 대표 정원의 약 33~100%의 인원만이 정식 후보자로 확정된다.[6] 정식 후보자의 결정 방식은 유권자 대표로 구성된 유권자소조에서 토론과 협상을 통한 방식과 예비선거를 통한 선출 방식이 있는데, 지역별로 편차가 있다. 베이징대학의 인민대표대회 및 의회연구센터 과제조(人民代表大會與議會研究中心課題組)가 2000년 2월부터 5월까지 전국적인 범위에 걸쳐서 행한 설문 조사에 근거하면,[7] 응답

<hr>

[5] 일반적으로 해당 지역의 당정 지도부의 선거 방침에 따라 예비 후보자의 추천 방식은 약간의 차이가 있다. 가령, 윈난성 웨이산(巍山)현의 1998년의 선거의 경우는 10인 이상의 연명 방식과 정당 추첨이 각각 98%, 2%이고, 1997년 톈진시 현급 인대 선거의 경우는 각각 97.4%와 2.3%로, 대부분의 후보자들은 10인 이상의 유권자의 연명 방식을 통하여 이루어졌다. 반면에 1998년 후베이성 랑팡(廊坊)시 안처(安次)구의 인대 선거의 경우는 유권자 10인 이상의 연명으로 추천한 경우가 30.4%이고, 정당 단체에 의한 추천이 69.6%를 점하고 있어 정당 단체를 통한 비중이 더 높다(史衛民·雷兢璇 1999, 264; 2001, 166, 245).
[6] 인대 선거법은 반드시 대표 정원의 2배 이상의 정식 후보자를 확정하여 선거의 경쟁성을 보장해야 한다고 규정하고 있다(白鋼·趙壽星 2001, 333-353).
[7] 이 조사는 베이징대학교 법대의 인민대표대회 및 의회연구센터 과제조가 2000년 2월부터 5월까지 전국적 범위에서 55개 항목에 대해서 행한 설문 조사이다. 구체적으로, 베이징시 산하구(北京市區) 83명, 베이징 통저우지구(北京通州區) 186명, 허베이 저우시(河北(逐)州市) 60명, 허난 주마잔(河南駐馬店) 136명, 산둥 리진현(山東利津縣) 146명, 산시 윈청(山西運城) 100명, 충칭시 산하구(重慶市區及郊區) 103명, 쓰촨 주닝시 부윈향(四川逐寧市步雲鄉) 107명, 안후이 방부, 추저우시(安徽蚌埠, 滁州市) 100명, 저장 이마시(浙江義馬市) 96명, 간쑤 장량, 징닝현(甘肅張糧, 靜寧縣) 99명, 지린 농안현(吉林農安縣) 100명, 선전 대펑진(深圳市大鵬鎮) 100명, 장쑤 옌두현(江蘇鹽都縣) 100명, 내이멍 신청현(內蒙新城縣) 84명, 푸젠 푸저우시 산하구(福建福州市區及郊區)

자의 45.6%가 예비선거로, 12.8%가 유권자 대표 모임에서 협상을 통해 후보자가 확정되었다고 대답한 반면, 단지 16.6%가 지도자에 의하여 확정되었다고 답함으로써, 대부분의 정식 후보자 확정 과정이 유권자들의 직·간접적인 참여를 통해 이루어짐을 알 수 있다.[8] 그런데 2004년 선거법 개정으로, 정식 후보자의 확정은 토론과 협상을 통하여 결정할 수 없으며, 예선을 통한 득표수에 근거하여 이루어져야 한다고 규정하고 있다. 또한 추천자가 후보자를 소개해야 한다고 주장하고 있지만, 각종 형식을 통한 자유로운 홍보와 경선이 가능한 방향으로 수정되었다. 이들 정식 후보자는 선거일 5일전에 유권자에게 공포되어야 한다(李凡 主編 2006, 273).

넷째, 투표의 진행과 개표 단계로, 비밀투표와 개인투표를 통하여 투표의 공정성이 얼마나 보장되고 있는가가 중요한 관건이다. 공정 선거와 관련하여 이 단계에서 가장 중요한 것은 개개인이 비밀투표와 직접투표를 통하여 자신들의 대표를 선택할 수 있도록 보장해야 한다는 점이다. 이를 위하여 인대 선거법은 인대 선거 과정에서 무기명투표의 원칙을 분명하게 규정하고 있다. 또한 각 성에서는 선거 실시 세칙을 통하여 이를 보장하기 위한 규정을 제시하고 있다. 예를 들면, 베이징시와 천진시의 현급 이하 인대 선거 실시 세칙은 투표소에서 유권자가 투표 행위를 할 때, 타인의 방해를 받지 않도록 할 것을 분명히 규정하고 있다(史衛民·雷兢璇 1999, 365-366). 일반적으로 투표는 투표소에서의 투표, 이동 투표함을 통한 투표, 선거 대회를 통한 투표, 위

97명, 윈난 쿤밍시 동촨구(雲南昆明市東川區), 마룽현(馬龍縣), 부펑현(賄豐縣), 화닝현(華寧縣) 90명, 베이징 유동인구(北京市流動人口) 90명이다. 조사의 정확성을 기하기 위하여 조사 대상의 연령, 직업, 학력, 거주 형태, 경제적인 발전 수준, 공산당과 사회단체 가입 여부 등을 고려하여 대상자를 선정하였고, 조사 방법으로는 호별 직접 방문과 위탁 조사를 통하여 모두 2,085문건을 돌렸고, 그 결과 1,950문건이 회수되었다.

8 그 외 잘 모른다고 하거나 무응답이 24.4%, 기타가 0.7%였다. 이에 대해서 蔡定劍(2002, 478) 참조.

임 투표 등 4가지 방식으로 진행된다. 이 중에서 투표소에서의 투표가 가장 중요한 방식이며, 선거 대회를 통한 투표는 점차 줄어들고 있다. 그러나 투표권의 위임을 통한 위임 투표와 이동 투표함을 통한 투표 행위가 여전히 많은 지역에서 활용되고 있어서 투표 방식의 많은 쟁점을 불러일으키고 있다. 인대 선거법에 따르면, 유권자가 선거 기간 중에 외지로 출타를 할 경우, 그리고 유권자가 문맹인 경우에 선거위원회의 동의를 얻어 서면으로 기타 유권자에게 위탁을 하여 투표를 하거나, 투표용지 기재시 타인에게 위임을 하여 기재하도록 할 수 있다. 또한 선거 대회나 투표소를 통하지 않고, 이동 투표함을 설치하여 투표를 할 수 있도록 하고 있다. 지역별로 편차가 있지만, 이들 투표 방식은 일반적으로 사용되고 있다. 예를 들면, 상술한 원난성 웨이산(巍山)현의 경우는 전체 투표 참가자의 91.11%가 투표소나 선거 대회장에서 직접 투표를 함으로써(史衛民·雷兢璿 1999, 154), 위임 투표의 비율이 아주 미미한 반면, 상술한 후베이성 랑팡(廊坊)시 안처(安次)구 선거의 경우는 전체 투표 참가자수의 약 10~20% 정도가 위임 투표를 하였다(史衛民·雷兢璿 1999, 267-268). 또한 1997년 12월 산둥성 칭다오시 청양(城陽)구의 경우에는 전체 등록된 유권자 중 57.6%가 이동 투표함을 통하여 투표를 하였지만, 랑팡시 안처구의 경우는 전체 선거 참가자의 약 18.4% 정도를 차지하였다(史衛民·雷兢璿 1999, 106, 267). 위임 투표와 이동 투표함을 통한 투표가 반드시 개인의 직접, 비밀투표의 원칙과 위배되는 것은 아니지만, 투표 과정에 대한 관리의 어려움으로 공정성 시비가 발생할 수 있다. 따라서 투표 과정에서의 공정성의 수준을 높이기 위해서는 투표 형식에 대한 일정한 제도 개선이 요구된다.

　　마지막으로 개표와 후보자 확정 단계로, 선거 결과는 선거 감독원의 감독하에 검표원에 의하여 공개적으로 이루어져야 한다. 정식 후보자는 투표 참가자의 과반수의 표를 얻었을 때 당선이 확정된다. 과반수의 득표를 한 후보자가 다수일 경우 득표순에 의해서 결정되고, 아무도 과반수를 획득하지 못하였을 때는 다시 투표를 실시한다. 일차 투표 결과에 근거하여 후보자를 결정하여 차액 선거가 되도록 해야 하며, 이 투표에서 다수를 획득한 자가 당선되는 것을 원칙으로 하되, 단 전체 투표의 1/3 이상의 표를 얻어야 한다.

3. 인대 선거의 변화 : 확인형 선거에서 경쟁형 선거

1) 2003년 선전 및 베이징 선거 : 확인형 선거에서 경쟁형 선거로

중국의 인대 선거는 그동안 많은 개선이 있어 왔지만, 실질적이고 자유로운 경선이 강조되기보다는 협상과 숙고에 기초한 확인형 혹은 안배형 선거가 이루어져 왔다. 즉 후보자 추천은 주로 당과 인민 단체 등 조직 추천이 중요한 비중을 점하여 왔고, 정식 후보자 추천도 예비선거보다 선거소조 내에서의 협상과 숙고에 기초한 비밀스러운 협상 과정을 통하여 이루어졌다. 그리고 후보자 소개를 유권자소조 내에서 추천인의 소개로 한정시킴으로써, 유권자의 자유로운 자기선전을 통한 경선이 불가능 하도록 하였다. 그리하여 후보자에 대한 유권자의 선택의 여지가 크지 않았고, 그들의 투표 행위는 실제로 반드시 당선될 후보자에 대한 일종의 확인 행위로 이들에게 정당성을 부여하는 수단에 불과하였다(楊龍芳 2005, 105).

그러나 2003년 선전과 베이징 등지에서 진행된 인대 선거는 이 같은 확인형 선거를 경쟁형 선거로 변화시키는 결정적인 전환점이 되었다. 우선, 2003년 5월 선전의 경우를 보면, 10여 명이 자기 추천 방식을 통하여 경선에 참가하였다. 이들은 과학 기술 종사자, 사영 기업가, 기업주들로 비록 이들 중 2명만이 인대대표가 되었지만, 이는 기존의 선거 방식과 결정적인 차이가 있었다는 점에서 매우 중요한 의미가 있다. 그 후 12월 베이징 인대 선거 역시 대학생, 기업주, 변호사 등 20여 명의 후보자들이 자기 추천과 자유로운 경선을 통하여 선거에 참여하였고, 그 중 8명이 최종적으로 인민대표로 당선되었다.[9] 상술한 특징 외에 2003년 선전과 베이징의 기층 인대 선거를 경쟁 선거로 규정짓는 데에는 다음과 같은 특징을 지니고 있기 때문이다.

첫째, 후보자 추천 방식이다. 중국의 선거법은 각 정당이나 인민 단체가 연합하거나 혹은 단독으로 인대 후보자를 추천할 수 있으며, 이들이 추천하는 수는 가능한 당선자 수의 20%를 넘지 못하도록 하고 있다. 그리고 유권자 10인 이상의 연명으로 후보자를 추천하도록 하고 있다. 그러나 그동안의 인대 선거에서 이 조항은 그다지 중요시 되지 않았다. 이 같은 상황에서 선전과 베이징의 선거에서는 유권자 연명이나, 개인의 자기 추천을 통한 후보자의 경선 참여가 매우 활발하게 이루어졌다. 우선 2003년 5월 선전 선거의 경우 전체 6개의 구 행정단위 중 4개의 구에서 6명의 비조직 후보자 혹은 독립 후보자가 경선에 참여하였다. 이들은 도시지역 사구의 치안 환경과 도시재개발 과정에서 주택 소유자 이익을 지키기 위하여, 자발적이거나 주변의 추천으로 경선에 참여하게 되었다(劉婭 2003, 324-326). 그러나 12월 베이징 선거에서는 이 같은 상황은 더욱 더 발전된 형태로 나타났다. 베이징에서 후보자로 추천된 4만 1,637명 중 10인 이상 연명을 통하여 예비 후보자가 된 사람들은 모두 4만 906명으로 추천된 후보자 총수의 98%에 달하였다. 또한 6,748

---

9 10월 후베이성 첸장시 인대 선거에서도 촌민위원회 주임, 중·고등학교 교사, 그리고 노동자 등 41명이 선거에 출마하였다. 비록 지방정부의 선거 과정 개입으로 단 한명의 당선자도 내지 못하였지만, 유권자들의 자기 추천에 의한 자유로운 경선의 참여라는 점에서 선전이나 베이징의 사례와 동일하다고 볼 수 있다.

<표 5-1> 선전과 베이징 후보자들의 경선 방식

경선자	경선 방식	경선 전략
샤오요우메이(肖幼美)	- 6장의 경력 대자보를 부착	- 선거위원회와 교류 주도
우하이닝(吳海寧)	- 8장의 경력 대자보 부착 - 유명 인사와 함께 촬영한 사진 부착 - 1900여 통의 공개 서신을 주택 소유주들 우편함에 투척 - 선거 지원단 조직	- 주택 소유주 집회 조직 - 항쟁
셰샤오잉(謝瀟英)	- 대자보 부착 / 전단 살포	- 실업 유권자의 추천 쟁취
천차이치옹(陳彩瓊)	- 선거구 업무 종사자가 간단한 소개 대자보 부착	- 선거구가 책임지고 조직
저우자젠(鄒家健)	- 30여 장의 대자보 부착	- 선거위원회와 교류 주도
쉬보어(徐波)	- 50여 장의 칼라 대자보 부착	- 항쟁
예위안바이(葉原百)	- 전단과 명함 살포 - 선거 당일 현장에서 얼굴 사진 배포 - 선거 지원단 조직	- 선거위원회와 교류 주도 - 항쟁
왕량(王亮)	- 개인과 관련된 이야기를 담은 소형 대자보의 부착과 살포 - 선거 지원단의 조직	- 각 관련 부문과 주도적으로 교류 - 조용하고 평화로운 분위기 유지
녜하이량(聶海亮) 두마오원(杜茂文) 양펑천(楊逢臣)	- 홈페이지와 BBS을 통하여 홍보 - 거리 연설 / 가두 인사 / 표어 부착 / 선전차 출동 - 경선 대자보 부착 - 선거 지원단 조직	- 주택 소유자 집회 조직 - 직접인사 - 선거 막판 우세자에게 표 양도 사퇴
사오샤쩐(邵夏珍)	- 홈페이지와 BBS을 통하여 홍보 - 거리 연설 - 경선 대자보 부착 - 선거 지원단 조직	- 주택 소유자 집회 조직 - 유권자들과 직접 교류
대학생(高校學生)	- 홈페이지와 BBS을 통하여 홍보 - 교내 대자보 부착 - 학생 선거 지원소조 조직	- 인터넷의 충분한 이용
쉬즈용(許志永)	- 홈페이지, BBS, 신문, 간행물을 통한 경선 강령 발표 - 학생 자원 선거 지원자 조직	- 선거위원회와 언론 매체와 주도적인 교류 - 비교적 많은 유권자 추천표 확보

거진피아오(葛錦標)	- 학생 선거구에 3,000여 장 선전물 살포 - 경선 플래카드 게시 - 개인 홈페이지와 BBS를 통한 홍보	- 학생 유권자들과 주도적으로 교류
통리화(佟麗華)	- 홈페이지, BBS, 신문, 간행물을 통한 경선 강령 발표 - 언론매체의 인터뷰	- 선거위원회와 언론 매체와 주도적으로 교류
장싱수이(張星水)	- 홈페이지, BBS, 신문, 간행물을 통한 경선 강령 발표 - 언론 매체의 인터뷰	- 언론 매체와 상호 활동
두주용(杜兆勇)	- 홈페이지, BBS, 신문, 간행물을 통한 경선 강령 발표 - 언론 매체의 인터뷰	- 언론 매체와 상호 활동
수커신(舒可心)	- 500부의 선거법 책자를 사서 선거구에 살포 - 선거 홈페이지 구축 - 수커신 공공 선거 업무 사무실 설립 - 전문 선거 지원단 조직 - 공개적인 선거 자금 므금(후에 취소) - 선전 차량 출동 / 기자 회견 참여 - 언론 매체의 인터뷰 - 인터넷상에서의 유권자들과의 대화 - 왕하이, 저우빙과 함께 경선	- 언론 매체와 상호 활동
왕하이(王海)	- 선전 차량 출동 - 수커신, 저우빙과 상흐 경선 - 기자회견 참여 - 언론 매체의 인터뷰	- 언론 매체와 상호 활동
저우빙(奏兵)	- 수커신, 왕하이와 함께 경선 - 기자회견 참여 - 언론 매체의 인터뷰	- 언론 매체와 상호 활동

출처 : 鄒樹彬·唐娟·黃衛平(2003, 196-197).

명의 정식 후보자 중 89%가 유권자 연명을 통하여 추천된 사람이고, 최종 당선된 3,662명은 대표 당선 총수의 83.2%를 점하고 있다(鄒樹彬·唐娟·黃衛平 2004, 191). 베이징에서의 이 같은 수의 대폭적인 증가는 선전시의 앞선 경험을 바탕으로 독립 후보자 경선에 대하여 좀 더 적극적인 분위기가 형성되었

<표 5-2> 선전과 베이징 후보자들의 경선 동기

경선자 및 직업	경선 참여 동기	경선자 및 직업	경선 참여 동기
샤오요우메이 (肖幼美 / 선전), 회계사 시(市) 인대대표	인대대표로 당선 후, 권위를 실감 계속 유권자를 위하여 봉사하고 싶음	거진피아오 (葛錦標 / 베이징) 대학교수	승리를 위하여 출마
우하이닝 (吳海寧 / 선전) 기업 이사장 주택소유자 위원회 주임	인대대표로 당선 후, 건의안을 통하여 권리를 보호하기 위해	통리화 (修麗華 / 베이징) 법학 박사 변호사	모든 개인의 권리를 지키기 위하여
셰샤오잉 (謝瀟英 / 선전) 실업자 여러 신문의 통신원 및 특파원	실업자들을 위한 동등한 일할 권리의 쟁취	장상수이 (張星水 / 베이징) 변호사	행동에 근거하여 법치 과정을 추동하기 위해
천차이치옹 (陳彩瓊 / 선전) 외부 유입 노동자	정식 후보자가 퇴출되어 그 대안으로 배치	두주용 (杜兆勇 / 베이징) 법학박사 기자	행동에 근거하여 법치 과정을 추동하기 위해
저우자젠 (鄒家健 / 선전) 회사 인터넷 편집부 근무 주택소유자 위원회 주임	인대대표로 당선 후, 건의안을 통하여 권리를 보호	쓰마난 (司馬南 / 베이징) 방송사 앵커	행동에 근거하여 법치 과정을 추동하기 위해
쉬보어 (徐波 / 선전) 기업 부사장	선거권의 보호	녜하이량 (聶海亮 / 베이징) 기업 CEO 주택소유자 위원회 주임	인대대표로 당선 후, 건의안을 통하여 권리를 보호하기 위해
예위안바이 (葉原百 / 선전) 기업 노동자	인대대표로 당선 후, 건의안을 통하여 권리를 보호	사오샤쩐 (邵夏珍 / 베이징) 국가기관 연구직 주택소유자 위원회 부주임	인대대표로 당선 후, 건의안을 통하여 권리를 보호하기 위해
왕량 (王亮 / 선전) 고급 기술학교 교장	선거권의 보호	천준하오 (陳俊豪 / 베이징) 청화대학 학부생	한 차례의 민주적 과정을 경험하기 위하여
수커신	선거 규칙에 도전하여,	스레이	학내 민주주의를 실현 후

(舒可心 / 베이징) 주택소유자 위원회 주임	선거법의 보급	(石磊 / 베이징) 중앙민족대학 학부생	졸업하기 위해
왕하이 (王海 / 베이징) 기업 이사장	소비자 권익 보호 및 사기를 방지하기 위한 법적 제도 건설의 추진 참여 규칙의 제정	인준 (殷俊 / 베이징) 베이징대학 향토중국학회 회장	중국 민주주의 과정을 추진을 위해
자우빙 (奏兵 / 베이징) 변호사	부동산 거래 안전성 보호하고 지키기 위해	명랑 (明亮 / 베이징) 중국정법대학 학부생	권리와 이상을 실현하기 위해
쉬즈용 (許志永 / 베이징) 대학교수	행동에 근거하여 법치 과정을 추동하기 위해		

출처 : 鄒樹彬·唐娟·黃衛平(2003, 192-194).

기 때문이라고 볼 수 있다.

둘째, 전면적으로 자유로운 경선 방식이 도입되었다는 점이다. 선거법에는 후보자를 어떻게 유권자에게 알릴 것인가에 대하여, "선거위원회 혹은 인대대표 주석단이 유권자 혹은 대표에게 대표 후보자의 상황을 소개한다. 그리고 후보자를 추천한 정당과 단체, 유권자가 유권자소조에서 추천된 후보자의 상황을 소개한다."라고 되어 있다. 이것 외에 후보자 스스로의 자기소개나, 유권자와 후보자 간의 상호 교류에 대한 규정은 없다. 그러나 선전이나 베이징의 경우 대자보, 인쇄물, 인터넷, 거리 연설 등 다양한 경선 방식이 도입되었고, 동시에 다양한 선거 전략이 선택되었다. 우선, 대자보 부착, 전단 살포, 가두 유세 등의 방식 외에, 언론 매체의 활동을 특별히 중요시 하고, 인터넷의 이점을 충분히 활용하였다. 경선 조직별로 다른 선거 방식이 채택되었다. 대학교 학생들은 주로 BBS 인터넷 망을 통하여 선전하거나 자신의 선거 홈페이지를 직접 만들어서 사용하였다. 주택조합의 조합원들은 대중 집회와 강연을 하는 동시에, 가두로 직접 진출하여 대중들을 직접 만나면서 표를 부탁하기도 하였다. 대중적인 지명도가 있는 인물들은 기자회견이나 언론 매체의 인터뷰 등을 적극적으로 활용하기도 하였다. 다음으로 선거 전략이나 조직화 정도에서 비교적 높은 수준을 보여 주었다. 선거 후원 조직을 직접 설립하여 이들이 선거 유세나 경선 과정을 조직적으로 할 수 있도록 하였다. 또한 표를 획득할 수 있는 다양한 형태의 선거 전략들이 활용되었다(鄒樹彬·唐娟·黃衛平 2003, 196-197).

셋째, 경선 동기에 있어서 이익 지향성을 명확히 하고 있다는 점이다. 우선, 경선에 참여한 독립 후보자들의 직업이나 신분을 살펴보면, 주거 지역의 주택조합의 조합원, 회사 사장, 화이트칼라, 대학교 학생, 대학교수, 실업자, 변호사 등 다양한 계층의 사람들이 경선에 참여하고 있다. 이들의 경선 참여 동기를 보면, 부동산, 주거 환경, 노동권과 선거권 등의 권리를 지키기 위한 것이다. 가령 주택조합의 조합원들은 손실된 사유재산을 지킨다는 매우 직접적이고 현실적인 이익을 위하여 경선에 참여하였고, 반면에 대학생들은 공민(公民)으로서 당연히 누려야 할 권리를 지킨다는 비교적 역사적이고 낭만적인 이유가 많았다 (鄒樹彬·唐娟·黃衛平 2003, 194-195).

넷째, 경선자와 관방과의 관계이다. 선전과 베이징의 선거는 기존의 선거 방식을 탈피한 새로운 전환을 의미하는 것으로, 따라서 경선자와 선거 조직 기관과의 관계가 그 어느 때보다도 중요한 의미가 있다고 볼 수 있다. 선전의 경험을 통해서 보면, 선거 조직 기관과 경선자 사이에 충돌이 발생하였고, 그 결과 당선자에 대한 파면을 요구하는 사례가 발생하였다(荀驊 2006; 李南玲·鄔煥慶·沈路濤 2006). 그 원인은 개별 경선자들 사이에 대립과 대항 정서가 생기고, 다른 한편으로 현행 선거 법규의 허술함과 관성에 따른 선거 규칙의 적용이다. 그러나 베이징의 경우는 선전의 경험을 기초로 하여 충분한 준비를 통해 이루어짐으로써 이 같은 충돌이 덜 발생하였다. 그 외에 선전은 베이징보다 정치적인 전통이 약하고, 경제적 이익과 정치적인 민주화 사이에서 경제적 이익을 더 중요시하여, 경제적인 이익을 위하여 민주주의를 요구하는 경향이 강하다면, 베이징 선거 조직 기관들은 현행의 선거법에 대한 이해와 해석에 대하여 권위를 지니고 있으며, 중국의 정치체제의 가능한 개혁 공간을 더 능숙하게 사용할 수 있는 조건이 구비되었기 때문이다(鄒樹彬·唐娟·黃衛平 2003, 198-200).

2) 경쟁형 선거로의 전환 배경과 한계

기층 인대 선거에서 상술한 변화는 중국의 인대 선거에서 결정적인 전환점이 될 만큼 중요한 변화로, 이 같은 변화의 배경으로 다음과 같은 요소를 들 수 있다. 첫째, 법치와 기층 민주를 강조하는 최고 지도부의 통치 방식의 전환으로, 보다 이완된 정치적 분위기와 합법적인 공간이다. 특히 1988년 이래 전국적으로 시행된 촌민위원회 선거와 1998년 이래 확대되고 있는 도시 기층 사회의 사구주민위원회 선거의 시범적인 효과는 인대 민주주의의 확대를 위한 중요한 모범 사례가 되고 있을 뿐만 아니라, 인대 선거도 실질적인 경쟁성이 보장되는 변화와 발전이 이루어져야 된다는 압력으로 작용해 왔다.

둘째, 시장경제체제로의 전환에 따른 경제적 변화가 중국의 유권자들에게 자율적인 정치 참여를 가능하게 하는 경제적인 기초를 제공하게 되었다는 점이다. 우선, 시장경제체제로 전환되면서 중국인들 사이에 평등과 경쟁 의식이 팽배하고, 그 결과 일부 사람들은 정치에 관심을 가지기 시작하면서, 선거 경쟁에 의욕적으로 참여하게 되었다고 볼 수 있다. 다음으로, 시장경제화에 따라 사유재산이 확대됨에도 불구하고, 제도적으로 사유재산이 보호되고 있지 않은 상황에서, 사유재산권을 보호하기 위하여 현재의 제도적 틀 내에서의 보호를 추구하는 의식과 행동이 나타났다고 볼 수 있다. 마지막으로,

계획경제하에서 딴웨이 제도에 기초한 신분제적 사회로부터, 정치와 경제의 자율성에 기초한 계약사회로 전환되면서 주민들의 정치적인 자유와 활동이 확대되었다는 점이다.

셋째, 시장경제체제하에서 다원적인 이익의 출현과 이들 이익 간의 갈등이 증가하면서, 사람들은 제도화된 이익 표출 통로를 절실하게 요구하게 되었고, 인대 선거는 이 같은 이익 표출을 할 수 있는 중요한 형식이 되고 있다는 점이다. 이는 2002년 선전과 베이징의 선거에서 인대대표로 자기 추천한 사람들은 대부분 시장경제의 발전과 함께 사회적으로 중등 이상의 소득층, 사영 기업주 등으로서, 사유재산이나 도시 공동체의 이익 등을 표출하고 정책 결정 과정에 참여할 수 있는 중요한 제도적 통로로 인민대표대회를 생각하고 있다는 점을 통해서 알 수 있다.

넷째, 언론 매체와 지식인을 중심으로 한 공공 여론 역량의 강화가 민주적인 선거의 밑받침으로 성장하고 있다는 점이다. 선전과 베이징의 선거에서 자기 추천 후보자와 언론 매체, 그리고 일부 지식인들은 선거 과정에서 상호 밀접하게 연계되어 활동을 하였다. 이 같이 국가권력으로부터 일정 정도 독립된 공공 여론 공간은 자기 추천 후보자들에게 사회적으로 유리한 분위기를 조성하는 데 도움을 주고, 지식인들의 지도와 선거의 성공 경험에 대한 전파를 통하여, 자기 추천 후보자들의 경선 기술 및 권리 의식의 부단한 제고를 이끌어 낼 수 있으며, 매체나 지식인들의 적극적인 활동을 통하여 유권자들이 자기 추천 후보를 잘 이해할 수 있도록 도와 줄 수 있기 때문이다.

다섯째, 시장경제체제로 전환되면서 사회적인 이익이 다원화되고 사회 계층 분화가 본격화되면서, 각종 계층의 권리와 이익에 대한 요구가 증가하고 있는 상황에서, 인민대표대회 선거는 필연적으로 인민들의 각종 사회적인 이익과 권리에 대한 주장이 집중적으로 표출되어 경합을 벌이는 공간이 되고 있다는 점이다. 이는 곧 각종 사회적인 이익의 충돌과 경합 공간이라는 인대의 본래적인 기능이 부각되고 있음을 의미한다(楊卓如 2004, 202-208).

이처럼 선전과 베이징의 선거는 향후 중국 선거의 구조적 변화를 예시하는 중요한 사회적 조건의 변화에 기초하고 있지만, 여전히 많은 한계를 드러내고 있다. 우선, 전통적인 사고와 전통적인 선거 방식의 관성이 여전히 남아 있다. 즉 전통적 확인형 모델에서 인대대표 선거의 진행은 모호한 절차로 결과를 확정하고, 투명도가 낮고, 경쟁성이 강하지 않고, 선거 기관의 의지와 의도 등이 충분히 실현되는 것을 특징으로 하고 있다. 이러한 특징은 일정 정도로 정책 결정자와 선거 집행 기관의 이익을 대변한다. 따라서 선거 조직 기관들은 전통적인 진행 방식에 대하여 강렬한 경로 의존성을 보여 주고 있다.

둘째, 선거제도에 내재된 모순이나 허점들이 많다는 점이다. 다시 말하면 선거의 절차나 제도에서 많은 문제점이 있다. 구체적으로 선거구의 구획, 유권자 등록, 정식 후보자의 확정, 후보자 소개, 투표 등에 여전히 모호성과 불확정성을 지니고 있다. 어떤 면에서 보면, 선전이나 베이징에서 자기 추천을 통하여 선거가 이루어진 것은 이 같은 허점에 대한 도전이라고도 볼 수 있다.

셋째, 시민 문화 형성의 부재이다. 즉 자기 추천을 통하여 선거에 참석한 사람들을 제외하고는 많은 유권자들은 선거에 무관심하였고, 자신들의 민주적인 권리가 부재한 상황을 습관처럼 받아들이고 있으며, 상급에 의해서 인대대표가 정해지는 타성에 젖어 있었다. 또한 자기 추천자들 역시 선거 과정에서 이성적이고 관용적인 태도가 부재하였다(楊卓如 2004, 209-212).

4. 민주적 선거와 기층 인대 선거의 현황

중국의 기층 인대 선거는 확인형 선거에서 경쟁형 선거로 전환되는 과도기에 있으며, 베이징과 선전의 선거는 좋은 사례로 간주되고 있다. 그렇다면 이 같은 변화는 선거 민주주의의 발전을 의미하는가? 선거 민주주의란 행정 수장과 입법부의 성원을 규칙적이고, 경쟁적이며, 보편 참정권에 기초한 다 당제 선거를 통해서 구성하는 헌법 체제이다. 선거가 민주적이 되기 위해서 는, 선거는 규칙적이고, 경쟁적이고, 의미가 있어야 하고(정치권력을 행사하는 데 주된 역할을 한다는 의미에서), 동시에 자유롭고, 공정해야 한다. 선거가 자유 롭다는 것은 정치영역에 진입하는 법률적인 진입 장벽이 낮다는 점에서, 즉 서로 다른 정당의 참여자나 후보자가 캠페인이나 유세를 하는 데 있어서 실 질적인 자유가 보장되어야 함을 뜻한다. 유세와 캠페인의 자유가 보장되기 위해서는 선거 정치에서 연설의 자유, 운동, 집회와 결사의 자유를 요구한다. 또한 선거가 공정하다는 것은 선거가 통치 정당에 의하여 통치되는 것이 아 니라, 중립 기관에 의하여 관리되는 것을 의미한다. 투·개표 부정을 막고, 투 표 과정에서의 각종 부정적인 행위에 대한 엄격한 통제, 경쟁 후보자가 공개 적으로 언론에 접근할 수 있을 때, 룰이나 절차가 공평할 때, 비밀투표, 선거 감시 기구 및 선거 분쟁에 대한 공평한 해결 등이 보장될 때, 선거의 공정성 이 보장되는 것이 가능하다(Diamond and Myers 2004, 2-3).

　상술한 관점에서 볼 때 중국의 인대 선거는 여전히 많은 문제를 안고 있 다. 민주적 선거의 상술한 조건 중 규칙성의 보장 외, 충분히 경쟁 선거가 이 루어지고 있는가, 그리고 선거가 정치권력을 행사하는 데 있어서 주된 역할 을 하고 있는가, 자유롭고 공정하게 이루어지고 있는가 등에서 여전히 비관 적인 상황이다.

　우선, 경쟁 선거가 실질적으로 보장되고 있지 못하다는 점이다. 선거의 경쟁성의 부재는 인민들의 선거에 대한 무관심을 초래하고, 당선자들 역시 인민들에 대한 책임감을 약화시킬 수 있다. 따라서 자유로운 경선과 경쟁을 통하여 인민대표가 선출되는 것은 매우 중요하다. 그러나 현재의 선거제도는 대표 후보자의 추천을 고려할 때, 각종 대표의 비율과 구성이 이미 정해져 있는 경우가 많으며, 대표 후보자의 공개적인 경선 혹은 연설, 변론, 접견 등 각종 형식을 통하여 자신들의 관점, 견해, 구상을 선전하는 것이 실질적으로 어렵다. 또한 선거 과정에서 당정 기관의 다양한 형태의 개입으로, 모든 후보자들의 공평하고 공정한 경쟁의 기회가 제공되고 있지 못한 실정이다.

둘째, 현재의 선거법이 공정하고 민주적인 선거를 보장하는 데는 한계가 있다. 그동안 여러 차례에 걸쳐서 선거법의 개정이 있었지만, 시장화에 따른 신속한 사회적인 분화로 선거법이 중국의 현실에 부합되고 있지 못한 상황이다. 즉 선거의 각종 절차에 관한 규정에서 모호한 점이 많고, 권력 기구가 임의로 결정할 수 있는 여지를 많이 남겨 두어 선거의 행정화 경향을 강화시키고 있다는 점이다. 또한 선거의 진행 방법에 관한 규정도 지나치게 단순하여 실제 상황에 맞지 않는다는 점이다. 이를 좀 더 구체적으로 살펴보면 다음과 같다. 우선, 비록 현행 선거법이 유권자 10인의 연명에 기초하여 후보자를 추천하는 것이 가능하지만, 실제 실천 과정에서 여러 가지 장애에 부닥치면서 유권자 연명에 의한 추천권이 보장되고 있지 못한 상황이다. 둘째, 정식 후보자 확정 과정에서, 최초 후보자의 추천으로부터 정식 후보자의 확정이 매우 불명확하다는 점이다. 선거법은 유권자, 각 정당, 각 인민 단체가 추천한 대표 후보자를 최초 후보자로 공포한 이후, 다시 각 선거구의 유권자소조가 반복해서 숙고, 토론, 협상하여 다수 유권자의 의지에 근거하여 정식 후보자를 확정한다고 규정하고 있다. 이 규정은 지나치게 간단하고, 모호하며, 그리고 개괄적이어서, 실제 정식 후보자가 선거 조직 기관에 의하여 조작되는 경우가 종종 발생한다는 점이다. 셋째, 유동 인구의 등록 문제로, 원래 선거구의 유권자 자격 증명 이후 현재의 투표구에 선거 참여가 가능하지만, 실제 과정에서 여전히 호구 등록 중심의 방식이 채택되고 있는 상황이다. 넷째, 후보자 소개가 단순하여, 유권자가 후보자를 알 수 있는 기회가 실질적으로 부재하다는 점이다. 후보자를 추천한 정당, 인민 단체, 유권자 대표는 유권자소조 혹은 대표소조에서 추천된 후보자의 상황을 소개할 수 있지만, 선거일에는 반드시 후보자에 대한 소개를 중단해야 한다고 규정하고 있다. 그 외에 선거법에는 후보자 소개 방식에 대한 구체적인 규정이 없으며, 어떤 행위가 불법적인가에 대한 명확한 규정이 없어, 실천 과정에서 선거 조직 기구가 재량권을 가지고 판단하게 되어 있다.

셋째, 선거 절차가 아직은 충분히 규범화되지 못하여 공정 선거가 보장되고 있지 못하다는 점이다. 구체적으로, 첫째, 선거구의 구획 및 대표 배분에 관한 문제로, 현재의 선거법은 선거구의 구획은 주거 지역과 딴웨이에 근거해서 이루어지도록 하고 있다. 그러나 대표 분배의 구체적인 과정에 대한 법률적인 규정이 구체적이지 못하고 완비되지 못한 상황이다. 둘째, 유권자 등록에서 존재하는 문제로, 지나치게 간단하고 모호하다는 점이다. 기본적으로 딴웨이 등록제를 위주로 하고 호구 소재지 등록을 보조로 한다는 점을 원칙으로 한 유권자 등록, 특히 단위에 기초한 유권자 등록은 유권자들에게 딴웨이의 장을 선출하도록 무언의 압력을 가하는 요인이 되고 있다. 또한 선거 조직 기관이 고의로 유권자 등록을 누락시키는 경우도 종종 있다. 셋째, 투표 과정 중의 문제로, 선거법에 보장된 무기명투표가 실제 진행 과정에서는 여전히 잘 시행되고 있지 않은 상황이다. 위임 투표나 이동 투표함 투표 과정에서 발생하는 각종 비리 등은 여전히 투표 과정에서 나타난다. 넷째, 개표 및 투표 결과의 공표 과정에서의 문제로, 검표 및 표 계산을 하는 요원 선정에 대한 명확한 규정이 없어, 선거 조직 기관에 의하여 임의로 배치되는 경우가 종종 있다.

넷째, 감독 메커니즘의 문제이다. 자유롭고 공정한 선거가 보장되기 위해서는, 선거 감독 기제나 소송 제도 등의 완비가 요구된다. 그러나 현재의 인대 선거에서는 전문적인 선거 감독 기구가 부재하고, 선거 조직 기관이 선거를 조직함과 아울러서 선거를 감독하는 모순적인 상황에 처해 있다. 또한 선거 감독 과정에서 사회단체나 신문 매체, 학술 연구 기구 등 대중들의 참여가 부재하다는 점도 중요한 문제이다. 다음으로 선거소송 제도가 완비되지 못함으로써, 선거 이후 선거를 바로잡고자 하는 시도가 어려운 상황이다. 법원에서 선거소송을 수용하는 범위가 너무 좁고, 이를 전문적으로 처리하는 기구가 없으며, 선거소송에 대한 세부적인 세칙이 없어 공정하게 이루어지기가 어렵다. 또한 기층 인대대표의 파면을 가능하게 하고 있지만, 파면 절차에 대한 구체적인 규정이 부족해서, 파면이 실제로 이루어지기 쉽지 않은 상황이며, 반대로 당정 기관으로 의하여 선출된 대표가 임의로 파면되는 상황도 발생하고 있는 실정이다(李凡 主編 2005a, 64-74).

5. 인대 선거 : 민주주의에 주는 함의와 한계

중국의 인민대표대회는 주요 정책 결정 기능, 입법 기능과 행정부에 대한 감독 기능, 그리고 각급 정부의 수장을 선출하는 기능까지 겸비한 최고 권력 기관이다. 그러나 그동안 인대는 거의 제 기능을 하지 못하거나 혹은 당의 정책을 추인하는 거수기 혹은 고무 도장에 불과하다는 아주 낮은 평가를 받아 왔다. 따라서 개혁개방 정책 실시와 함께 인대의 기능 강화는 중국 민주주의 발전의 주된 출발점으로 간주되어 왔다. 인대 직선제의 확대 역시 바로 이같은 맥락에서 실시되었다고 볼 수 있다. 직접선거를 현급으로 확대하여, 현급 이하라는 제한된 수준에서나마 인민이 자신의 대표를 스스로 선출하여 정치 공동체의 주인이 되도록 하고, 소수 정치 지도자에 권력이 집중됨으로써 오는 폐단을 방지하고자 했던 것이다.

그리하여 1982년 이래 현급 이하에서 인대 직선이 실시되었지만, 인대 선거는 1988년부터 전국적으로 실시되기 시작한 촌민위원회 선거에 비하여 선거의 경쟁성, 공정성의 보장이나, 선거 절차의 규범화 등에서 그 발전이 더디게 진행되었다. 2002년 실시된 선전과 베이징의 인대 선거가 주목을 받는 것도 바로 이 같은 이유에서이다. 즉 이 두 지역에서의 선거가 인대 선거 역사상 최초로, 후보자 추천과 경선 과정에서 경쟁 선거로 진행됨으로써, 이후 인대 선거에 새로운 변화를 알리는 신호가 되고 있기 때문이다.

비록 인대 선거의 발전이 더디게 진행되고 있지만, 인대 선거는 중국 인민들의 정치적인 권리 의식을 제고시키는 데 상당한 기여를 하여왔다. 즉 중국의 인민들은 인대 선거에 대하여 매우 높은 관심과 참여 의지를 가지게 되었다. 상술한 베이징대학 인민대표대회 및 의회연구센터 과제조가 2000년 2월부터 수행한 조사 결과를 보면, 응답자의 76.2%가 인대 선거에 참여하기를 원한다고 대답하였고, 단지 6%만이 참여하지 않겠다고 대답함으로써, 중국인들이 인대 선거에 매우 많은 관심을 가지고 있음을 알 수 있다. 또한 이들의 인대 선거에 대한 참여는 당의 정책에 대한 동원적인 참여가 아니라 이익 의식에 바탕을 둔 민주적인 권리 의식에 기초하고 있음을 알 수 있다. 전체의 54.46%가 선거에 참여하는 것을 공민의 정치적 권리의 행사로, 사회에 유익한 것으로 간주하고, 19.24%가 자기 자신의 이익과 밀접한 관계가 있는 것으로 간주하였다. 바로 이러한 사실들은 권리나 이익 의식이 인대 선거 참여의 주요한 동기가 되고 있음을 보여 준다.

그러나 이 같은 중국 인민들의 인대 선거에 대한 기대와는 달리, 인대의 역할은 중국 인민들의 기대에는 못 미치고 있는 것으로 나타나고 있다. 즉 응답자의 62.7%가 인대가 부분적으로 자신의 기능을 하고 있으며, 단지 23.6%만이 인대 그 본래의 기능을 다하고 있다고 대답하였다. 또한 응답자의 29.6%가 인대가 제 역할을 하는가 안하는가가 자신들의 이익과 밀접한 관계가 있다고 대답하였으며, 45.4%가 약간 관계가 있다고 대답하거나 18.3%는 아무 관련이 없다고 대답하여, 인대의 역할에 대하여 매우 낮은 기대를 하고 있음을 알 수 있다. 또한 중국의 많은 인민들은 인대 선거가 단순한 형식에 불과하며, 실질적인 기능을 하고 있지 못한 것으로 간주하고 있음을 알 수 있다. 즉 응답자의 52%가 선거는 단순한 형식에 불과한 것으로 생각하고, 나머지 44.7%가 그렇지 않다고 대답하였다. 그리고 66.72%가 선거제도의 개혁이 필요하며, 단지 13.79%만이 개혁은 필요하지 않다고 생각하고 있다.

이처럼 인대 선거에 대한 중국인들의 기대와는 달리, 중국의 인대는 여전히 그 기능을 제대로 하고 있지 않으며, 또한 선거가 단순한 형식에 불과한 것으로 인식되고 있다. 이는 바로 중국의 인민대표대회 및 인대 선거가 놓인 현 주소를 반영하는 것으로 볼 수 있다. 따라서 인대 선거가 제 기능을 하기 위해서는 인대의 제도적 개선을 통하여 인대가 그 본래적인 기능을 회복하는 것이 우선 선행되어야 하고, 또한 인대 선거 과정이 실질적인 경쟁성이 보장된 공정한 선거가 될 수 있도록 선거법과 제도를 정비하여 각종 선거 절차가 규범화 되어야 할 것이다.

제2부
쟁점 분석
: 기층선거와 정치적 시민권, 시민사회, 여성

근대 중국의 공화주의 정치체제의 등장과 선거:
제한된 정치적 시민권의 제도화를 중심으로*

1. 서론

중국의 한 역사학자에 따르면, 아편전쟁 이래로 중국은 여섯 차례의 정치적인 선택의 기회가 있었고, 개명 군주제, 공화주의적 다당제와 의회제, 권위주의 체제 등 세 가지의 정치체제가 정치적 대안이 되었다. 그리고 이들 대안 중 공화주의적 다당제와 의회제는 바로 신해혁명을 통하여 등장하였다 (蕭功秦 2004a, 1-8/17 Bar). 이처럼 신해혁명의 결과는 중국 역사에서 수천 년 동안 지속되어 온 전제군주제로부터 서구식 공화주의적 민주제에 근거한 정치체제로의 전환을 가져왔다. 또한 신해혁명을 통하여 오랜 기간 동안 황제의 신민으로 살아 온 중국인들은 근대적인 시민(市民)으로 등장할 수 있는 제도적인 조건을 확보할 수 있게 되었다.

서방에서 근대적인 의미의 시민권은 일반적으로 마샬(T. H. Marshall)과 보트모어(T. Bottomore)의 정의에 따라 3가지 구성요소, 즉 시민적 시민권(civil

---

* 이 글은 『한국정치학회보』40집 1호(2006년 봄), pp. 161-180에 "근대 중국의 공화주의 정치체제의 등장과 정치적 시민권의 형성: 제한된 정치적 시민권의 제도화를 중심으로"라는 제목으로 수록된 논문임.

citizenship), 정치적 시민권(political citizenship), 사회적 시민권(social citizen-ship)을 가지는 것으로 이해된다. 시민적 시민권은 개인의 자유를 위하여 필수적인 권리 즉 언론 자유, 계약권 및 공정한 재판권 등을 의미한다. 사회적 시민권은 특정 사회의 기준에 따라 기초 생계 보장, 교육, 건강, 사회복지 등을 향유할 권리를 말한다. 또한 정치적 시민권은 정치 공동체의 구성원으로서 혹은 유권자로서 정치권력의 행사에 참여할 권리를 말한다. 그리고 정치적 시민권 형성의 핵심 요소로 행정부, 국가 의회, 그리고 지역 의회에서 국가 지도자를 선출할 권리가 간주되고 있다(Marshall and Bottomore 1992, 8). 이 같은 시민권에 대한 정의는 현재 인권선언, 시민권과 정치적 권리에 대한 국제 조약 등 국제인권법의 기준이 되고 있으며, 각 국의 국내 헌법에도 포함되어 한 국가가 민주적인가 혹은 어느 정도로 민주적인가를 판단하는 기준이 되고 있다(Yu 2002, 290).

상술한 정의에 기초해 볼 때, 인민들이 선거를 통하여 행정부나 의회의 정치 지도자를 선택할 수 있는 권리를 확보하는 것은 정치적 시민권을 형성하기 위한 핵심적이고 제도적인 조건이다. 따라서 신해혁명의 혁명 이념과 성과들을 집약한 이른바 〈중화민국임시약법〉(中華民國臨時約法/ 이하 약법)은 중국 역사상 최초로 황제가 아닌 인민이 중국의 주권자임을 명시하고, 대의제 민주주의에 기초하여 인민들에게 선거를 통한 정치 지도자의 선택권을 부여하고 있다는 점에서, 근대적 의미의 정치적 시민권의 제도화로 간주할 수 있다.

그러나 약법은 여성을 주권자로서 원천적으로 인정하지 않음으로써 그 한계를 보여 주고 있다. 뿐만 아니라 약법에 근거하여 제정된 선거법은 선거권 부여의 주요한 자격 요건으로 재산과 학력을 필수 요건으로 제시함으로써, 모든 중국인들이 자유롭고 평등한 정치적인 시민으로 등장하는 데 제한을 가했다. 이는 중국 역사에서 근대적인 시민혁명으로 자리매김하고 있는 신해혁명이, 공화주의적 정치 이념과 목표하에 이루어졌지만, 모든 중국인들을 근대적 시민으로 등장시키는 데는 일정한 한계가 있었음을 말해 준다.

재산과 학력, 성별에 근거한 선거권의 제한은 서구의 정치적 시민권의 제도화 과정에서도 나타나는 현상이다. 그러나 이 시기의 중국의 정치적 시민권의 제도화를 서구와 동일한 맥락에서 파악하고 그 일반성을 강조하는 것은, 중국의 정치적 시민권의 제도화의 특수성 및 그 정치적인 의미에 대한 이해를 이끌어 내는 데에 한계가 있다. 따라서 이 논문은 신해혁명 직후 제한된 정치적 시민권의 제도화를, 청말민초(淸末民初) 시민권 개념이 중국에 도입되는 배경 및 그 특수성과 관련시켜 분석함으로써, 중국의 정치적 시민권의 제도화의 특수성 및 그 정치적 의미를 설명하고자 한다.

이 같은 연구는 정치개혁의 필요성이 당면 과제로 부각되고 있는 현재의 중국에서, 중국 역사상 최초로 공화주의적 다당제와 의회제를 출현시킨 시민혁명의 성과를 정치적인 시민권의 제도화라는 관점에서 평가한 연구라는 점에서 매우 중요한 의의가 있다. 중국은 현재 성공적인 개혁 정책의 역설적 결과로 출현한 각종 사회적인 문제가 분출하면서, 정치개혁을 통한 시민권의 제도화 및 시민권 의식의 육성에 대한 관심이 점증하고 있다. 이 같은 조건에서 서방과 중국의 전문가들은 청말민초 시기의 시민권 개념의 도입과 특징, 시민 의식의 형성과 발전, 국가관과 민권관, 시민 의식이 뿌리 내리지 못한 원인 등에 대한 분석을 통하여, 현재 중국 정치개혁의 추진에 주는 시사점을 찾고자 하고 있다(方維 2000; 張灝 1995; 劉澤華 1991; 陳永森 2004; Fogel and Zarrow 1997; Judge 2002; Goodman 2002; Wasserstrom 2002). 그러나 신해혁명의 결과 등장한 정치적 시민권의 제도화의 특징을 살펴보고, 이를 시민권 개념이 중국에 도입되는 배경 및 그 특수성과 연결시켜 진행한 연구는 부족하다. 주로 정치제도사적 맥락에서 신해혁명 이후 출현한 약법과 제1기 국회 선거제도 등에 대한 기술적인 연구에 한정되어 있거나, 부르주아혁명으로서의 신해혁명의 성격과 그 한계를 분석하는 데 초점을 맞추고 있다(徐輝琪 1988; 徐矛 1992; 劉景泉 1996; 張亦工 1984).

따라서 필자는 신해혁명의 결과 제정된 선거법과 제1기 국회의원 선거의 결과를 토대로 하여, 신해혁명이 공화주의적인 정치적 목표하에 이루어졌지만 극소수의 인민에게 참정권이 부여된 제한된 정치적 시민권의 제도화를 이끌어 냈음을 밝히고자 한다. 그리고 그 원인으로 청말민초 중국의 민족적인 위기 속에서 중국의 정치적인 변화를 주도한 개량파(혹은 입헌파)와 혁명파의 국가 중심적 민권관 및 국민(國民)의 소질을 근거로 한 권위주의 통치의 정당화 논리에 대해서 분석하고자 한다. 마지막으로, 이 같은 논리가 오늘날 중국의 지연된 정치개혁 및 정치적 시민권의 제도화를 이해하는 데 어떠한 시사점이 있는가를 밝혀내고자 한다.

2. 청말민초의 위기와 제한된 정치적 시민권 제도화의 배경

1) 서구 열강의 침입과 국가 중심적 민권관의 형성

역사적으로 극소수 관리들을 제외한 대부분의 중국의 인민들은 군사적 복무를 이행하는 것을 제외한 정책 결정 과정과 재판 등 어떠한 정치적인 참여도 인정되지 않았다. 국가는 황제의 사유재산으로 간주되었으며, 황제에 의해서 선택된 소수의 관리들에 의해서 국가의 업무가 운영되었기 때문에, 인민들이 국가 업무에 관심을 가지는 것은 황제의 권력에 도전하는 것으로 간주되었다. 따라서 보통 인민들의 정치 참여는 폭력적 반란이나 황조 전복 등을 통해서만 가능했다. 이처럼 통치하는 능력과 통치되는 능력이 완전히 분리되어 존재하였고, 누가 통치자를 다스릴 것인가에 대한 문제는 근본적으로 제기될 수 없었다(Yu 2002, 289).

그러나 서구 열강의 침략으로 근대화의 길에 진입한 중국은 청말민초에 근대적인 의미의 정치적 시민권을 드입하기 시작하였다. 그러나 당시의 지식인들과 관료들은 서구 국가로부터 증가되는 침입에서 중국의 독립을 유지하는 문제에 일차적인 중요성을 두고 있었다. 이러한 시대적인 상황에서, 청말민초의 엘리트들은 '국민'[1] 이라는 말을 통하여 국가에 대한 개인 권리의 보장보다는, 외국의 제국주의 세력에 대하여 중국의 지위를 보장하는 것을 가장 중요하게 여겼다. 또한 정치적인 권리를 개인의 이익보다는 국가의 이익을 증진시키는 수단으로 간주하고, 개인의 권리를 천부적으로 주어진 것이 아닌 국가에 의해서 부여된 취소할 수 있는 특권으로 간주하였다(Goldman and Perry 2002, 6).

이는 개인의 자유와 국가의 자유의 긴장 관계 속에서 서구의 근대 정치이론은 개인을 기본적인 출발점으로 하고 있지만, 중국의 근대 정치이론은 국가를 기본으로 삼고 있음을 의미한다. 근대 서구의 정치 이론에서 자유는 천부적으로 주어진 것이며, 일종의 인권이고 개인의 지식이나 문화적인 정도에 상관없이 무조건적으로 주어진 것이다. 또한 개인이 국가나 사회보다

---

1 국민이라는 말은 2000년 전 고대 중국에서 경쟁적 제후 국가의 주민을 언급하기 위하여 사용되어진 말이다. 그러나 근대 중국에서 국민이라는 말은 청말 량치차오(梁啟超)가 일본이 서구로부터 도입한 시민권의 새로운 관념을 포착하기 위하여 사용한 말을 중국으로 도입하면서 널리 사용되기 시작하였다. 비록 량치차오가 유교적인 정치 문화를 비판하기 위한 수단으로 이 말을 받아들였지만, 그의 목적은 자율적인 개인의 발전이 아니라 근대 민족국가의 충분히 성장된 애국심의 배양에 있었다. 따라서 서구의 개인주의적 시민 개념과 달리 국민이라는 말을 통하여 그는 개인보다 집단(국가)을 일차적으로 강조하고 있다. 이 말은 신해혁명을 전후로 하여 국가에서 허용하는 교과서에 포함되어져 공식적으로 사용되기 시작하였다(張灝 1995, 144-145; Goldman and Perry 2002, 4). 그러나 이 말은 신중국의 건설 이후 1953년을 기점으로 하여 공민(公民)으로 대체되어 전 중국의 모든 민족을 언급하는 말로 사용되었다(이정남 2005, 231).

중요하고, 국가나 사회의 행위를 침범하지 않는 한 모든 개인의 행위는 자유롭다. 반면에 서방의 침탈로 시작된 중국의 근대화 과정은 국가적인 위기 상황이었으며, 이 같은 위기 상황에서 중국의 지식인들은 부국강병과 민족의 독립, 그리고 민주와 자유를 연결시켜서 사고하였다. 그 결과 국민 혹은 시민 개인의 자유와 집단의 자유와의 관계에서 집단의 자유를 강조하였다. 또한 국가이익과 개인의 이익이 충돌할 때 개인의 이익을 희생할 것을 호소하였다(陳永森 2004, 160-161).

이 같은 국가이익을 강조한 시각은 신해혁명 전의 주요한 정치 세력인 입헌파나 혁명파 모두에게 공통적으로 나타나고 있다. 입헌파의 대표적 논자인 량치차오(梁啟超)는 국가의 주권은 통치자에게 있는 것도 아니고 인민에게 있는 것도 아니며, 국가 자신에게 있다고 보고 있다. 국가가 최고 높은 본질이고 최고 근본적인 목적이며, 인민은 단지 국가의 수단에 불과하다는 것이다. 일반적인 상황에서 국민의 사적인 이익과 국가의 집단적인 이익이 일치하지만, 만약에 이들 양자 간의 이익이 충돌하는 상황이 발생한다면, 국민은 국가를 위해서 희생해야 한다고 보고 있다(梁啟超 1989a, 77). 한편 혁명파는 입헌파에 비하여 상대적으로 민권을 강조하지만, 이들 역시 국가를 일차적인 우위에 두고 있었다. 혁명파의 이론가인 천톈화(陳天華)는 국민 수준이 높고 낮음과 국가권력의 대소는 반비례 관계에 있으며, 국민의 수준이 낮을수록 국가권력이 커진다고 보고 있다. 이 같은 관점에 근거하여 그는 혁명 후 중국인이 국민으로서의 직책을 감당할 수 있는 능력을 의심하면서 개명 전제를 주장하였다. 그에 따르면, 중국은 국민 수준이 낮기 때문에, 혁명 승리 후 국가가 훈련을 통해 혁명 당원을 적정 수준에 달하는 국민이 될 수 있도록 하였을 때, 공화제적 입헌을 추진해야 한다는 것이다(陳天華 1982, 209). 그가 이처럼 개명 전제 군주제를 주장한 것은 국민 권리의 제한을 의미하며, 따라서 혁명파가 주장하는 천부인권은 낮은 국민 수준으로 인하여 줄어들게 되고, 민권과 민주는 구국의 수단으로 전락하게 됨을 의미한다고 볼 수 있다 (陳永森 2004, 154).

또한 자유의 문제와 관련해서도 개인의 자유보다 국가의 자유를 강조하였다. 량치차오는 국민의 정치 참여의 자유를 강조하였지만, 정치 참여의 자유는 기본적으로 국민이 국가의 강성(強盛)을 위하여 필요한 것으로 간주하였다. 이는 곧 량치차오의 자유가 실제로 민족과 집체의 자유를 의미하며, 개인의 자유는 덜 강조되고 있음을 의미한다(梁啟超 1989a, 44). 혁명파들 역시 국민 수준의 문제나 개인의 자유와 집단의 자유가 모순될 경우에는, 망설이기 시작하면서 결국은 집단주의적인 자유관과 개명 전제 군주론을 주장하였다. 예를 들면, 쑨원(孫文)은 국가의 자유가 개인의 자유보다 중요하고, 개인의 자유는 국가의 자유에 복종해야 한다고 보았다. 그는 "민권주의 제2강"에서 중국인은 응집력이 부족하고, 분산된 상태에 처해 있기 때문에, 만약에 다시 개인의 자유를 강조한다면, 중국인은 더욱 더 분산되어 외세를 물리칠 수 있는 단결력을 확보하기 어렵게 되고, 그 결과 중국이 독립 자주를 획득하는 것이 불가능할 것이라고 주장하였다(孫中山 1998, 722). 또한 그는 국가의 자유는 외국의 침탈로부터 주권을 유지하고, 대내적으로는 봉건제를 물리치고 민주 공화국을 수립하는 것으로 간주하였다. 그리고 근대 중국은 제국주의의 침탈로 주권을 상실하였기 때문에, 국가의 독립 자주를 회복하는 것, 민족을 위기 상황으로부터 구하는 것이 근대 중국인의 최고 사명으로 간주하였다. 바로 이런 문제의식하에서 그는 국가와 민족의 이익이 모든 이익에 앞서고, 국가의 자유가 개인의 자유보다 중요하다는 시각을 견지하게 된 것이다 (王逍 1996, 95; 林家有 1999, 482-486).

이처럼 신해혁명의 주요 정치 세력인 입헌파나 혁명파 모두가 개인의 이익보다 국가의 이익을 강조하고, 개인의 권리보다 국가의 권리를 강조하였다. 이는 당시 강력한 정부를 건립하여 사회질서 유지 및 국가 통일을 이룩하고, 부강한 중국을 건설하고자 하는 열망으로부터 나온 것이라고 볼 수 있다. 그러나 이 과정에서 민주 공화제 국가에서의 개인의 권리와 자유가 무시되고, 시민 의식의 약화를 초래하였다. 또한 신해혁명 이후 정치적 시민권의 제도화 과정에서 대다수 중국인의 정치적 시민권을 제한하는 사상적인 배경이 되었고, 위안스카이(袁世凱)가 권력을 확장하고 황제 제도를 부활시키는 데 이론적인 기초를 제공하는 결과로 작용하였다(陳永森 2004, 479-480).

2) 도구주의적 의회제 사상의 발전과 한계

서양 열강의 침입에 저항하고 민족 독립을 유지해야 한다는 구국의 열정은 청말 시기 중국 지식인들의 의회제 민주주의에 대한 사고에도 직접적인 영향을 미쳤다. 가령, 19세기 후반에, 일부 초기 개량파들은 서양 국가의 부국강병의 근본은 의회제를 실행하는 데 있으며, 중국이 서방의 의회제를 실시함으로써 부국강병을 꾀하여 민족 독립을 유지할 수 있다고 사고하였다(潘偉傑 1999, 92-96). 그리하여 중불전쟁 이후, 서방의 의회 제도를 선전하고 의회의 개설을 주장하는 것이 새로운 사회 사조의 주요한 내용이 되었다(張亦工 1984, 111-112). 특히 1895년 청일전쟁의 패배 이후 유신파들은 중국에 대한 일본의 승리 원인을 입헌에서 찾고, 청 정부에게 입헌의 실시를 학습할 것을 요구하였다. 또한 1905년 러일전쟁에서 러시아의 패배를 입헌 통치에 대한 전제 통치의 패배로 간주하면서, 입헌 통치에 대한 주장은 더 많은 사회적인 힘을 얻게 되어 광범위한 사회적 지지 기반을 확보하게 되었다. 바로 이러한 사실들을 통하여 당시의 지식인들이 입헌과 의회 제도의 도입을 중국의 부국강병을 달성하고 민족을 위기로부터 구제할 수 있는 중요한 길로 사고하였음을 알 수 있다(胡繩武 2002, 275-276).

비록 신해혁명 전에 청 정부에 대한 상이한 입장으로 날카롭게 대립했지만,[2] 혁명파와 입헌파 역시 서방의 의회 민주제도를 도입하는 것이 중국을 위기로부터 구하는 것이라고 생각했다. 그러나 이들은 인민의 참정권 부여의 범위에서 명확한 차이가 있었다. 즉 혁명파들은 공화주의 정치체제와 보통선거권을 주장했고, 입헌파는 입헌군주제와 제한된 선거권에 기초한 대의제 민주주의의 실시를 주장했다. 이 같은 인식의 차이는 국민 수준과 국민의 육성 방법에 대한 견해 차이에서 비롯되었다.

신해혁명 직전 혁명파건 개량파(혹은 입헌파)건 모두 '국민'의 사회변혁 과정 중요성, 국민의 새로운 기준, 신국민을 양성하는 방법 등을 둘러싸고 논쟁을 활발하게 전개하였다. 이들은 모두 국민의 수준이 국가의 수준을 결정하며, 국민을 국가의 번성과 쇠락의 근본으로 간주하고, 중국의 부국강병을 위한 국민의 양성을 강조했다(李憙所 2001, 5-10).[3] 그러나 혁명파와 개량파 사이에는 국민의 육성 방법에 있어서 시각차를 가지고 있었다.

입헌파는 중국인은 장기간 전제군주제하에 있었기 때문에 권리와 책임감에 대한 관념, 자치의 습관이 부족하고, 집단의 공익에 무지하며, 사익에 근거한 개인주의만을 알고 있다고 사고하였다. 따라서 장기간의 교육을 통하여 수준 있는 국민을 육성한 후에 중국은 마침내 공화제를 실시할 수 있다는 것이다(陳永森 2004, 199-201). 이처럼 이들은 국민 수준을 입헌이나 민권 실현의 전제로 보았다. 따라서 개명 군주제를 실시해 장기간의 계몽 활동을 통하여 국민의 자격을 제고시킨 후에 점차 공화제를 실시하고 민권을 부여

---

2 혁명파는 혁명을 통한 청조의 타도와 공화제에 근거한 정부의 구성을 주장한 반면, 입헌파는 혁명에 반대하고 입헌군주제에 근거한 정부의 구성을 주장하면서 혁명파와 날카롭게 대립하였다.
3 당시의 혁명파와 개량파가 말하는 국민은 전통적인 신민이나 노예 혹은 당시의 중국의 일반 인민이 아닌, 민족의식, 국가 관념, 참정 능력, 도덕적 수양, 지식수준을 겸비한 근대화된 신인(新人)을 의미한다.

해야 한다는 것이다(陳高原 1992, 5-6). 가령, 량치차오는 신해혁명 전 중국은 국민 수준이 낮기 때문에 공화제도를 실행할 수 없으며, 심지어 군주 입헌제를 실시할 자격조차도 없어 개명 전제 군주제를 실시하고, 개명 전제하에서 중국인의 소질을 제고시킨 후 입헌제도를 실시해야 한다고 주장하였다. 그리고 혁명 이후에는 보육 정책(保育政策)과 국가주의를 제창하면서 국민 소질을 제고시킬 필요성을 역설하였다(梁啓超 1989b, 47). 그리하여 입헌파는 소수의 우수한 엘리트에 의해 국회를 구성하여 정부를 감독하게 해야 하고, 이를 위해서는 선거권자와 피선거권자의 자격 또한 재산이나 일정한 납세액, 교육 수준에 근거하여 제한되어야 하며, 그 범위가 중상층을 벗어나지 말아야 한다고 주장하였다. 이는 입헌파가 요구한 참정권이 중상층의 극소수자에 제한된 참정권임을 의미한다(劉偉 2001, 208-210).

이에 반하여, 혁명파는 중화민족을 오랜 역사를 지닌 우수하고 총명한 민족으로, 단지 장기간의 전제정치로 인하여 그 정치적인 능력이 손상을 입었지만, 그 재능은 단기간에 육성할 수 있을 것으로 간주하였다(熊月至 2002, 388-389). 또한 입헌파가 혁명보다는 교육을 통하여 국민의 근대적인 소질의 개발을 강조한 것과는 달리, 혁명파는 혁명이 국민정신의 발전을 저해하는 장애물을 제거하여 국민 수준을 제고시킬 것으로 보았다(張俊霞 1993, 157). 바로 이 같은 판단하에 공화제 민주주의와 보통선거권을 주장하였다.

그러나 혁명파 역시 낮은 국민 수준에 대한 우려로, 일정한 과도적인 체제를 통하여 인민의 정치적인 소양과 자질을 육성해야 한다는 입장을 종종 피력하였으며, 신해혁명의 실패 이후에는 이 같은 입장이 보다 명확해졌다. 가령 쑨원은 1905년 입헌 과두 시기에 대한 구상을 한 적이 있는데, 병권(兵權)으로부터 민권(民權)으로의 과도기 중 약법의 시기가 있다는 것이다. 또한 동맹회가 1906년에 제정한 혁명 책략은 군법(軍法)에 의한 통치, 약법에 의한 통치, 헌법에 의한 통치를 중심으로 한 혁명 순차론을 명확히 하고 있다.

그리고 약법에 의한 통치의 필요성은 중국인이 자기를 파악하지 못하고, 다시 말하면 자유를 적절하게 사용하는 것을 이해하지 못하는 데 있다는 것이다(孫中山 1986a, 297-298). 또한 위안스카이가 권력을 장악한 후 단기간 내에 국회를 해산하고 공화제를 군벌제로 전환시켜갔을 때, 쑨원은 그 원인을 혁명 세력 내부의 분열이라는 원인 외에도 인민들이 아직 민주정치를 이해하지 못한 데에서 그 원인을 찾았다. 따라서 그 해결 방법으로 단지 집권(권위주의) 통치를 통해서 민주정치로 갈 수 밖에 없다고 주장하였다. 이와 같은 판단에 기초하여 1913년 일본에서 중화혁명당(中華革命黨)을 창당할 때 당장(黨章)에 "군정, 훈정(訓正)시기에 모든 군사와 국정은 모두 당의 책임에 속한다."라고 명기하고 있다(朱英 2001, 48). 또한 이 시기에 그는 보다 체계적으로 훈정 이론을 체계화시키고, 그 근거로 중국 국민의 열등성을 강조하고 있다(孫中山 1986b, 282). 위안스카이의 황제 복귀 실패 후, 중화혁명당을 중국국민당으로 바꾼 이후에도 쑨원은 여전히 훈정 이론을 강조하고, 그 근거로 중국인들이 오랜 전제주의 통치를 받아오면서 노예적 성격을 강하게 띠고 있어 훈정 시기를 통하여 국민 소질을 제고시켜야 한다는 점을 강조하였다(孫中山 1986c, 400-401).

이처럼 비록 혁명파가 혁명 과정에서 공화제 민주주의와 보통선거권을 주장하였지만, 입헌파와 마찬가지로 국민의 소질의 정도와 권리의 향유 정도를 관련시켜서, 낮은 국민의 소질을 권위주의적 과도 통치의 근거로 강조하였다. 이런 점에서 볼 때, 신해혁명 직후 혁명파의 주도하에 공화제적 민주정부가 수립되었음에도 불구하고, 저정된 선거법이 혁명파가 주장해온 보통선거권이 아닌 입헌파가 주장한 제한된 선거권을 제도화한 것은 우연이 아님을 알 수 있다. 따라서 입헌파와 혁명파 간의 논쟁과 이들의 의회제에 대한 선전과 활동이, 대의제도를 실행하여 중국을 부흥시켜야 한다는 강한 여론을 조성하여 신해혁명 후 제1기 국회가 등장할 수 있는 이론적이고 사상적인 기초를 마련하였다는 점에서 의의가 있다. 그러나 중국을 위기로부터 구하기 위한 수단으로 의회제의 도입을 강조한 도구주의적인 사고, 인민의 정치적 수준과 권리의 향유를 연결시킨 사고는 신해혁명 직후 제한된 정치적 시민권 부여의 논리적인 기초가 되었을 뿐만 아니라, 중국의 정치 무대에서 장기간 권위주의적 동원 국가가 지속될 수 있는 논리적 기초로 작용하였다.

3. 중화민국의 선거법과 제한된 정치적 시민권의 제도화

1) 중화민국의 정치 참여의 제도화

정치적인 시민권의 제도화에 있어서 가장 중요한 조건은 정치 공동체의 구성원으로서 혹은 유권자로서 정치권력의 행사에 참여할 권리를 말한다. 근대 이래로 정치적 시민권의 본질적인 요소는 행정부, 국가 의회, 그리고 지역 의회에서 국가 지도자로 선출되거나 선출할 수 있는 권리로 표현되어 왔다. 이런 관점에서 볼 때, 정치적인 시민권의 제도화를 위해서는 공동체의 모든 구성원들에게 선거권과 피선거권이 부여되어야 하며, 또한 자신의 의사 표현을 직접적으로 할 수 있는 직접선거가 보장되어야 한다.

따라서 신해혁명 후 등장한 중국의 정치적인 변화는 정치적인 시민권의 제도화로 간주될 수 있다. 서방의 대의 민주주의 제도에 기초한 의회 제도와 정당정치가 확립되었다. 그리고 신해혁명의 혁명 이념과 성과를 제도화한 중화민국임시약법(이하 약법)은 삼권분립의 원칙에 근거하여 국가의 권력, 정부의 조직 형식, 인민의 권리와 의무를 규정하고 있다. 또한 약법에서 중화민국은 전체 인민에게 속하며, 인민은 청원, 선거와 피선거권, 언론·출판 집회·

결사의 자유를 보유한다는 것을 규정하고 있다(中華民國臨時約法).[4] 이러한 규정들은 법률적인 의미에서 볼 때 근대적 의미의 정치적인 시민권의 제도화로 간주할 수 있다.

그러나 중화민국의 정치적 시민권의 제도화는 선거를 통한 인민의 정치 참여의 보장이라는 측면에서 볼 때, 제한된 정치적 시민권의 제도화로 간주할 수 있다. 우선, 인민의 직선을 통한 정치 지도자의 선출이 실질적으로 시행되지 못하였다. 약법에 근거한 의회제의 구조를 보면, 의회는 참의원(參議院)과 중의원(衆議院)으로 구성된 양원제로 되어 있다. 참의원은 정치 세력을 대표하고, 중의원은 인민의 의견을 게표하는 것을 원칙으로 하고 있다. 그리고 참의원은 지방의회에서 간접선거를 통하여 각 성에서 각 5인의 대표를 선출하여[단 칭하이(靑海)성은 1인] 파견된 대표들로 구성되고, 반면 중의원은 인민의 직선에 의해 인구수에 근거해서 선출된다. 또한 대통령은 참의원의 3/4 이상의 출석과 2/3 이상의 찬성에 근거하여 참의원에서 선출한다(中華民國臨時約法). 따라서 인민의 직선을 통한 정치 지도자의 선출은 중의원 선거에 한정되어 있다.

그러나 중의원 선거의 진행 절차를 자세히 살펴보면, 중의원 선거 역시 실질적으로 간접선거를 통하여 이루어짐을 알 수 있다. 중의원 선거는 인구 80만 명을 기준으로 하여 1인의 중의원 의원을 선출하는 것을 원칙으로 하고 있다. 선출 방법은 각 성을 단위로 하여 복선제에 근거하고 있는데, 최초 선거는 현을 선거구로 하여 이루어지고, 몇몇 최초 선거구를 합쳐서 다시 복선이 이루어진다. 그리고 선거구는 각성에서 8개의 선거구를 초과하지 않도

---

4 그러나 헌법 2장의 인민에 대한 규정은 "중화민국의 인민은 종족, 계급, 종교에 구별 없이 모두 평등하다."고 규정하고 있어, 여성을 여전히 인민의 범위에서 제한하고 있는 한계를 지니고 있다. 이러한 중화민국임시약법은 1912년 3월 11일에 공포되었다.

록 하고 있다. 이와 같은 원칙하에서 중의원 선거는 우선 각 현을 기초 선거 구역으로 하여 성 중의원 의원의 50배에 해당하는 최초 당선자를 선출하였고, 다시 이 최초 당선자들이 복선 단계에서 선거를 통하여 최종적인 대표를 결정하도록 하는 방식으로 진행되었다(彭宗超 2002, 206). 따라서 중의원 선거도 엄격한 의미에서 간접선거로 이루어졌다고 볼 수 있다. 이는 곧 참의원과 중의원의 선출 과정 중 직접선거를 통한 인민의 자유로운 정치적 대표의 선출권이 제한받고 있음을 의미하며, 그 결과 제한된 정치적 시민권의 제도화가 이루어졌음을 뜻한다.

두 번째로, 법률상으로 선거권과 피선거권의 부여 범위를 제한하고 있다는 점이다. 1912년 12월 10일 초선이 거행되고, 1913년 1월 10일 복선이 거행된 중의원 선거와 1913년 2월 10일 각성 의회, 중앙학회(中央學會), 화교 선거위원회와 1월 20일 멍구(蒙古), 신장(新疆), 칭하이 지역에서 거행된 참의원 선거의 선거법은 제한된 선거권을 부여하고 있다. 우선, 중의원 선거법을 살펴보면, 성별이나 재산, 문화 정도에 따라서 선거권이 제한된다. 중의원 선거에 대한 선거권 부여 조건은 남자, 만 21세 이상, 선거구 내에서 2년 이상 거주를 기본적인 조건으로 하고 있다. 여기서 주목할 점은 선거권의 부여는 반드시 남자여야 한다는 조항을 통하여 모든 여성들의 정치적인 시민권의 행사를 원천적으로 봉쇄하고 있다는 점이다. 또한 상술한 세 가지 조건 외에도, 전답세, 소득세, 영업세로 구성된 직접세의 연 납부액이 2위안 이상일 것, 500위안 이상의 부동산 소유자, 그리고 소학교나 그에 상응하는 자격을 보유한 자 등 세 가지 조건 중에서 반드시 하나를 만족시켜야 한다(徐矛 1992, 57-58). 이 같은 조항은 재산과 교육 수준에 근거하여 선거권의 부여에 일정한 제한을 두고자 하는 시도로서, 선거에 참여할 수 있는 인민의 범위를 대폭적으로 제한시키는 결과를 초래하였다.

한편 참의원 선거법은 유권자 자격에 대해 문화나 재산에 근거한 제한을 두고 있지 않지만, 참의원이 지방의회에서 선출되며 지방(성)의회 의원만이 선거권을 가지고 있기 때문에, 여전히 제한된 선거권에 기초하고 있음을 알 수 있다. 가령 1912년 9월 4일에 발표된 성의회 의원 선거법 4조에 따르면, 성 의회 의원에 당선되는 자격을 갖춘 사람은 반드시 남자여야 하고, 만 25세 이 상이어야 한다. 또한 54조는 성의회 의원을 선거할 때, 선거인 명단에 있는 사 람에 대하여 반드시 선거를 해야 한다. 선거인 명단에 대한 규정은 해당 선거 구 내에 2년 이상 거주하고, 연 납세액 2위안 이상 혹은 500위안 이상의 부동 산을 보유해야 하며, 소학교의 졸업이나 이에 상응하는 자격을 보유해야 한다. 이들 조건이 모두 성 의회 의원이 구비해야 할 조건이며, 이는 곧 전국의 참의 원을 선출할 때 선거인이 갖추어야 할 자격 요건을 의미한다(徐矛 1992, 58).

결국 선거법상, 참의원과 중의원 선거 모두에서 선거권의 부여는 재산과 문화적 수준에 따라서 일정한 제한이 두어졌음을 알 수 있다. 따라서 법률에 기초한 시민권의 제도화라는 측면에서 볼 때, 매우 제한된 범위에서 제도화 가 이루어졌음을 알 수 있다.

2) 선거법과 제한된 정치 참여의 제도화

재산과 문화적인 기준에 따른 유권자의 자격 제한은 유권자의 범위를 특 정한 상층 자본가나 지주 지식인에 한정하고, 하층민이나 당시 자산계급의 중심 세력인 상인 자산가를 배재하는 결과를 낳음으로써 대다수 인민의 정 치 참여를 제한하였다.

우선, 재산 기준에 근거하여 유권자의 자격을 제한시킴으로 인해 초래된 정치적인 결과이다. 청말민초에는 통일된 세법이 완비되지 못하여 소득세와 영업세가 존재하지 않았다. 따라서 선거법이 인정하는 직접세는 단지 전답

세에 불과하였다. 전답세를 납부하는 사람은 지주계급과 소량의 토지를 보유하고 있는 자영농들이었다. 민초에 이들 지주와 자영농이 점하고 있는 비율은 농민가구의 1/2 정도였다. 특히 저장성처럼 지주계급이 전체 토지의 90% 이상을 점하고 있는 지역도 있고, 경제가 낙후되고 인구가 희소한 지역은 자영농이 상대적으로 많은 지역도 있어, 경제가 발전된 지역일수록 지주계급이 정치권력의 중심을 장악하게 됨을 의미한다(劉景泉 1996, 272).

자영농과 지주 외에도 전답과 부동산을 보유하고 있는 기타 계급 성원들도 선거권의 획득이 가능하였다. 그러나 당시에 부동산을 가옥, 전답, 선박에 한정시켰기 때문에, 많은 상인들이 이들 재산을 보유하고 있지 않아서 선거권을 부여받지 못하였다. 예를 들면 동북 3성 각 처의 외지 상인들은 100년 이상을 이 지역에 거주하였지만 부동산을 소유하고 있지 않았으며, 한커우(漢口) 지역의 경우 상인들이 상당 규모의 상점을 보유하고 있었지만, 이들 역시 타인의 부동산을 임대하여 상업 활동을 하고 있었다. 그리고 광둥(廣東)이나 홍콩(香港)에서도 이 같은 유사한 상황이 존재하였다(張亦工 1984, 114). 이처럼 전답이나 가옥을 소유하지 않은 채, 임대를 통하여 영업 활동을 하는 상업 자본가들이 많았는데, 이들은 당시의 중국의 자산계급의 중심 세력이었다.[5] 바로 이들 상업 자본가계급의 선거권이 제한 받으면서,[6] 당시 선거권

---

[5] 예를 들면, 신해혁명 전 우한(武漢)에는 중국의 국내 자본 중 41개의 공업 기업(공장), 929개의 각종 수공업 공장이 있었다. 반면에 각종 상점이 한커우의 한 진의 경우만 해도 7,000개가 있었고, 그 외에도 은행과 전당포 등이 138개가 있었다. 당시 한커우의 민족 자본 중 90% 이상이 상업, 금융업이었고, 공업 기업은 그 기반이 매우 약하였다. 1920년 전 중국의 공업과 상업자본 총액을 비교해 보면, 상업자본은 17억 1천만 위안, 산업자본은 7억 위안으로, 상업자본이 산업자본의 2.48배를 점하고 있다. 이는 비록 1920년도의 통계이기는 하나, 신해혁명을 전후로 한 이 시기의 상업자본의 비중을 이해하도록 해주고 있다(章開沅·馬敏·朱英 主編 2000, 176-177).

[6] 상업 자본가들은 1912년 8월 3일 전국 임시 공상대회를 개최하여, 자신들의 선거 참여를 원천적으로 봉쇄하는 선거법의 개정을 요구하면서, 만약에 선거법을 개정하지 않는다면 납세(간접세)를 거부하겠다는 입장을 천명하였다. 그러나 당시 상업 자본가들의 경제적 기반이 취약하였으며, 그

을 보유한 도시의 인구는 2차 산업과 3차 산업을 겸업하는 자유화된 지주계급 및 지주계급의 자유화 과정 중 파생된 자유파 자산계급에 한정되는 결과를 초래하였다(劉景泉 1996, 272).

결국 중화민국의 제1기 국회가 채택한 제한 선거제는 대다수의 중국의 기층 민중들을 배제한 것일 뿐만 아니라, 상업 자산가를 배제함으로써 혁명의 주체 세력인 자산가 계급이 배제되는 아이러니한 결과를 가져왔다. 이는 당시 중국의 자산계급이 충분히 형성되지 못하고 취약한 발전 상태에 처해 있었을 뿐만 아니라 이들 자산계급의 정치적인 태도 역시 소극적이어서, 선거법을 입안한 임시 참의원들이 자산계급을 충분히 중요시하지 않았다는 데서 원인을 찾을 수 있다. 또한 당시의 임시 참의원의 절대다수가 지주계급에 속하거나 자유화된 지주계급의 지식인에 속했기 때문에, 바로 이들의 계급적인 속성을 반영한 결과라고도 볼 수 있다. 이들 지주계급이나 지주계급의 자유화된 지식인들은 망해가는 국가를 구하고자 하는 구국의 열정으로부터 공화 민주제도를 인식하였다. 따라서 그들이 수용한 자산계급의 정치의식은 지주계급의 이익을 해치지 않는 범위에 한정되어 있으며, 자산계급에게 특수한 정치권력을 반드시 부여해야 한다고 생각하지 않았다(張亦工 1984, 115).

다음으로, 소학교 졸업에 상당하는 자격이라는 교육 수준 역시 선거권을 제한하는 중요한 기준으로 작용하였다. 이 기준은 소학교에도 갈 수 없었던 당시의 대다수의 기층 민중의 정치 참여 기회를 박탈하는 결과를 초래하였다. 그러나 다른 한편 부동산을 보유하지 못하거나, 직접세를 내지 못하는 사람들도 소학교에 상당하는 자격을 토유하고 있다면 선거권이 주어진다는 의미에서, 각종 신식 및 구식 교육을 받은 적이 있는 사람들은 대다수가 선거권

결과 이들의 주장은 수용되지 않았다(張亦工 1984, 115).

<표 6-1> 제1기 국회 선거와 전체 인구에서 유권자 비율 (단위 : 명, %)

	총인구 수	참의원 수	중의원 수	유권자 수	성 전체 인구 중 유권자의 비율
즈리(直隷)*	25,932,133	10	46	6,195,757	23.89
펑톈(奉天)**	12,133,303	10	16	896,408	7.4
지린(吉林)	5,580,030	10	10	108,835	1.95
헤이룽장(黑龍江)	2,028,776	10	10	288,234	1.42
장쑤(江蘇)	32,282,781	10	40	1,939,368	6.0
안후이(安徽)	16,229,052	10	27	1,450,903	8.94
장시(江西)	23,987,317	10	35	4,980,883	20.76
저장(浙江)	21,440,151	10	38	1,184,629	5.53
푸젠(福建)	15,849,296	10	24	1,283,348	8.1
후베이(湖北)	25,590,308	10	26	5,670,372	22.16
후난(湖南)	27,390,230	10	27	2,277,414	8.31
산둥(山東)	30,987,853	10	33	1,368,184	4.42
허난(河南)	35,900,038	10	32	1,688,632	4.7
산시(山西)	12,269,386	10	28	2,588,068	21.09
산시(陝西)	10,271,096	10	21	1,395,622	13.59
간쑤(甘肅)	4,989,907	10	14	148,526	2.98
신장(新疆)	2,519,579	10	10	9,506	0.38
쓰촨(四川)	48,129,596	10	35	1,729,366	3.59
광둥(廣東)	28,010,564	10	30	1,906,516	6.81
광시(廣西)	8,746,747	10	19	2,731,717	31.23
윈난(雲南)	9,466,695	10	22	233,398	2.47
구이저우(貴州)	9,665,227	10	13	792,290	8.2
멍구(蒙古)	-	27	27	-	-
시짱(西藏)	-	10	10	-	-
칭하이(青海)	-	3	3	-	-
중앙학회(中央學會)	-	8	-	-	-
화교(華僑)	-	6	-	-	-
합계	409,400,065	274	596	40,867,976	9.98

출처 : 張亦工(1984, 116-117). *허베이성의 옛 명칭, **랴오닝(遼寧)성의 옛 명칭을 지칭함.

을 획득할 수 있도록 하였다. 따라서 이는 다른 계층보다 지식인이 정치에 참여할 수 있는 기회를 매우 넓게 제공하여, 지식인에게는 일종의 특권적인 조항이라고 볼 수 있다.

상술한 바와 같이 제한된 선거권은 참의원과 중의원 선거에 참여할 수 있는 인민의 수를 매우 제한되는 결과를 초래하였다. 즉 1912년 12월 10일 초선이 치러지고, 1913년 1월 10일 복선이 치뤄진 중의원 선거의 결과와, 1913년 2월 10일 각 성의 의회, 중앙학회, 화교 선거위원회와 1월 20일 멍구, 신장, 칭하이 지역에서 진행된 참의원 선거에 근거해 볼 때, 당시의 전국의 총 인구는 4억 940만 65명이지만, 투표 참여 자격이 부여된 사람의 수는 단지 4,086만 7,976명으로 총 인구의 약 9.98%에 불과하였다(〈표 6-1〉 참조).

상술한 내용들은 신해혁명 후에 등장한 공화제적인 민주정부가, 비록 인민의 민주적인 제 권리의 보장을 주장하고, 선거를 통한 정치 지도자의 선출을 제도화함으로써, 정치적인 시민권의 제도화를 이끌어 냈지만, 대부분의 인민이 실질적으로 시민권의 행사 과정에서 배제됨으로써 제한된 정치적 시민권의 제도화였음을 말해준다. 또한 인민의 직접선거를 통한 정치 지도자의 선출 기회가 실질적으로 보장되지 못함으로써 인민의 자유로운 지도자 선택권도 상당 정도 침해받고 있음을 말해준다.

4. 제1기 국회의원의 계급적 구조와 제한된 정치적 시민권의 제도화

1) 제1기 국회의원의 계급적 구조

재산과 학력에 기초하여 선거권을 제한하는 선거법에 의해서 기층 민중이나 상당수의 상공 자산가들이 선거에 참여할 수 있는 기회 자체가 봉쇄되었다. 뿐만 아니라 선거권을 특정 계층이나 계급에게 제한하여 부여했기 때문에, 선거 결과 당선된 정치 지도자의 계급적 구조에도 영향을 미치게 되었다.

〈표 6-2〉 제1기 참의원·중의원 선거 결과와 당적 분포 (단위 : 명)

	중의원 선거 결과		참의원 선거 결과
	국민당: 269		국민당: 123
	공화당: 120		공화당: 55
	통일당: 18		통일당: 6
당적 분포	민주당: 16	당적 분포	민주당: 8
	두 개 이상의 당적: 137		두 개 이상의 당적: 38
	미정자: 26		미정자: 44
	총계: 596		총계: 274[7]

출처 : 劉景泉(1996, 285-286).

일반적으로 국회의원의 계급적 구조는 소속 정당의 성격과 정당별 의석 분포를 통하여 분석할 수 있다. 그러나 제1기 국회의원 선거 결과의 정당별 분포도를 통하여 계급적 구조를 밝혀내는 데에는 한계가 있다.[8] 그 이유는 제1기 국회의원 선거 당시의 중국은 약 682개에 달하는 엄청난 수의 정당이나 정치단체가 범람하는 상황이었다(陳宇翔 2003, 35). 또한 당시의 정당들은 비록 정당의 이름을 걸고 나왔지만, 대부분의 정당들이 정강(政綱)을 수립하고 이에 기초하여 정책적 전망을 제시함으로써 의석을 확보한 것이 아니었으며, 또한 일관되게 공개적인 정치 활동을 한 정치 정당이나 단체도 부재하였다. 이들 대부분은 일시적인 이해관계에 근거하여 이합집산을 하고 있는 상황이었다. 따라서 특정 정당의 정책적 성향을 통하여 이들 정당의 계급적인 성격을 밝혀내고, 소속 의원의 계급적 성격을 규정짓는 방법이 한계가 있

---

7 원래 정해진 참의원수는 274명이지만, 중앙학회에 배당된 8명의 참의원이 선출되지 않음으로 인하여 실제는 266명이 되었다.

8 〈표 6-2〉 제1기 참의원·중의원 선거 결과와 당적 분포 참조.

<표 6-3> 중화민국 제1기 참의원·중의원 의원의 정치, 경제적 지위

참의원			중의원		
종류	소계(명)	비율(%)	종류	소계(명)	비율(%)
관리(중앙 부처 성 정부 등)	90	39.8	관리	190	33.2
의원(임시 참의원, 자정원 의원 등)	73	32.3	의원	218	38.1
교육(중소학 교원, 대학 교원 등)	35	15.5	교육계	106	18.5
신문사 사장, 기자, 편집, 변호사	11	4.9	신문사 사장, 기자, 편집, 변호사	24	4.2
사회단체 종사자	6	2.7	사회단체 종사자	17	3.0
상업 종사자 및 실업 종사자	3	1.3	기타	17	3.0
기타(병원장, 도서관장 등)	8	3.0			

출처 : 劉景泉(1996, 290-291).

음을 의미한다(劉景泉 1996, 287).

따라서 이들 의원들의 정치·경제적인 배경과 교육 배경에 대한 분석을 통하여 이들의 계급적인 구조를 찾아내는 방법이 하나의 대안이 될 수 있다. 우선, 경제와 정치적 지위와 관련하여 제1기 국회의원의 배경을 살펴보면, 의원이나 관료, 교육계 종사자가 절대적인 비중을 점하고 있음을 알 수 있다. 참의원 266명 중, 분석 대상이 된 의원은 모두 145명으로, 참의원 총수의 54%를 점한다. 통계 대상이 된 직업 경력은 모두 226종으로(반드시 1인이 1종이 아니며, 중복 계산된 것도 있음), 그 중 관리가 90종으로 전체의 39.8%이고, 의원이 73종으로 전체의 32.3%이다. 교육자가 35종으로 15.5%, 자유직업이 11종으로 4.9%, 사회단체가 6종으로 2.7%, 상업 종사자가 3종으로 1.3%, 기타가 8종으로 3.0%이다〈표 6-3〉 참조). 한편 통계 대상이 된 중의원은 358명으로, 전체 중의원 총수의 60.1%이고 모두 572종의 직업 경력을 가지고 있다. 그 중, 관리가 90종으로 33.2%이고, 의원이 218종으로 38.1%이며, 교육

이 106종으로 18.5%, 자유직업 24종으로 4.2%, 사회단체 직업이 17종으로 3.0%, 기타가 17종으로 3.0%이다(〈표 6-3〉 참조).

상술한 통계의 결과는 제1기 국회의원들의 주요한 정치, 경제적인 배경이 주로 구관료 출신이거나 신정부의 관료, 그리고 지식인 집단에 집중되어 있음을 의미한다. 이 같은 결론은 일본인 사또사부로(佐籐三郞)가 1916년에 의원들의 간단한 경력을 편집한 자료집[9]에 대한 분석을 통해서도 알 수 있다. 이 자료집은 제1기 국회의 455명 의원들[10] 중 상황이 명확하지 않은 14명을 제외한 나머지 국회의원들을 신분, 학력, 정치적인 태도 등의 자료에 근거하여 계급적인 구조를 분석하고, 이를 자산계급, 자유업 종사자, 정치 활동가, 신정부 관료, 구(舊) 청 정부 관료, 신사(紳士) 등 여섯 가지로 나누었다. 그중에서 자산계급에 속하는 의원은 12명으로 조사 대상의 2.6%이고, 각종 자유업에 종사하는 지식인은 157명으로 30% 이상이며, 정치 활동가는 45명으로 9.9%, 신정부 관료가 73인으로 16%, 구(舊) 청 정부 관료가 86명으로 18.9%, 신사가 65명으로 14.3%이다(張亦工 1984, 123-126). 이 같은 결과는 중화민국의 제1기 국회의원의 주요한 정치·경제적인 기반이 지식인, 신구 관료, 그리고 봉건적인 신사 계급임을 입증한다.

다음으로 학력 배경을 중심으로 하여 살펴보면, 다음과 같은 특성이 드러난다. 제1기 참의원과 중의원의 학력 배경을 살펴보면, 봉건적인 교육을 배경으로 한 의원이 상당수에 이른다. 통계 대상이 된 499명의 의원들의 교육 상황을 보면, 그 중 각종 진사(進士), 거인(擧人), 공생(貢生), 생원(生員) 등

---

9 사또사부로(佐籐三郞), 『民國至精華』, 第1輯(1916年)을 말하며, 본 논문은 이 자료집에 대한 중국 학자 장이공(張亦工)의 분석을 참조하였다.
10 당시 참의원과 중의원을 합한 전체 의원의 수가 870명이었기 때문에, 455명은 전체 의원 중에서 약 53%에 해당한다.

<표 6-4> 중화민국 제1기 참의원과 중의원 의원의 교육 배경

교육 양식	진사(進士)**	거인(擧人)**	공생(貢生)***	생원(生員)***	신식 교육 (新式學生)
구식 교육	19	34	24	17	
국내 신식 교육	2	10	23	23	89
일본 유학*	18	33	12	42	153
총계	39	77	59	82	242

주 : *영국 유학 2인, 미국 유학 2인, 프랑스 유학 1인도 포함. **성시(省試)의 일종을 말하고,
　　***은 지방시(地方試)의 일종을 말함.
출 처 : 徐矛(1992. 72).

의 봉건적인 칭호를 보유하고 있는 사람이 257명으로, 그 비율이 전체의 51.5%에 이른다(<표 6-4> 참조).

이처럼 의원의 약 50% 이상이 봉건적인 교육 배경을 가지고 있다는 점은, 의원들의 정치적인 성향을 판단할 수 있는 중요한 지표가 될 수 있다. 즉 의원들의 봉건적인 교육 배경은 의원들이 근대적인 사상을 받아들이기 힘들게 하고, 봉건적인 문화적 토양이 강하게 자리내릴 수 있도록 작용하는 요소라고 볼 수 있다. 이러한 정치, 문화적 구조는 구정치체제적 가치와 민주주의적 가치 사이에 모순이 발생하였을 때, 그들 중의 상당수가 쉽게 구정치체제 가치와 구정치 세력의 편에 설 수 있게 되는 결과를 초래하였다. 그 구체적인 예로 1913년 위안스카이가 공자를 존중하고 옛것을 복구할 것을 제기하였을 때, 국회에서 신속한 호응을 받게 된 점을 들 수 있다(徐矛 1992, 72).

2) 정치 지도자의 진입 장벽과 제한된 정치적 시민권의 제도화

상술한 분석으로부터 근대 중국의 역사적 환경과 신해혁명 시기의 정치

적인 상황하에서 결정된 제1기 국회의원의 계급적인 구조는 매우 복잡한 양상을 띠고 있음을 알 수 있다. 우선, 자산계급 혁명의 결과 등장한 국회이지만, 정작 자산계급은 매우 적은 비중을 차지하고 있다는 점이다. 반면에 과거 청 정부의 관리(신정부에 참가하는 구관리도 포함)와 신사 계급 출신들처럼 봉건적인 경제, 정치, 사회·문화적 연결 고리가 밀접한 의원들이 차지하는 비중이 매우 높다는 점이다. 이는 바로 공화주의를 기초로 한 국회에서 봉건제하의 귀족과 관리들이 상당한 영향력을 발휘하고 있음을 의미한다.

두 번째로는 지식인의 의원 비중이 매우 높다는 점이다. 그러나 주목할 점은 이들 지식인 중 소자산계급의 지식인의 비중은 높지만, 상업 자본가나 근대적 산업 자본가 등의 자산계급의 대변인 역할을 하는 자산계급 지식인의 비중은 낮다는 점이다. 이는 서방의 근대적인 의회를 모방하여 설립한 제1기 국회가 상당 정도로 소자산계급의 지식인에 의해서 좌우되었음을 의미한다.

이처럼 선거법을 통하여 선거권과 피선거권이 부여된 사람들이 주로 지주 집단 및 자영농, 극소수의 상층 자산가, 그리고 지주나 상층 자산가라는 계급적인 배경을 가지고 있는 지식인이었다. 이 같은 특정 계층이나 계급에게 제한된 선거권의 부여는 정치 지도자의 등장에도 결정적인 영향을 미치는 결과를 초래하였다. 또한 학력이 선거권 부여의 조건이 됨으로써, 한편으로는 당시 교육을 받을 기회를 가지지 못한 대다수의 기층 민중의 선거권이 부정되면서도, 다른 한편으로 소학교에 상응하는 교육을 받은 사람이 재산 조건에서 자격이 없더라도 선거권이 부여되었다는 점에서, 지식인 계층이 광범위하게 국회로 진출하는 데 결정적인 기여를 하였음을 알 수 있다.

따라서 상술한 국회의원의 계급적 구조에 대한 분석을 통하여, 제1기 국회에서 유권자의 자격 제한을 통하여 일부 계층과 계급을 제외한 대다수의 기층 인민들의 선거 참여 자체가 제한되었을 뿐만 아니라, 근대적인 의회에서 정치 지도자로 등장할 수 있는 기회 또한 배제되었음을 알 수 있다. 이처럼 대다수의 기층 인민들의 선거권과 피선거권이 모두 제도적으로 제한받고 있는 조건에서, 중화민국 초기 대다수의 기층 인민들과 상업 자산가들은 정치적인 시민권을 보유한 근대적인 시민으로 전환될 수 있는 기회를 상실하게 된 것이다.

따라서 중화민국은 공화제적 민주주의 체제를 정치적 이념으로 하여, 행정부, 국가 의회, 그리고 지역 의회의 지도자를 선거로 선출하도록 하여 근대적인 의미의 정치적 시민권의 제도화를 시도했다. 그러나 대다수의 기층 인민과 여성을 배제하고 구봉건서력과 이들 지식인, 그리고 일부 상층 자산가에만 정치 참여의 기회를 제공함으로써, 정치 참여의 제도화가 매우 제한된 범위에서 이루어진 한계를 지니고 있음을 알 수 있다. 이런 점에서 〈약법〉을 통하여 법률적으로 군신 관념을 부정하고 근대적인 시민권 관념을 제도화했지만, 왜 공화주의 혁명이 실패하고 황제가 복귀되는 역사적인 퇴행이 발생했는가 하는 질문에 대해, 반동 세력의 방해 외에도 제한된 계층에 근거한 정치 운동을 전개함으로써 전 국민적인 반응을 이끌어 내지 못했다는 중국의 한 연구자의 대답은 주목할 만한 가치가 있다(劉澤華 1991, 40). 이는 민주정치가 성공하기 위해서는 다수의 국민이 정치 참여를 통하여 훈련된 권리 의식과 책임 의식을 확보하고 있을 때만이 가능하다는 것을 새삼 강조하는 것이다.

5. 결론

근대 이래로 중국의 정치 지도자와 지식인들의 최대의 과제는 부국강병한 중국의 건설을 통한 중국의 자주득립을 이룩하는 것이었다. 바로 이 같은 구국의 일념에서 서구식 민주주의에 기초한 정치체제의 근대화를 부강한 중국을 건설하기 위한 길로 간주하였다. 중국의 쇠락을 초래한 전제군주제를 전복하고 서구식 의회 민주주의 제도를 도입하여, 황제의 신민으로부터 애국심으로 고취된 근대적인 국민을 형성하는 길만이, 서방 국가들에 의해 짓밟힌 중국의 국권을 회복하고 자주독립을 유지할 수 있다고 생각했다. 그리하여 그들은 서구식 정치체제와 정치 이념의 도입을 주장하면서도, 개인의 이익이나 권리를 부차적인 것으로 간주하고 국가의 이익이나 권리에 일차적인 중요성을 강조하였다. 그리고 인색한 개인의 권리 부여의 근거로 낮은 정치적인 소질을 제시하면서 강력한 국가에 의한 권위주의적 통치의 불가피성을 강조하였다. 바로 이 같은 논리가 신해혁명 이후 중국의 정치적 시민권이 제도화되는 역사적이고 사상적인 조건으로 작용하였다.

신해혁명을 통하여 중국의 정치체제는 전제정치의 고리를 끊고 중국 역사상 최초로 공화주의적 민주주의 정치체제를 제도화하였다. 국민주권, 삼권분립, 다당제와 의회제에 기초한 대의 민주주의 제도가 제도화됨으로써, 중국의 인민들은 황제의 신민으로부터 시민으로 전환될 수 있는 정치적 시민권의 제도적인 기반을 확보하였다. 그러나 신해혁명의 혁명 이념과 성과들을 집약한 이른바 중화민국임시약법은 주권자로서 여성의 지위를 인정하지 않음으로써 그 한계를 보여 주고 있다. 또한 약법에 근거하여 이른바 보통선거를 제도화한 선거법은 선거권 부여의 주요한 자격 요건으로 재산과 학력을 필수 요건으로 제시함으로써, 지주계층과 자영농, 그리고 상층 자산가와 지식인에게만 국한된 선거권과 피선거권을 부여하였다. 그리하여 대다수의 중국인들이 정치적 시민으로 등장하는 데 제한을 가하였다. 뿐만 아니라 인민이 직접적으로 자신들의 정치 지도자를 선택할 수 있는 직선제가 실질적으로 보장되지 못함으로 써 인민의 참정권을 제한하는 결과를 초래하였다. 따라서 신해혁명의 정치적인 목표의 제도화 과정에서, 대다수의 중국인들이 근대적인 시민으로 등장할 수 없었다.

서구의 시민혁명 이후 정치적 시민권의 제도화 과정에서도 이 같은 유사한 상황이 나타난다. 그러나 결과적으로 서구와 유사한 현상이 출현했지만, 중국의 경우 이 같은 결과를 초래한 데에는 서구의 시민권 개념을 도입하는 데 있어서 중국의 역사적인 특수성이 강하게 영향을 미친 결과이다. 즉 서구의 시민혁명의 등장과 정치적인 시민권의 제도화 과정은 산업화와 시민사회의 성장으로 등장한 시민계급(자산가)에 의해 주도되고, 이들 자산계급과 기타 계급 간의 정치적인 갈등과 타협의 결과에 의하여 정치적 시민권의 범위가 변화되어 왔다고 볼 수 있다. 그러나 중국에서의 시민혁명과 정치적 시민권의 도입은 민족적인 위기의 극복과 부강한 국가 건설에 대한 목적으로부터 시작되었다. 즉 제국주의 열강의 침입에 따른 국가적인 위기 상황에 대응한 부국강병책의 일환으로 시작되었으며, 또한 구국의 열정으로 무장된 개명 지식인이 중심이 되어 이루어졌다.

그 결과 당시의 혁명 주도 세력들인 입헌파나 혁명파 모두는, 강력한 정부의 건립을 통해 사회질서 유지와 국가의 통일을 이룩하여 부강한 중국을 건설하고자 하는 열망을 가지고 있었기 때문에, 개인의 권리보다 국가의 권리를 강조하고 개인의 이익보다 국가의 이익을 강조하였다. 또한 혁명파와 입헌파 모두가 중국을 위기로부터 구하기 위한 수단으로 의회제의 도입을 강조하였고, 국민의 소질의 정도와 권리의 향유 정도를 관련시켜서 인민의 정치 참여의 제한을 역설하였다. 바로 이 같은 국가 중심적인 민권관과 인민의 권리의 정도와 소질을 결부시킨 사고는, 신해혁명 직후 제한된 정치적 시민권 부여의 역사적, 이론적 배경으로 작용하였다.

이 같은 구국의 필요성을 근거로 한 국가 중심적 민권관과 인민의 정치적 소질과 권리의 향유 정도를 연결시킨 사고는, 그 이후에도 지속적으로 존재하면서 중국의 정치 무대에서 권위주의적 동원 국가가 등장할 수 있는 중요한 배경으로 작용했다. 우선, 앞에서도 살펴보았듯이 신해혁명 직후 국가의 이익을 위하여 개인의 이익을 희생하고, 국민의 소질을 근거로 권위주의 통치나 개명 전제군주제의 불가피성을 강조한 주장은 위안스카이의 권위주의 통치를 정당화하고 황제 복귀를 위한 시도의 이론적이고 역사적인 기초가 되었다.

둘째, 5·4운동 시기에도 국민 소질은 개명 전제군주제나 권위주의 통치의 근거로 주장되었다는 점이다. 비록 이 시기에 급진적인 지식인들이 민주의 깃발을 올렸지만, 그들 또한 중국인들은 민주정치의 임무를 감당할 능력이 없다고 생각했다. 이는 당시의 대표적인 진보적 지식인인 천더수(陳獨秀)의 개명 전제군주제나 국가 간섭주의를 통하여 중국을 민주주의의 길로 이끌어 가야 한다는 주장을 통해서도 알 수 있다(陳永森 2004, 468-477).

셋째, 신중국의 건설 이후에도 참정권 확대를 제한하는 요인으로 작용하였다는 점이다. 비록 중국공산당이 혁명 시기에 보통, 평등, 직접, 비밀선거에 근거한 인민대표대회의 구성과 인민대표대회에 의한 각급 정부의 구성을 제기하면서, 선거를 통한 정치 지도자의 선출을 강조하였지만(黃衛平·汪永成 主編 2003, 67-77), 신중국의 건설 이후에는 이 같은 입장을 변화시켰다. 즉 인구가 많은 낙후한 국가에서, 문맹률이 높으며, 선거 경험이 부재하고 선거에 대한 관심과 적극성이 부재한 조건에서, 당장 선거를 실시하는 것은 불가능하며 장기간의 훈련을 통하여 선거를 점차적으로 실시해야 한다는 것이다 (劉少奇 1985, 54-55). 바로 이 주장은 개혁개방 시기 이전까지 인민대표대회의 직선제의 범위를 향진급에 한정시키는 직접적인 근거가 되었다.

넷째, 개혁개방기의 중국의 지식인들[11]과 정치 지도자들 역시 여전히 이

---

11 1990년대 이래 중국의 지식인들은 사상적인 동향에 따라 신보수주의(신권위주의), 신자유주의, 신좌파로 나눌 수 있으며, 신보수주의적 경향의 지식인이 현재 지식인 집단의 주류를 형성하

같은 논리로 지연된 정치개혁을 정당화하고 있다는 점이다. 즉 중국이 경제 성장을 통해 부강한 국가로 부상하기 위해서는 정치개혁과 민주주의보다 권위주의적인 통치가 상당 기간 유지되어야 한다는 것이다.[12] 그리고 현재 정치개혁과 민주주의를 실시하는 것은, 민주주의를 실행하기에는 낮은 국민의 정치적인 수준 때문에 필연적으로 중국의 분열과 혼란만이 야기될 뿐이며, 따라서 상당 기간 권위주의 통치가 필요하다는 것이다(潘偉傑 1999, 92-96; 郭永豊 2006, 1/4 Bar).[13] 바로 이 같은 논리는 인민대표대회의 직선제 실시 범위를 현급에 한정시켜 중국 인민의 정치 참여의 범위를 제한시키고, 또한 다당제와 대의 민주주의에 기초한 정치개혁을 부정하고 공산당 일당제를 유지시키는 논리적 기초로 활용되고 있다.

따라서 중국의 정치개혁과 민주주의의 실현은 근대 이래로 오늘날까지 지속되고 있는 부국강병한 중국의 건설이라는 시각으로부터 형성된 국가 중심적인 민권관과 개인의 권리를 소질의 높고 낮음과 연결시키는 사고를 극복하는 데서부터 출발해야 한다. 다시 말하면 개인의 정치적 권리는 소질의 수준에 따라 결정되거나, 혹은 국가나 국민 전체의 이익을 내세워서 희생시킬 수 없다는 점을 명확히 해야 한다. 그리고 정상적이고 일상적인 선거의 제

고 있다(蕭功秦 2004b,1-11/16 Bar).

[12] 이는 현재 중국 정부가 채택하고 있는 신권위주의 발전 전략의 핵심적인 내용이다. 신권위주의론의 구체적인 주장에 대해서는 蕭功秦(2000; 2002) 참조.

[13] 이 같은 주장의 구체적인 사례를 예로 들면, 우선, 1987년 인민대표대회에서 촌민자치의 실시를 둘러싼 쟁론을 벌이는 과정에서, 많은 대표들이 중국의 촌민들은 스스로를 통치할 만한 민주적 의식이 부족하다는 점을 들어 촌민자치의 실시를 반대한 점을 들 수 있다(O'Brien and Li 2000, 473). 또한 촌민자치의 실시에 대해 기층 관료들이 어떠한 인식을 하고 있는가에 대한 한 조사 결과에 따르면, 약 58.9%의 향진 간부들이 촌민자치를 통한 농촌지역의 민주화의 추진은 농민의 낮은 정치적인 소질로 인하여 어렵다는 대답을 하고 있다(蕭唐鏢 2001, 9/18 Bar). 이 같은 조사는 비록 기층 정부의 관료들에 대한 조사이지만, 중국 정부 관료들의 사고의 한 단면을 보여 주는 중요한 조사 결과라는 점에서, 매우 의미 있는 사례가 될 수 있다.

도화를 통해 정치 지도자를 선택하는 정치적인 실천을 지속함으로써, 인민들은 마침내 신민 의식이 아닌 근대적인 시민권 의식을 보유한 시민으로 성장할 수 있다는 점을 명확히 인식해야 할 것이다.

제7장

중국의 기층선거와 정치적 시민권의 형성*

1. 서론

지난 20여 년 동안의 개혁개방 정책의 추진으로, 중국은 경제적으로 시장경제체제로 체제 전환이 이루어지그, 사회적으로는 이익 구조의 다원화와 시민사회의 발전이 본격화되고 있다. 이 같은 급속한 사회, 경제적인 변화와 비교하여, 정치적인 영역에서의 변화는 다소 더디게 이루어지고 있다. 그동안의 중국의 정치개혁은 당정 분리, 정치와 기업의 분리, 간부 제도와 기구 개혁 등의 행정 기구 개혁과 지도체계의 개혁 및 제도화, 인민대표대회 및 선거제도의 개혁, 정치 참여 통로의 점진적인 확대와 법치화를 중심으로 한 정치체제 개혁 등 크게 두 가지로 나뉘어 이루어져 왔다. 이 같은 정치개혁은 정치체제의 본질적인 변화를 이끌어 내기보다는 경제개혁의 효율성을 제고하기 위한 행정적이고 실무적인 차원에서 이루어진 변화라는 점에서 그 특징을 찾을 수 있다.

그러나 이 같은 변화는 시민사회의 성장과 정치변화에 또 다른 가능성을 제공해 주는 요소로 작용하고 있다. 특히 촌민자치제와 인민대표대회(이하

---

* 이 논문은 『국제정치논집』(한국국제정치학회) 제45집 1호(2005), pp. 227-254에 발표된 논문임.

인대) 직선제의 도입을 통하여 기층 혹은 준기층 수준에서 이루어진 정치 참여의 확대는, 체제 전환과 함께 본격적으로 나타나고 있는 사회적 갈등의 증가와 시민사회가 성장하면서 중국 정치변화의 주요한 변수가 되고 있다.

기층선거를 통한 정치 참여의 확대가 중국 정치변화에 중요한 변수가 될 수 있는 것은 선거의 제도화를 통하여 정치적 시민권의 제도화가 이루어지고 시민권 의식[1]이 성장해 가고 있기 때문이다. 이 같은 변화는 기층 혹은 준기층 행정단위를 중심으로 지역적인 수준에서 이루어진 변화라는 점에서 그 정치적 파급력에 일정한 한계가 있을 수 있다. 그럼에도 불구하고, 근대적 의미의 시민권 형성이 한 국가가 민주적인가 아닌가 혹은 어느 정도로 민주적인가를 측정할 수 있는 척도가 된다는 점에서, 이 변화는 매우 중요한 의미가 있다.

그러나 중국내의 연구자들 사이에서 개혁개방기 중국의 정치변화를 시민권 개념 및 시민 의식의 성장과 관련시켜 진행한 연구는 매우 드물다.[2] 다만, 최근 들어 중국 내의 근대사 연구자들을 중심으로 하여 근대 시기 중국에서의 시민권 의식의 도입과 그 한계에 대한 논의를 통하여, 조심스럽게 중국의 자유주의적인 정치개혁의 뿌리와 그 가능성이 평가되고 있을뿐이다(陳永森 2004; 梁景和 1999; 劉澤華 1991; 劉健淸 2000). 반면에, 서방에서는 좀 더 적극적으로 시민권 개념을 적용하여 개혁개방기 중국 사회의 각 영역에 대한 분석이 이루어지고 있다.[3] 특히, 촌민위원회 직선제의 실시를 사례로 하여 중국

---

1 시민권(citizenship)은 현재 중국 내에서 공민권(公民權)으로 번역되고 있다. 이 글에서 필자는 중국 내의 표현보다는 한국 내에서 널리 사용하고 있는 시민권이라는 용어를 사용한다.
2 한 연구는 촌민 선거 과정에서의 촌민들의 심리와 행위에 대한 조사를 통해, 중국의 농민 내부에는 시민 문화(市民文化), 신민 문화(臣民文化), 순민 문화(順民文化), 폭민 문화(暴民文化) 등 다양한 문화가 존재하지만, 농촌지역에서 민주주의가 발전하면서 점점 근대적인 합리주의적 시민 정치 문화로 변화되고 있다고 지적하고 있다(蕭唐鏢·邱新有 2001).
3 개혁개방기 중국의 민주화 운동, 사영 기업가의 성장, 인민대표대회의 역할 변화, 여성문제, 민

의 농민들이 신민에서 시민으로 가는 과도기에 처해 있다는 오브라이언(K. J. O'Brien)의 연구 성과는(O'Brien 2002, 212-231), 중국의 농촌지역에서의 선거를 통한 정치 참여를 중국의 시민권의 제도화와 시민권 의식의 형성 과정으로 보았다는 점에서 매우 의미 있는 연구이다. 그러나 그의 연구는 촌민자치의 실시 과정에서 나타나고 있는 정치적인 변화에 대한 사례연구가 충분히 뒷받침되고 있지 못해서 다소 선언적인 느낌을 준다. 또한 중국의 기층 인민들이 당과 국가의 권력에 대항하면서 정치권력으로부터 자유를 추구하고 있지 않기 때문에, 신민과 시민의 과도적 지위에 놓여 있다는 그의 평가는, 서구와 다른 시민권 형성 과정에서 나타난 기층 사회에서의 정치적 시민권 형성의 특징을 간과하고 있다는 점에서 그 한계가 있다.

중국의 정치적 시민권의 형성은 서구와는 다른 역사적인 경로를 통하여 이루어지고 있으며, 개혁개방기 기층 혹은 준기층 수준에서의 정치적 시민권의 형성과 그 특징은 바로 이 같은 맥락에서 이해할 수 있다. 따라서 이 글에서는 서구와 달리 기층 수준에서부터 정치적 시민권이 형성되게 된 역사적인 과정을 살펴 볼 것이다. 그리고 개혁개방기 중국의 기층 혹은 준기층 행정단위에서 실시되고 있는 인대와 촌민위원회의 선거 및 선거 과정에서 나타난 기층 인민들의 정치적 권리 의식에 대한 분석을 통하여, 기층 혹은 준기층 사회에서의 정치적 시민권의 형성과 그 특징을 살펴 볼 것이다. 마지막으로 이 같은 기층 수준에서의 정치적 시민권의 형성이 중국의 정치개혁과 민주화에 지닌 함의를 살펴볼 것이다.

<hr>

족문제, 촌민자치 등에 대한 한 분석을 통하여, 시민권의 형성과 발전 가능성을 주장하고 있다 (Goldman and Perry 2002).

2. 시민권 개념의 중국적 특징과 정치적 시민권의 형성

1) 시민권 개념과 중국적 특징

시민권 개념은 그리스의 폴리스로까지 그 연원을 거슬러 올라갈 수 있지만, 그 의미는 역사적으로 변해왔다. 그리스 시대에 시민은 민회에 참여, 선거, 사법 업무, 군복무 등 공적 업무에 종사하는 사람들을 일컬었다. 아리스토텔레스는 훌륭한 시민은 통치를 받을 수 있고, 통치하는 데 필수적인 지식과 능력을 보유해야 한다고 보았다(Heater 2004, 18). 한편, 마샬과 보트모어에 따르면, 근대적인 의미의 시민권은 시민적, 정치적, 사회적 시민권으로 구성되어 있다. 시민적 시민권은 개인적 자유를 위하여 필수적인 권리 즉 언론 자유, 계약권 및 공정한 재판권 등을 의미한다. 사회적 시민권은 특정 사회의 기준에 따라 기초 생계 보장, 교육, 건강, 사회복지 등을 향유할 권리를 말한다. 마지막으로, 정치적인 시민권은 정치 공동체의 구성원으로서 혹은 유권자로서 정치권력의 행사에 참여할 권리를 말한다. 근대 이래로 정치적인 시민권의 본질적인 요소는 행정부, 국가 의회, 그리고 지역 의회에서 국가 지도자를 선출할 권리로 구성되었다(Marshall and Bottomore 1992, 8). 그에 따르면, 상술한 세 개의 권리를 내용으로 한 근대적 시민권은 시민적 시민권과 정치적 시민권이 우선적으로 형성되고, 다음으로 사회적 시민권이 대략 100여 년의 간격을 두고 각각 18세기, 19세기, 20세기에 걸쳐서 형성되었다(Ress 1996, 4). 이 같은 시민권에 대한 그의 정의는 오늘날 국제인권법 등의 국제적인 기준으로 활용되고 있으며, 각국의 국내 헌법에도 포함되어 한 국가가 민주적인가 혹은 어느 정도로 민주적인가를 판단하는 기준이 되고 있다(Yu 2002, 290).

이처럼 시민권 개념은 서구의 역사적인 산물로서, 중국의 정치를 이해하는 수단으로 활용 되는 데에는 생소한 감이 있다. 역사적으로 중국에서 국가를 관리하는 것은 극소수 인민(관리)들의 일이었다. 일반인들은 국가의 정책 결정 과정에 개입하는 것이 허용되지 않았고, 군사적인 복무를 이행하는 것을 제외하고, 정치와 재판같은 일에 관심을 가지지 못하도록 요구되었다. 국가가 황족의 사유재산으로 간주되고, 국가를 운영하는 것이 황제에 의해서 선택된 사람들의 일로 간주되었기 때문에, 국가 업무에 관심을 보이는 어떤 사람도 신성한 권력에 탐욕스런 눈길을 보내는 것으로 간주되었다. 따라서 보통 사람의 정치적인 참여는 단지 폭력적인 반란이나 황조 전복을 통하여 가능했다. 그리하여 통치하는 능력과 통치되는 능력은 완전히 분리되었고, 누가 통치자를 다스릴 것인가에 대한 문제는 제기될 수 없었다(Yu 2002, 289).

중국에서의 근대적 의미의 시민권의 도입은 청말민초에 이루어지기 시작하였다. 그 당시에는 시민이라는 말을 사용하기보다 '국민'이라는 말로 시민을 번역하였는데,[4] 그 배경에는 '국민' 혹은 '민족'으로 중국인을 재조직함으로써 부국강병한 중국을 이룩하고자 하는 정치적인 의지가 담겨있었다(Goldman and Perry 2002, 5-7). 이리하여 이 당시 사용된 '국민'의 개념은 서방의 '시민'의 개념과 차이가 있다. 즉 서방에서 사용하는 근대적 의미의 시민의 개념은 사회적인 나와 개인적인 나로 구성되어 있으며, 개인은 국가와 사회를 위하여 책임을 다해야 하지만, 불가침의 개인의 권리를 지닌다. 반면에 이 시기의 '국민'의 개념을 보면, 집체주의가 강조되고, 개인적인 나보다 사회적인 나가 중요시된다. 즉 '국민'이라는 말은 국가 내에 있는 개인을 의미하는 것이 아니라, 개인의 정체성이 국가의 정체성에 실질적으로 융합되는 집단적 실체로 간주할 수 있다(Judge 2002, 31). 따라서 당시 량치차오를 대표로 한 시민 사상은 공동체주의적인 그리스 시민의 개념에 가깝고, 근대 이후 서

---

4 중국에서 '국민'이라는 말의 사용에 대해서는 제6장 각주1을 참조.

방의 개인주의적인 시민의 개념과는 구분된다(陳永森 2004, 5).

'국민'이라는 단어는 신중국의 건설 이후 1953년을 기점으로 하여 '공민'으로 대체되었고, 그때부터 이 단어는 전 중국의 모든 민족을 언급하는 말로 사용되어 왔다. 이 외에도 신중국의 건설 이후 노동계급, 농민, 쁘띠부르주아, 민족 자산가, 애국적인 민주 인사를 포함하는 개념으로 '인민'이라는 단어를 사용하기 시작하였다. '인민'과 비교하면, '공민'은 '인민'뿐만 아니라 지주와 관료 등의 반동 계급까지 포괄하는 광의의 개념이다. 따라서 공민은 '인민에 속하는 공민'과 '반동적인 공민'으로 구분되며, 여기서 이른바 '반동적인 공민'은 인민의 권리를 누리지 못하고, '공민'의 의무만을 이행해야 한다. 다만 '인민'만이 공민으로서의 권리와 의무를 누릴 수 있다. 그러나 '인민에 속하는 공민'들조차도 근대 자유주의 체제에서 제공된 시민적, 정치적 시민권에 대한 기초가 없이 단지 사회적 시민권만을 보장함으로써 권위주의적 사회주의 시민권 모델을 형성하였다(Dickson 2002, 257-258).

2) 개혁기 기층선거의 실시와 정치적 시민권의 형성

정치적 시민권은 정치 공동체의 구성원으로서 혹은 유권자로서 정치권력의 행사에 참여할 권리를 말한다. 근대 이래로 이 같은 정치적인 시민권의 본질적인 요소는 행정부, 국가 의회, 그리고 지역 의회에서 국가 지도자를 선거를 통하여 선출할 권리로 간주되어 왔다. 이런 의미에서 볼 때, 정치적 시민권의 제도화의 핵심적인 요건은 무엇보다도 민주적 선거를 통하여 정치 공동체의 구성원들이 그들의 지도자를 의지대로 선택할 수 있어야 한다는 점이다.

상술한 관점에서 볼 때, 근대 이래로 중국에서는 진정한 의미의 정치적 시민권이 구현된 적이 없다고 볼 수 있다. 중국에서 근대적인 의미의 선거를 최초로 실시한 것은 청말 각 성의 자문국 선거로 거슬러 올라 갈 수 있다. 그러나 당시에는 유권자의 자격이 엄격하게 제한되어 있었고, 유권자가 대표를 선출한 후 다시 그 대표가 성의 자문국 의원을 선출하였다는 점에서 간접선거였다(彭宗超 2002, 206). 1911년 10월 신해혁명 후 중국 역사상 최초로 공화제 정부가 들어선 이후, 1912년 말 제1기 전국 중의원 선거를 실시하였지만, 이 선거 역시 유권자의 자격을 매우 제한하여 시행된 간접선거였다는 점에서 한계가 있다.

그 이후, 국민당과 공산당의 오랜 대립으로 양 정당이 스스로의 통치 지역에 한정된 선거를 실시함으로써, 전국적인 수준에서 통일된 선거는 실시되지 못하였다. 바로 이 같은 정치적인 혼란 상황과 오랜 전제주의적인 전통은 인민의 직접선거를 통한 최고 지도자의 선출을 계속해서 늦추는 요인이 되었다. 또한 정상적이고 일상적인 선거의 제도화와 실천을 통해 인민들에게 정치적인 훈련 기회를 제공함으로써, 인민들이 신민 의식이 아닌 근대적인 시민권 의식을 보유한 시민으로 성장하는 데 주요한 장애 요소가 되었다(陳永森 2003, 467-468).

신중국의 건설 이후에도 직접선거를 통한 정치 지도자의 선출과 이를 통한 인민의 정치권력 행사는 이루어지지 못하였다. 비록 중국공산당이 혁명 시기에 보통, 평등, 직접, 비밀선거에 근거한 인대의 구성과 인대에 의한 각급 정부의 구성을 제기하면서, 선거를 통한 정치 지도자의 선출을 강조하였지만(黃衛平·汪永成 主編 2003, 67-77), 신중국의 건설 이후에는 중국의 특수성을 이유로 선거에 대한 입장을 변화시켰다. 즉 인구가 많은 낙후한 국가에서, 문맹률이 높으며, 선거경험이 부재하고 선거에 대한 관심과 적극성이 부재한 조건에서, 당장 선거를 실시하는 것은 불가능하며 장기간의 훈련을 통하여 선거를 점차적으로 실시해야 한다는 것이다(劉少奇 1985 54-55). 그리하여 1953년 신중국의 건설 후 최초로 실시된 인대 선거에서, 현급 이상에서는 간접선거가 실시되고 직선제의 실시는 향진급에 한정되어 거수 방법을 통하여 이루어졌다는 점에서 그 한계를 드러내었다. 그리고 후보자의 추천과 결정도 중국공산당과 민주당파 그리고 인민 단체에 의하여 실질적으로 이루어짐으로써 인민들의 자유로운 후보자 추천이 불가능하였다(蔡定劍 2002, 5-6). 따라서 선거를 통한 정치 지도자의 선출과 이를 통한 인민의 정치권력의 행사는 실질적으로 불가능하였다.

이 같은 상황은 개혁개방 정책의 실시와 함께 변화하기 시작하였다. 우선 1982년부터 인대 선거에 대한 개혁을 통하여 직선제 실시의 범위를 현급으로까지 확대하였고, 또한 1988년부터 인민공사를 대체한 농촌지역의 기층 조직인 촌민위원회에 촌민 직선에 의한 자치제를 전국적으로 실시하였다. 이 같은 선거제도에 대한 개혁은 기층 사회의 자율성을 제고시켜 관료들의 부패와 전횡을 방지하고, 더 나아가 기층 사회에 대한 통치력을 확보하려는 중국공산당의 정치적인 의도에서 출발하였다고 볼 수 있다.

우선, 인대 선거의 경우를 보면, 직접선거를 현으로 확대하는 것은 현급 이하라는 제한된 수준에서나마 인민이 자신의 대표를 스스로 선출하여 정치 공동체의 주인이 되도록 하고, 소수 정치 지도자에 권력이 집중됨으로써 발생하는 폐단을 방지할 수 있다는 사고를 기초로 한 것이었다(彭真 1989a; 1989b). 이리하여 1979년에 제5기 전국인대 2차 회의에서 개정된 전국인대와 지방인대 그리고 지방정부조직법이 통과된 후, 1980년 1월부터 시행에 들어갔고, 그 후 세 차례의 수정을 통하여 제도적인 보완을 거쳐 완성되었다.[5] 이 같은 법제화 과정과 함께 1980년부터 지금까지 현급 인대가 7차례, 향진급

---

5 1차 수정은 1982년 12월 제5기 전국인대 5차 회의에서 이루어졌고, 2차 수정은 1986년 12월 제6기 전국인대 상무위원회 제18차 회의에서 이루어졌으며, 3차 수정은 1995년 2월 제8기 전국인대 12차 회의에서 이루어졌다(蔡定劍 2002, 16-31).

인대가 8차례 실시되었다. 이처럼 현과 향진급 인대 선거의 실시의 회수가 다른 것은 1995년 헌법의 수정을 통하여 현급 인대는 5년마다, 향진급 인대는 3년마다 실시하도록 수정했기 때문이다(蔡定劍 2002, 15-16).

촌민위원회의 직선제의 도입 역시 농가호별청부제의 실시 이후 농촌 사회의 정치, 사회적인 안정과 리더십을 강화하고자 하는 의도에서 이루어졌다(이정남 2001, 139-159; O'Brien and Li 2000, 465-489; O'Brien 1994, 33-59; Kelliher 1997, 63-86). 즉 농가호별청부제가 실시되면서, 농촌 사회의 기본 조직 단위인 인민공사가 해체되고 촌민위원회가 그 자리를 대체하였다. 또한 정치, 경제, 사회적으로 농민의 지위가 급변하면서, 농촌 사회를 통제할 수 있는 새로운 통제 방식이 요구되었다. 그러나 기층 행정조직의 관료들은 이 같은 농촌 사회의 급속한 변화에 대한 대응 방안도 없었고, 오히려 부정부패 행위를 자행함으로써, 농민과 관리들과의 갈등이 심각한 문제로 등장하였다. 이에 펑전을 중심으로 한 당 중앙의 일부 지도자들에 의하여 촌민 직선에 의한 자치가 농촌지역의 관료들을 혁신시키고 농촌지역에 대한 정치적인 통제를 강화시킬 수 있다는 주장이 제기되면서(1999, 392-393), 촌민자치가 실시되게 되었다.

구체적으로 1987년 11월 전국인대 상무위원회에서 촌민위원회조직법이 통과되면서, 과거 촌 당지부나 향진 정부에 의해서 임명되던 촌민위원회 간부는 촌민의 직선에 의해서 직접 선출하는 방식으로 전환되었다. 그 후 10여 년 동안의 실천 과정을 토대로 1998년 11월 제9기 5차 전국인대 상무위원회 회의에서 수정된 촌민위원회조직법이 정식 통과된 후, 촌민위원회 선거는 좀 더 발전된 형태로 법제화되었다. 이 같은 법제화 과정과 함께 1988년부터 현재까지 매 3년마다 선거가 실시되어 지금까지 모두 6차례 실시되었다.

상술한 인대 선거 개혁과 촌민위원회 선거의 실시는 기층 인민의 정치 참여 통로를 확대시켜 기층 인민이 정치 참여의 주체로 등장하도록 하였다. 그 결과 기층 인민들은 지역 정치 공동체의 대표를 직접 선출하여 공동체적인 현안을 처리하고 공동체를 관리할 수 있는 기초를 마련하였다. 이 같은 변화는 기층 인민들의 정치적 시민권 의식의 변화와 결합하면서 기층에서의 정치적 시민권의 형성을 이끌어 내게 되었다.

그러나 기층에서의 정치적 시민권의 형성은 다음과 같은 점에서 서구의 정치적 시민권의 형성 과정과 비교된다. 서구의 근대적 시민권의 형성이 대도시 지역을 중심으로 하고, 밑으로부터의 시민혁명을 통하여 이루어진 것과는 달리, 중국에서는 농촌지역을 중심으로 한 기층 혹은 준기층 행정단위 수준에 한정시키고, 공산당에 의하여 위로부터 제도화 과정을 통하여 진행되었다는 점에서 차이가 있다. 또한 서구의 근대적인 시민권의 형성이 시민적, 정치적, 사회적 시민권이 일정한 시간을 두고 순차적으로 이루어졌지만, 중국의 경우는 사회주의적 권위주의 체제하에서 사회적 시민권이 먼저 이루어지고, 자유주의적인 시민적 시민권이 확보되지 못한 상황에서 정치적 시민권이 형성되고 있다는 점에서 차이가 있다. 따라서 중국의 기층 인민들의 정치적 시민권 의식은 기층 정치 공동체에 대한 권력 주체 의식과 권리 의식이 주요한 내용을 이루며, 권위주의적 국가권력에 저항하면서 정치개혁을 요구하는 방향으로 나아가고 있지는 않다.

아래에서 필자는 기층 혹은 준기층 수준에서의 정치적 시민권의 형성의 특징을, 정치적 시민권의 제도화와 기층 인민들의 정치적 시민권 의식의 성장을 중심으로 살펴보고자 한다.

3. 기층선거와 정치적 시민권의 제도화

정치적 시민권의 제도화의 핵심적인 요건은 무엇보다도 민주적 선거를 통하여 공동체의 구성원들이 그들의 지도자를 의지대로 선택할 수 있어야 한다는 점이다. 따라서 민주적 선거의 제도화는 정치적 시민권의 제도화의 핵심적인 요소이다. 일반적으로 민주적인 선거에 대한 평가 기준으로 선거가 자유롭고(후보나 정당이 선거에 참여하는 데 있어서 낮은 진입 장벽, 자유로운 선거 캠페인의 보장, 개인투표의 보장), 공정하며(중립적이고, 공정하며, 신뢰할 수 있는 선거기구에 의한 선거 관리), 의미 있는가(선출된 지도자가 진정한 권위를 지니고 있는가)라는 세 가지 기준이 활용되고 있다(Pastor and Tan 2000, 505-506). 그러나 민주주의가 공고화된 나라에서조차도 이 세 가지 조건을 모두 갖추기는 쉽지 않다. 따라서 이 기준으로 중국의 기층선거를 판단하는 것은, 오랜 권위주의적 통치 체제를 유지해 온 중국에서 기층 혹은 준기층이라는 제한된 수준에서 발전되고 있는 민주적 선거의 진행과 그 성과를 충분히 평가하기 어렵다.

따라서 이 글에서는 선거 과정에서의 가장 핵심적인 두 가지 요소, 공개적인 후보자 추천과 복수 후보 경선을 통하여 선거의 경쟁성을 보장하고 있는가, 비밀투표와 개인투표를 통하여 투표의 공정성이 보장되고 있는가를 기준으로 하여 판단하고 있다. 왜냐하면, 유권자들이 두 명 이상의 독립적인 후보자가 있을 때만이, 그들이 뽑을 지도자들을 그들의 의지에 응답적이 되도록 강제할 권력과 선택권을 가질 수 있기 때문이다. 또한 이 같은 지도자에 대한 유권자의 선택권이 보장되기 위해서는 그 전제 조건으로 후보자를 추천하고 선출하는 과정이 공개적이어야 하며, 동시에 유권자 개개인의 독립적인 비밀투표가 보장되어야 하기 때문이다(Pastor and Tan 2000, 507-508). 상술한 두 가지 요건이 갖추어질 때 선거가 민주적이라고 말할 수 있으며, 또한 민주적인 선거가 이루어질 때 유권자들은 자신의 정치 공동체에 대한 지도자를 의지대로 선택할 수 있고, 정치적 시민권은 선거를 통하여 제도화되었다고 볼 수 있다. 아래에서는 상술한 두 가지 기준에서 현급 이하의 인대 선거와 촌민위원회 선거가 어떻게 제도화되고 있는가를 살펴본다.

1) 인대 선거와 정치적 시민권의 제도화

인대 선거는 일반적으로 준비 단계, 유권자 등록, 후보자 추천 및 정식 후보자 확정, 후보 소개와 투표라는 4단계를 통하여 진행된다. 준비 단계에서는 선거 기구의 설립과 선거구의 구획, 그리고 선거 과정을 관리할 관리자의 육성과 선거에 대한 홍보 작업이 이루어진다. 그 다음 단계는 선거구별로 진행되는 유권자 자격 심사를 통하여 유권자 등록이 이루어진다. 세 번째 단계인 후보자 추천과 정식 후보자 확정 단계에서는 1차로 예비 후보자가 추천되고, 추천된 예비 후보자에 대하여 예비선거 혹은 협상 과정을 통하여 정식 후보자가 확정된다. 마지막으로 후보 소개와 투표 단계에서는 유권자에게 정식 후보자를 소개하고, 투표와 개표 작업이 이루어진다. 정치적 대표에 대한 유권자의 선택권을 보장하기 위해서는, 상술한 선거 과정에서 공개적이고 민주적인 후보자 추천과 복수 후보를 통한 경쟁 선거가 보장되어야 하며, 또한 비밀, 개인투표를 통해 투표 과정의 공정성이 보장되어야 한다.

먼저, 후보자 추천 과정은 예비 후보자의 추천과 정식 후보자의 추천이라는 두 단계로 이루어진다. 우선, 예비 후보자의 추천 방식으로는 공산당, 민주당파와 사회단체가 연합하여 추천하는 방식과 10인 이상의 유권자의 연명으로 추천하는 방식이 있다. 일반적으로 해당 지역의 당정 지도부의 선거 방침에 따라 예비 후보자의 추천 방식은 약간의 차이가 있다. 가령, 윈난성 웨이산현의 1998년의 선거의 경우는 10인 이상의 연명 방식과 정당 추첨이 각각 98%, 2%이고, 1997년 톈진시 현급 인대 선거의 경우는 각각 97.4%와 2.3%로, 대부분의 후보자들은 10인 이상의 유권자의 연명 방식을 통하여 이루어졌다(史衛民·雷兢璿 2001, 145, 166). 반면에 1998년 후베이성 랑팡시 안처구의 인대 선거의 경우는 유권자 10인 이상의 연명으로 추천한 경우가 30.4%이고, 정당 단체에 의한 추천이 69.6%를 점하고 있어 정당 단체를 통한 비중이 더 높다(史衛民·雷兢璿 1999, 264).

예비 후보자의 추천 방식이 중요한 이유는 인민들이 후보 추천 과정에서부터 대표 선택권을 행사할 수 있는 기회이기 때문이다. 따라서 중국공산당은 유권자의 후보자 추천 참여가 직접선거의 성공에 매우 중요하다고 보고, 선거 때마다 각 지역에 유권자의 후보 추천을 장려하는 정책을 실시하라고 권유하고 있다(조영남 2002, 305-331). 이 같은 흐름 속에서 실제로 톈진시, 베이징시, 상해시, 저장성은 지방 성 법규를 통하여 정당 단체에 의한 추천 후보자 수를 전체 후보자 수의 정원의 15~20% 이내가 되도록 규정함으로써(史衛民·雷競璇 1999, 37), 후보자 추천 과정에서 유권자의 직접 참여를 이끌어 내고 있다. 바로 이러한 움직임은 예비 후보자의 추천 과정이 상당 정도 민주적으로 진행됨을 의미한다.

일반적으로 예비 후보자 수는 대표 정원보다 적게는 5~6배, 많게는 100배 이상 많다. 이들 예비 후보들은 대표 정원과 경선 비율을 합한 약 33~100%의 인원만이 정식 후보자로 확정된다.[6] 정식 후보자의 결정 방식은 유권자 대표로 구성된 선거 모임에서 토론과 협상을 통하는 방식과 예비선거를 통한 선출 방식이 있는데, 지역별로 편차가 있다. 베이징대학 인민대표대회 및 의회연구센터 과제조가 2000년 2월부터 5월까지 전국적인 범위에 걸쳐서 행한 설문 조사에 근거하면,[7] 응답자의 45.6%가 예비선거로, 12.8%가 유권자 대표 모임에서 협상을 통해 후보자가 확정되었다고 대답한 반면, 단지 16.6%가 지도자에 의하여 확정되었다고 답함으로써, 대부분의 정식 후보자 확정 과정이 유권자들의 직·간접적인 참여를 통해 이루어짐을 알 수 있다.[8]

---

6 인대 선거법은 반드시 대표 정원의 2배 이상의 정식 후보자를 확정하여 선거의 경쟁성을 보장해야 한다고 규정하고 있다(〈全國人大常委會關於修改全國人大和地方各級人大選擧的決定(1995. 2.28)〉, 白鋼·趙壽星 2001, 333-353).
7 조사 대상자 및 조사 방법의 특징에 대해서는 제5장 각주 7을 참조.
8 그 외 잘 모른다고 하거나 무응답이 24.4%, 기타가 0.7%였다. 이에 대해서 蔡定劍(2002, 478).

정식 후보자 확정 방식에서 쟁점이 되는 것은, 후보자 확정 과정에서 얼마나 유권자들의 의견을 최대한 반영하는가이다. 이 점에서 볼 때, 예선을 통해 확정하든 유권자 대표로 구성된 선거 모임에서 협의를 통해 확정하든, 모두 일정한 절차와 기준에 의해서 유권자의 의사가 충분히 반영되기 때문에 민주적인 과정으로 볼 수 있다. 따라서 예비 후보자 추천 과정과 마찬가지로 정식 후보자 확정 과정도 기층 인민의 적극적인 참여하에 비교적 공개적이고 민주적으로 진행되고 있다고 볼 수 있다.[9]

다음으로 중요한 단계는 투표의 진행과 개표 단계로, 비밀투표와 개인투표를 통하여 투표의 공정성이 얼마나 보장되고 있는가이다. 일반적으로 투표는 현 직속의 행정단위와 공장, 사업 단위에서의 선거와 농촌지역 선거로 나누어서 이루어지는데, 전자는 주로 선거 대회의 소집에 용이한 단위로서 선거 대회를 소집하여 투표를 하는 반면, 농촌지역은 주로 투표소의 설치 및 이동 투표함의 설치를 통한 투표로 이루어진다(蔡定劍 2002, 65-81). 공정 선거와 관련하여 이 단계에서 가장 중요한 것은 개인이 비밀투표와 직접 투표를 통하여 자신의 대표를 선택할 수 있도록 보장해야 한다는 점이다. 이를 위하여 인대 선거법은 인대 선거 과정에서 무기명투표의 원칙을 분명하게 규정하고 있다. 또한 각 성에서는 선거 실시 세칙을 통하여 이를 보장하기 위한 규정을 제시하고 있다. 예를 들면, 베이징시와 톈진시의 현급 이하 인대 선거 실시 세칙은 투표소에서 유권자가 투표 행위를 할 때, 타인의 방해를 받지 않도록 할 것을 분명히 규정하고 있다(史衛民·雷兢璇 1999, 365-366).

그러나 이 단계에서 쟁점이 되고 있는 것은 투표권의 위임을 통한 위임

---

9 중국 내에서는 예선을 통한 후보자 확정이 선거 절차의 지나친 복잡성과 높은 비용, 그리고 직능별, 성별, 민족별 등 소수자에 대한 배려의 어려움 등으로 반드시 옳은 것이 아니라는 비판이 일고 있다("協商, 預選與人大代表選舉的公平", 『新聞周刊』03/12/17).

투표와 이동 투표함을 통한 투표 행위이다. 인대 선거법에 따르면, 유권자가 선거 기간 중에 외지로 출타를 한 경우, 그리고 유권자가 문맹인 경우에는, 선거위원회의 동의를 얻어 서면으로 기타 유권자에게 위탁을 하여 투표를 하거나, 투표용지 기재시 타인에게 위임을 하여 기재하도록 할 수 있다. 또한 선거 대회나 투표소를 통하지 않고, 이동 투표함을 설치하여 투표를 할 수 있도록 하고 있다. 지역별로 편차가 있지만, 이들 투표 방식은 일반적으로 사용되고 있다. 예를 들면, 상술한 윈난성 웨이산현의 경우 전체 투표 참가자의 91.11%가 투표소나 선거 대회장에서 직접투표를 함으로써(史衛民·雷兢璇 1999, 154), 위임 투표의 비율이 아주 미미한 반면, 상술한 후베이성 랑팡시 안처구 선거의 경우는 전체 투표 참가자 수의 약 10~20% 정도가 위임 투표를 하였다(史衛民·雷兢璇 1999, 267-263). 또한 1997년 12월 산둥성 칭다오시 청양구의 경우에는 전체 등록된 유권자 중 57.6%가 이동 투표함을 통하여 투표를 하였지만, 랑팡시 안처구의 경우는 전체 선거 참가자의 약 18.4%정도를 차지하였다(史衛民·雷兢璇 1999, 106, 267).

위임 투표와 이동 투표함을 통한 투표가 반드시 개인의 직접·비밀투표 원칙과 위배되는 것은 아니지만, 투표 과정에 대한 관리의 어려움으로 공정성 시비가 발생할 수 있다. 비록 3인 이상의 선거위원회 성원에 의한 이동 투표함의 철저한 관리를 강조하고, 또한 위임 투표 행위의 경우 서면으로 위임장을 반드시 받도록 하며, 한사람이 3인 이상의 위임을 받을 수 없도록 그 범위를 한정하고 엄격성을 기하고자 하고 있지만, 공정성의 보장과 관련하여 여전히 논란의 여지는 있다. 따라서 투표 과정의 공정성 수준을 높이기 위해서는 투표 형식에 대한 일정한 제도 개선이 요구된다. 그러나 이러한 제도적 개선점에도 불구하고, 선거법에 의한 무기명투표의 보장과 실행 과정에서의 노력으로 실제 투표 과정이 비교적 공정하게 이루어지고 있음을 부정할 수는 없다.

2) 촌민위원회 선거와 정치적 시민권의 제도화

촌민자치 조직의 선거 과정 역시 각 성급 행정단위에서 제정된 지방 성 법규에 기초해 진행됨으로써 지역별로 편차를 보이지만,[10] 공개적인 후보자 추천과 복수 후보 경선을 통하여 유권자들의 대표 선택권을 보장하고, 비밀투표와 개인투표를 통하여 투표의 공정성이 보장되는 방향으로 제도화되었다.

인대 선거와 마찬가지로 촌민자치 선거도 준비 단계, 유권자 등록, 후보자 추천 및 정식 후보자 확정, 후보 소개와 투표라는 4단계를 통하여 진행된다. 또한 촌민위원회 선거에서도 선거의 경쟁성과 공정성을 통해 유권자의 대표 선택권을 보장하기 위해서 예비 후보자의 선출과 정식 후보자의 확정 단계, 투표 단계가 결정적인 의미를 지니고 있다. 1999년과 2000년에 진행된 후난성, 지린성 그리고 푸젠성의 선거 조사에 근거해서, 이들 두 단계를 살펴보면 선거의 경쟁성과 공정성이 높은 수준으로 제도화되었음을 알 수 있다.

먼저, 후보자 추천과 정식 후보자의 확정 단계를 살펴보면, 모든 촌에서 촌민의 직접적인 참여를 통하여 후보자의 추천과 정식 후보자의 확정이 이루어지도록 하고 있다. 또한 반드시 복수 후보자를 경선에 내세워서 촌민의 대표 선택권을 보장하고 있다. 우선, 예비 후보자 추천 방식은 촌민 10인의 연명과 예비선거, 그리고 자기 추천 등의 방식이 강조되고, 인대 선거에서 광범위하게 활용되고 있는 정당과 사회단체에 의한 추천이 매우 적음을 알 수 있다. 예를 들면, 후난성과 지린성의 경우 촌 당지부, 향진 조직, 촌민 선거위원회에 의하여 예비 후보자가 추천된 경우는 각각 약 11.3%, 4.5%이며, 나머지는 촌민 10인의 연명, 촌민소조, 촌민대표대회의 추천과 자기 추천으로 예

---

10 2002년에 촌민위원회조직법에 근거한 성급 지방 성 법규의 제정이 31개 성급 지역에서 완성되었다(王金華 2004).

11 이들 조사결과는 다음의 보고서에 집약되어 있음(賀雪峰 2005; 劉喜堂, 2005; 孫龍·소志輝

<표 7-1> 선거의 경쟁성 보장과 공정한 투표 과정의 정도 (단위 : %)

지역 항목	후난성ⓐ	지린성ⓑ	푸젠성ⓒ
① 예비 후보자 추천 방식 ⓓ	- 촌민 연명, 촌민소조, 촌민대표대회 추천 (74.7) - 자기 추천(16.4) - 촌 당지부, 향진 조직, 촌민 선거위원회 (11.3)	- 촌민 개인 추천(0.2) - 자기 추천(3.4) - 촌민 연명(4.4) - 촌민대표대회 추천 (2.9) - 당지부, 향진 조직, 촌 민소조 추천(4.5)	- 1인 1표(47.03) - 촌민 연명(49.77) - 기타 (1.25)
② 정식 후보자 확정 방식 ⓓ	- 촌민대표대회에서의 예비선거(67.67) - 예비 후보자 추천자 수(27.24) - 촌민 예비선거(4.42) - 기타(0.67)	- 촌민 대회에서의 예비 선거(51.0) - 촌민대표대회를 통하 여(12.7) - 예비 후보자의 추천자 수(40.7) - 선거위원회, 당지부, 향 진 조직(2)	- 촌민대표대회(90.46) - 촌민 전체의 예비선 거(3.73) - 후보자 추천자 수 (2.42) - 기타(1.31)
③ 촌민위원회 주임 정식 후보자 수	- 2인 이상의 차액 선거 를 통하여(85.3)	- 1인(3.5) - 2인 이상의 차액 선거 를 통하여(95.6) - 기억 안남(1)	- 1인(8.6) - 2인 이상(83.8) - 기억 안남(7.6)ⓔ
④ 투표 방식	- 이동 투표(20.26) - 위임 투표(7.39)	- 이동 투표(4.98) - 위임 투표: 전체 35%의 촌에서 허용, 이들 촌 중 평균 12.5%가 위임 투표.	- 이동 투표(3.81) - 위임 투표: 전체 3% 의 촌에서 허용, 전 체 촌의0.07%가 위 임 투표.

주: ⓐ 1999년 10월 민정부 기층 정권 및 사구건설사(民政府基層政權與社區建設社)와 후난 성 민정청(民政廳)이 공동으로 후난성의 40개 현과 시, 구 산하의 1만 5,454개 촌에 대 한 조사를 실시함. 그 중 119개 촌의 촌 간부와 촌민대표에 대한 설문 조사 결과 회수된 355장의 설문지에 근거해 분석한 것임. 단 항목 ④는 1만 5,454개 촌 전체의 선거 결과 를 분석한 것임.

ⓑ 2001년 7월 민정부 기층 정권 및 사구건설사가 지린성 9개 지구의 8,176개 촌에 대한 조사를 실시. 그 중 5개 현 산하 40개 촌의 촌 간부에 대한 설문 조사 결과 회수한 204장 에 설문지에 근거한 분석임. 단 항목 ④는 8,176개 촌 전체의 선거 결과를 분석한 것임.

ⓒ 2000년 푸젠성 9개시 산하 1만 2,623개 촌에 대한 제7차 촌민위원회 선거 결과에 대한 통계 자료에 근거한 것임. 단 항목 ⓔ는 제7차 선거 기간 중 637명의 촌 간부에게 설문 조사를 하여 회수한 유효 설문지 631장에 근거한 분석임.

ⓓ 대답으로 다수 항목 선택이 가능함.

출처 : http://www.chinaelections.org(검색일: 2005년 1월 20일).[11]

비 후보자가 추천되었다. 또한 푸젠성의 경우는 거의 모든 예비후보가 1인 1표나 촌민의 연명에 의해서 추천되었다(〈표 7-1〉 참조)).

정식 후보자의 확정도 당과 향진 정부에 의한 지명보다 세 지역 모두에서 촌민 회의나 촌민대표대회 그리고 촌민 개인의 직접선거를 통하여 선출하는 경우가 절대적인 비중을 차지하고 있다. 즉 후난성의 경우는 촌민대표대회 예비선거를 통한 경우가 67.67%, 예비 후보자 추천자 수에 의한 경우가 27.24%, 전체 촌민의 예비선거의 경우가 4.24%로, 거의 모든 촌에서 당과 향진 정부의 지명에 의한 후보 확정은 없다. 지린성의 경우도 촌민대표대회를 통한 경우가 12.7%, 예비 후보자 추천자 수에 의한 경우가 40.7%, 촌민 대회에서 예비선거의 경우가 51.0%이고, 선거위원회와 당지부, 향진 조직을 통한 경우는 단지 2%를 점하고 있을 뿐이다. 마지막으로 푸젠성의 경우는 촌민대표대회를 통한 경우가 90.46%, 촌민의 예비선거를 통한 경우가 3.73%, 예비 후보자 추천자 수에 의한 경우가 2.42%를 점함으로써, 향진 정부나 촌 당지부에 의한 정식 후보자 확정이 부재했음을 알 수 있다(〈표 7-1〉 참조).

또한 촌민위원회 주임 정식 후보자의 수를 보면, 세 지역 모두에서 약 85% 이상이 2인 이상의 후보자의 경쟁을 통한 선거가 진행되었음을 알 수 있다. 이는 거의 대부분 촌에서 차액 선거가 실시되고 있음을 입증하는 것이다(〈표 7-1〉 참조).

상술한 내용들은 인대 선거보다도 촌민위원회 선거에서 유권자들이 후보 추천의 전 과정에 직접 참여하는 정도가 높으며, 또한 유권자들의 의견이 더욱 더 철저하게 반영되고 있음을 알 수 있다. 그리고 복수 후보 경선이라는 차액 선거의 원칙도 잘 관철되고 있음을 알 수 있다. 이는 공개적인 후보 추

2005; 曹穎 2005; 宋月紅 2005; 吳淼 2005).

천과 복수 경선이라는 민주적 선거의 원칙이 인대 선거 과정보다, 촌민위원회 선거 과정에서 더 잘 지켜지고 있음을 의미한다.

　　다음으로 중요한 단계는 투표 과정에서 유권자 개인의 직접 투표와 비밀 투표를 통하여 투표의 공정성이 잘 지켜지고 있는가 하는 점이다. 유권자의 무기명투표를 보장하기 위하여 촌민위원회 선거에서는 각 성 단위에서 선거 실시 세칙을 규정하여 비밀투표소의 설치를 통한 투표를 최대한 확대하고, 이동 투표와 위임 투표를 제한하는 조치를 취하고 있다. 예를 들면, 푸젠성의 경우는 비밀투표소의 설치를 요구하고 있으며, 위임 투표의 합법성을 배제하고 있다. 그래서 푸젠성의 경우 조사 대상이 된 9개 시 산하의 약 93.07%의 촌에 비밀투표소를 설치하여 투표를 실시하였다(吳森 2005). 또한 허베이성의 경우는 이동 투표함을 통한 투표의 합법성을 배제하고 있다.

　　그러나 인대 선거에서와 마찬가지로 촌민위원회 선거에서도 투표의 공정성과 관련하여 여전히 문제가 되는 것은 그동안 대다수의 촌에서 농촌지역의 특성을 반영하여 위임 투표를 인정하고, 이동 투표함의 설치를 통하여 투표 참여를 유도해왔다는 점이다. 그러나 상술한 세 지역에 대한 조사를 통하여 볼 때, 촌민위원회 선거에서는 가능한 위임 투표와 이동 투표함을 통한 투표 행위를 제한하고자 하고 있음을 알 수 있다. 그리하여 인대 선거에 비하여 촌민위원회 선거에서는 위임 투표나 이동 투표함을 통한 투표의 비중이 현격하게 낮음을 알 수 있다. 구체적으로, 푸젠성의 경우는 조사 대상이 된 전체 촌에서 위임 투표를 허용한 촌은 단지 3%였으며, 위임 투표를 통하여 투표를 한 유권자는 전체 유권자의 0.07%에 불과하다. 또한 이동 투표함을 통해 투표에 참여한 비율은 전체 선거 참여자의 3.81%에 그치고 있다. 또한 후난성이나 지린성의 경우는 푸젠성보다 그 비중이 상대적으로 높으나 인대 선거에 비하면 현격히 낮다. 즉 후난성의 경우 이동 투표가 전체 투표 참가자 수의 20.26%, 위임 투표가 7.39%를 차지하지만, 지린성의 경우는 이동 투표가 4.98%를 차지하고, 전체 35%의 촌에서만 위임 투표를 허용하고, 이들 35%의 촌에서도 단지 12.5%의 투표 참가자만이 위임 투표에 참가하였다 (〈표 7-1〉 참조).

상술한 결과들은 인대 선거에 비하여 촌민위원회 선거에서 위임 투표와 이동 투표함을 통한 투표가 비교적 강하게 제한되고 있으며, 그 결과 개인의 무기명투표가 현실적인 힘을 발휘하고 있음을 알 수 있다. 이는 촌민자치 조직의 선거가 복수 후보를 통한 유권자들의 대표 선택권의 보장과 개인들의 비밀투표를 통한 투표의 공정성이 보장되는 방향으로 제도화됨으로써, 기층 인민들이 선거를 통하여 자치 조직의 행정기관과 의회기관의 대표를 직접 선출하여 정치적인 참정권을 행사하는 중요한 제도적인 통로로 작용하고 있음을 의미한다.

4. 정치적 시민권 의식의 성장과 정치적 시민권의 형성

정치적 시민권의 형성은 정치적인 제도화만을 통해서 이루어질 수 없으며, 인민들의 의식과 행위에 있어서도 변화가 이루어질 때 마침내 완성될 수 있다(O'Brien 2002, 225-226). 따라서 정치적 시민권의 형성을 이해하기 위해서는 시민적 권력 행사를 위한 제도적인 장치뿐만 아니라, 시민적인 정치의식과 행위의 형성이 주요한 조건이다. 이 같은 인민들의 의식과 행위는 중국처럼 자유주의적인 시민적 권리가 보장되지 않고 기층 수준에 한정되어 정치 참여의 제도화가 이루어진 조건에서는, 국가에 대한 저항 혹은 국가로부터의 자유 추구로 반드시 나타나지 않을 수 있다. 그러나 지역 정치 공동체의 정치권력의 주체로서 정치적 참여 의식과 이익 의식에 근거하여 정치 참여가 이루어지고 있다면, 이는 정치적 시민권 의식의 각성이라고 볼 수 있다. 따라서 아래에서는 기층선거에 대한 각종 조사에 근거하여, 선거에 대한 기층 인민들의 태도와 선거 참여 의지, 그리고 참여 동기에 대한 분석을 통해, 기층 인민들의 정치 참여가 정치적 시민권 의식에 기초하여 이루어지고 있음을 살펴 볼 것이다.

1) 선거 참여 의지와 권력 주체 의식

인대 선거 과정이나 촌민위원회 선거 과정에서 기층 인민들은 선거에 대해 적극적인 참여 의지를 보일 뿐만 아니라 스스로가 선거를 통하여 정치 지도자가 되고자 하는 의지를 보여 주고 있다. 상술한 베이징대학 인민대표대회 및 의회연구센터 과제조의 조사 결과가 이를 뒷받침해 준다. 즉 인민들은 현급 이하 인대의 직선에 대하여 비교적 높은 참여 의지를 가지고 있을 뿐만 아니라, 자신들이 스스로 대표가 되고자 하고 있다. 가령 주민들 중 약 76.2% 달하는 사람이 선거에 참가하기를 원하고 있으며, 또한 69.5%가 누군가가 자신을 후보자로 추천한다면 대표자로 당선되기를 원하고 있다고 대답함으로써, 중국의 기층 인민들은 유권자로서 지역 정치 공동체의 대표를 선출하는 데서 더 나아가 지역의 정치적인 대표가 되고자 하는 강한 의지를 가지고 있음을 알 수 있다. 또한 주민들의 선거 참여도 당정 부문에 의한 강제적인 동원보다 자발적인 의지에 의한 참여로 전환되고 있음을 알 수 있다. 즉, 응답자의 48.5%가 자발적으로 선거에 참여하였고, 13.3%가 남들이 가니까 따라갔다고 대답한 반면, 정치 지도자의 동원이나 조직화에 의하여 참석하였다고 답하는 비율은 19%를 나타내고 있다(〈표 7-2〉 참조).

이 같은 상황은 촌민위원회 선거에서도 유사하다. 1988년 전국적으로 촌

<표 7-2> 선거 참여에 대한 주민들의 태도 (단위 : 명, %)

선거에 참가하기를 원하는가	원한다	1,486	76.2
	원하지 않는다	117	6.0
	상관없다	324	16.6
만약 대표 후보자로 추천된다면	미응답	50	2.6
	대표가 되기를 원한다	1,104	56.6
	대표가 되기를 원하지만 낙선이 두렵다	251	12.9
	상관없다	364	18.7
	대표가 되기를 원치 않는다	181	9.3
당신은 어떻게 현과 향진급 인대 선거에 참여하였는가	미응답	173	8.9
	주체적이고 적극적으로 투표에 참가	946	48.5
	정치 지도자가 동원하거나 조직해서	370	19
	보상이나 인센티브로	34	1.7
	어쩔 수 없이 꼭 참가해야 하니까	95	4.9
	부끄럽게도 참가하지 않음	30	1.5
	모든 사람이 참가하니까	260	13.3
	기타(피동적, 상관없다):	42	2.3

주 : 조사 대상자 수는 1,950명.
출처 : 蔡定劍(2002, 457-571).

<표 7-3> 농민의 촌민위원회 선거에 대한 태도 (단위 : %)

촌민위원회 지도자의 선출 방법에 대하여 (총 조사 대상자: 403명)	전체 촌민의 직접선거를 통해야 한다	91.8
	상급 당정 부문이 결정해야 한다	4.2
	전임자가 알아서 구성해야 한다	4.0
농민은 직섭선거에 참여할 능력이 있는가 (총 조사 대상자: 413명)	확실하게 능력이 있다	36.1
	무응답	10.2
	능력이 있다	29.5
	기본적으로 능력이 있다	24.2
촌민위원회 선거에서 경선에 참여할 의지가 있는가 (총 조사 대상자: 413명)	적극적으로 참여 하겠다	70.3
	촌민은 자기의 주장과 견해가 없다	23.3
	나와 상관없다	6.5

출처 : 程貴銘·朱啟臻(2000, 44-45).[12]

민위원회 선거가 실시되기 시작한 이후로 농민의 선거에 대한 참여 열기는 시작부터 명확하게 나타났다. 이는 민정부나 관련 연구 기관들의 조사를 통해서 나타난다. 가령, 1989년 헤이룽장(黑龍江)성, 푸젠성, 톈진시, 네이멍구(內蒙古)자치주, 허난(河南)성, 후난성, 간쑤(甘肅)성, 산시(山西)성과 산시(陝西)성, 쓰촨성, 구이저우(貴州)성에서 추출된 18세 이상에서 60세 사이의 4,418명의 촌민에 대한 설문 조사에 따르면, "선거에 관심이 있다."는 대답이 76.16%이고, "보통이다."라고 대답한 사람이 15.2%에 달하였으며, "관심이 없거나 자신과 상관없는 일로 생각한다."고 대답한 사람은 8.53%에 불과하였다. 이 같은 관심과 함께 선거에 대한 참석률도 69.58%를 나타내고 있다(王愛平·米有錄 1999, 219).

이 같은 농민들의 태도는 이후에도 지속성을 보이고 있다. 가령 1997년부터 1999년까지 걸쳐서 이루어진 한 조사는, 농민들이 정치 참여에 대한 자신들의 능력에 대한 확신뿐만 아니라, 자신들의 손으로 직접 촌의 지도자를 선출하고자 하는 의지를 지니고 있음을 보여 준다. 또한 만약에 기회가 된다면 직접 경선에 참여할 의지가 있음도 상당수의 농민들이 보여 주고 있다(〈표 7-3〉 참조).

이처럼 선거에 대한 참여 의지가 높을 뿐만 아니라 스스로가 대표자가 되고자하는 의지가 높다는 것은, 기층 주민들이 정치 지도자의 선출을 통한 지역공동체의 정치권력의 행사 의지뿐만 아니라, 스스로가 정치 지도자가 되어 정치권력 행사의 주체가 되겠다는 의지의 반영으로 볼 수 있다.

---

12 이 자료는 중국농업대학교(中國農業大學) 인문대학(人文學院)이 "사회적 전환기 중국 농민의 정치적인 소양과 자질 및 사회심리연구"라는 지목하에서 1996년 7월부터 1999년 7월까지 광둥성, 장쑤성, 저장성, 쓰촨성, 윈난성, 구이저우성, 산시(陝西)성, 닝샤(寧夏) 자치구, 톈진시, 베이징시, 지린성, 산시(山西)성, 허난성, 안후이성, 허베이성 등 전국 20여 개의 성과 시, 자치구의 농촌에 대해 조사한 자료임.

2) 선거 참여 동기와 권리 의식

여러 조사에 따르면, 기층 인민들의 상술한 정치 참여 의지는 인민들의 권리 의식과 이익 의식에 기초하고 있음을 나타내 주고 있다. 이는 선거를 통한 정치 참여가 공익 정치, 즉 선거를 개인의 권리가 아니라 일종의 정치적인 행위나 공익사업으로 간주하거나, 혹은 정부의 호소에 호응하거나 선거민의 국가와 사회에 대한 의무로 간주하여, 선거 참여를 공익을 보호하고 정권의 민주적인 기초를 강화하기 위한 것으로 여기는 공익정치로부터, 개인의 권리와 이익에 근거하여 권리를 요구하는 권리 정치로 나아가고 있음을 말해준다.

상술한 베이징대학 인민대표대회 및 의회연구센터 과제조의 조사 결과는 인민들의 선거 참여의 결정적인 동기가 권리 의식과 이익 의식에 기초하고 있음을 말해준다(〈표 7-4〉 참조). 우선, 선거의 참여 동기로 가장 많은 응답이 나온 것은 "선거권 행사는 공민의 기본적인 정치적 권리"이기 때문에가 38.73%, "우리들의 이익을 대표할 수 있는 훌륭한 지도자 선출"이 28.98%로, 이 두 항목이 전체 응답자 중 67.71%를 차지한다. 반면에, "공민의 일종의 의무"라고 대답한 사람은 15.98%로 비교적 낮다.

또한 선거에 참가하지 않겠다는 이유를 보면, 선거의 절차나 공정성보다도 선거 자체가 자신들의 이익과 결부되지 못한 단순한 형식에 불과하다고 보기 때문이다. 이 같은 원인은 유권자와 대표 사이에 견고한 이익 관계가 형성되지 못하여 인대대표의 활동 과정에서 유권자의 의지와 이익이 실현되고 있지 못하기 때문이고, 또한 인대가 진정한 의미의 정책 결정 기구가 아니므로 유권자의 이익을 구현할 길이 없기 때문이다(蔡定劍 2002, 166-167).[13] 따라

---

13 인민대표대회에서와 마찬가지로 촌민자치 조직 선거에서도 투표에 대한 무관심이나 냉담한 반응은 권리 의식이나 이익 의식의 부재라기보다는, 오히려 공정하지 못한 선거와 선거 행위가 자신들의 정치적인 희망과 일치하지 않은 것에서 오는 실망감의 표현이라는 조사 결과가 있다(肖唐

<표 7-4> 인대 선거와 참여 동기 (단위 : %)

선거참가를 원하는 주요 원인 ①	선거권 행사는 공민의 기본적인 정치적 권리이므로	38.73
	우리들의 이익을 대표할 수 있는 훌륭한 지도자 선출을 위하여	28.98
	공민의 일종의 의무이므로	15.98
	국사와 정치에 대한 관심	13.27
	공민의 정치 참여의 일종의 형식, 따라서 참여 의식이 필요하므로	2.98
참가를 원하지 않는 주요 원인 ②	단지 일종의 형식에 불과하므로	48.75
	후보자를 이해하지 못해 적절한 대표를 선출할 길이 없어서	19.5
	선거 절차가 불공정해서	9.75
	나와 관계없어 관심이 없다	9.75
	시간이 없어서	9.75
상관없다는 태도를 취한 이유 ③	단지 일종의 형식에 불과하므로	95.0

주 : ① <표 7-4>에서 '참가를 원한다'고 대답한 1,486명 중 그 원인까지 응답한 702명에 대한
　　　설문 조사 결과임.
　　②는 '원치 않는다'고 대답한 사람 중 그 원인까지 응답한 20명에 대한 조사 결과임.
　　③은 '상관없다'고 대답한 사람 중 그 원인까지 대답한 18명에 대한 조사 결과임.
출처 : 蔡定劍(2002, 465).

서 기층 인민들 내에는 인대 선거를 단순히 일종의 형식으로 보는 경향도 존
재함을 알 수 있다. 한 연구는 이 같은 결론을 다시 한번 확인해 준다. 즉 농
민들이 촌민위원회 주임의 선거를 현과 향진급 인대의 선거보다 더 중시하
고 있으며, 그 이유는 촌민위원회 주임 선거가 농민들의 절실한 이익과 더욱
밀접한 관계가 있기 때문이라는 것이다(史衛民·雷兢璇 2001, 108).

鏢邱新有 2001).

결국 인대 선거에 대한 주민들의 불참 의지는 선거를 통한 대표의 선출과 이들에 의한 자신들의 이익의 반영과 실현이 기층 인민들의 선거와 정치 참여의 주된 동기임을 입증해 주는 역설적인 사례라고 볼 수 있다. 따라서 이를 통하여 기층 인민들의 선거 참여 동기가 인민의 기본적인 권리인 선거권을 행사하고 자신들의 이익을 잘 대변해 줄 정치 지도자를 선출하기 위한 것이라고 결론을 내릴 수 있다.

이 같은 권리 의식과 이익 의식에 기초한 농민들의 정치 참여는 촌민위원회 선거를 통한 정치 참여 과정에서도 나타나고 있다. 특히 촌 단위의 경우에는 선거가 농민들의 직접적인 이해와 좀 더 절실히 결부되어 있기 때문에 농민들의 선거 참여 동기에서 이익과 권리 지향성은 더 강하게 나타난다고 볼 수 있다. 이는 1998년에 장시성과 산둥성, 안후이(安徽)성의 80개 촌에 대한 조사[14]에서 나타난 농민들이 원하는 촌 간부의 자격 조건에 대한 선호도나, 촌 간부의 촌 내의 경제적인 관리 능력을 투표와 연계시키는 태도를 통하여 확인할 수 있다.

우선, 농민들은 "당신이 촌 간부를 선거할 때 어떠한 조건을 가장 중시하는가"라는 질문에, 공정한 일처리(39.3%), 농민들이 부를 축적할 수 있도록 이끌 수 있는 능력(37.6%), 농민들을 대표하여 농민의 입장을 대변할 수 있는 사람(8.9%), 집안사람인가(3.3.%), 청렴도(7.0%), 기타(2.5%) 등으로 대답하고 있다(蕭唐鏢 2001, 531-563). 이 같은 농민들의 태도는 농민들이 자신을 대표하

---

14 이 조사는 두 차례에 걸쳐서 이루어졌다. 제1차 조사에서는 장시행정대학(江西行政學院)의 대학원생 110명이 1998년 봄에 장시성의 78개 촌과 산둥과 안후이성의 각각 1개 촌에서 모두 2,085명의 농민에 대해 조사를 행하였다. 또한 제2차 조사는 〈현재의 중국 농촌 종족 세력 및 촌급 자치 문제 연구과제조〉(當前中國農村宗族勢力與村級自治問題研究 課題組)가 1998년 여름에 실시하였다. 이 때에는 제1차 조사 대상 80개 촌 중 10개 촌을 선택하여 400여 호의 농가를 직접 방문하여 조사가 이루어졌다(蕭唐鏢 2001, 531-563).

는 정치 지도자들에게 촌 행정에서 공정한 일처리를 통하여 촌민의 권리를 대변해주고, 자신들의 경제적인 이익을 가져다 줄 것을 기대하고 있음을 의미한다. 이는 선거 과정에서 농민들의 정치적인 행위가 이익 지향적이고, 권리 지향적임을 나타내 주는 주요한 사례이다.

또한 촌 간부의 촌 내의 경제적인 관리 능력을 투표와 연계시켜서 사고하는 농민들의 태도를 통하여, 선거를 통한 농민들의 정치 참여의 주된 동기가 자신들의 경제적인 이익의 추구와 보호라는 점을 확인할 수 있다. 즉 농민들은 자신의 경제적인 이익과 직접적인 관련이 있는 공동체의 공동 자산이 어떻게 운영되고 사용되는가에 가장 관심이 많으며, 또한 촌 간부가 촌의 공동 자산을 적절하게 관리하지 못할 때 선거를 통하여 과감하게 촌 간부를 교체하고자 하는 의지를 보여 주고 있다(〈표 7-5〉 참조).

〈표 7-5〉의 ①, ② 항목을 통하여 볼 때, 촌의 문제 중 농민들의 가장 큰 관심 사항은 자신들의 경제적인 이익의 추구와 보호임을 알 수 있다. 즉 농민들은 촌에서 징수한 각종 요금의 징수와 관리, 농지 사용권 분배 문제, 지나치게 과도한 경제적 부담 등의 문제에 가장 관심을 가지고 있으며, 이를 촌의 가장 심각한 문제로 받아들이고 있다. 또한 ③, ④, ⑤ 항목들은 경제적 이익을 중시하는 농민들의 태도와 촌민위원회 간부의 활동에 대한 평가가 상관관계가 있음을 보여 준다. 즉 농민들은 현재의 촌 간부들의 업무 능력에 대해 매우 불만을 가지고 있으며, 전체 촌민들의 절반 이상이 촌 간부들이 자신들의 일을 거의 도와주지 않고, 단지 자신들의 지위를 이용하여 사익을 도모하고자 하며, 촌의 공공 사무나 경제에 대한 관리가 양호하지 않다고 평가하고 있다. 바로 이 같은 불만으로 다음 선거에서 다수의 농민들이 현재의 지도부를 촌의 간부로 선출하지 않겠다는 태도를 보여, 경제적인 이익 문제가 선거의 당선 가능성에 영향을 미치는 결정적인 변수가 됨을 나타내주고 있다.

상술한 조사 결과는 농민들이 자신의 이익을 지키기 위하여 공동체의 공

<표 7-5> 농민들의 경제적 이익에 대한 태도 및 정치 참여 동기 (단위 : %)

① 당신 촌의 당면 문제 중 어느 것에 가장 관심이 많은가	촌의 자산의 징수와 관리	38.90
	책임 경작지의 분배와 조정	21.40
	가족계획 관리	14.20
② 현재 농촌의 가장 심각한 문제는 무엇이라고 생각하는가	농민의 (경제적 비용)부담이 너무 크다	57.00
	중앙의 좋은 정책이 관철되지 못하는 것	16.30
	빈곤	11.20
③ 당신은 촌 간부의 업무에서 어떤 면이 가장 불만인가	촌의 재무관리	44.10
	가족계획 관리	18.10
	책임 경작지와 분배와 조	7.20
④ 촌 간부가 당신과 가족의 문제 해결을 도운 적이 있는가	때때로 돕는다	36.75
	거의 돕지 않는다	23.25
	근본적으로 돕지 않는다	26.50
⑤ 당신은 촌 간부가 왜 간부가 되길 바란다고 생각하는가	기회를 잡아 한몫 챙기려고	48.75
	촌민을 위하여 봉사	29.00
	상급의 명령으로 부득이하게	11.25
⑥ 다음 선거에서도 현재의 촌 간부에 투표할 것인가	단지 소수 간부에게만 할 것	31.50
	모두 하지 않을 것	6.75
	다수 간부에게 할 것	18.50
	모두에게 다시 투표	4.00
	그 때 가서 생각해 볼 것	23.00
	기타	6.50

출처 : 蕭唐鏢(2001).

적인 이익에 많은 관심을 가지게 되었으며, 또한 자신의 발전 공간을 지키기 위하여 촌급 공동체 권력에 관심을 가지고 중시하고 있다는 것을 의미한다. 바로 이러한 점들이 농민들의 선거에 대한 참여 열정을 이끌어 내고 그들의 민주적인 의식을 제고시키고 있다. 이리하여 농민들의 촌민위원회 선거를 통한 정치 참여의 주된 동기 역시 인대 선거와 마찬가지로, 권리 의식과 이익 의식이 가장 주요한 동기가 되고 있음을 알 수 있다.[15]

상술한 인대와 촌민자치 조직 선거에 대한 조사 결과들을 통하여, 중국의 기층 인민들이 시민으로서의 정치권력 행사에 대한 참여 의지가 높아지고 있으며, 이익과 권리 의식에 근거한 정치 참여가 이루어지고 있음을 알 수 있다. 이는 중국의 기층 사회에서 정치적인 권리 의식과 이익 의식으로 무장된 정치적인 시민 의식이 형성되고 있음을 의미한다.

5. 결론

근대 이래 서구 정치체제의 발전 과정에서 시민적, 정치적, 사회적 권리로 구성된 근대적 의미의 시민권의 형성은 민주적인 정치 발전의 중요한 지표가 되어 왔다. 비록 근대 이래로 중국의 정치 발전 과정에서 이 같은 근대적인 의미의 시민권이 형성되었다고 볼 수는 없지만, 중국은 사회주의 체제 하에서 사회적 시민권의 보장을 통하여 이른바 사회주의적 권위주의 시민권을 형성하였다.

개혁개방 정책의 실시와 함께 중국의 시민권은 확대, 발전 과정으로 나아가고 있다. 개혁개방 정책과 함께 기층 사회의 정치·사회적인 안정성을 제고시키기 위해서 도입된 현급 이하로의 인민대표대회와 촌민자치 조직의 직선제의 도입은, 기층 인민의 정치 참여를 제도화하고 확대시켰으며, 기층 인민들이 지역 정치 공동체의 지도자를 스스로 선출하여 지역공동체에 대한

---

15 한 조사는 경제적으로 집체자산이 많은 비교적 부유한 촌에서 이익 의식이 선거 참여와 선거 행위를 결정짓는 주된 동기로 더 강하게 작용한다는 점을 설명해 주고 있다(於建嶸 2001, 55).

권력을 행사하는 것을 가능케 하였다. 또한 이 과정에서 기층 인민들의 정치 권력에 대한 주체 의식과 권리 및 이익 의식에 근거한 정치적 시민권 의식의 성장을 이끌어 내었다.

필자는 이 과정을 중국의 시민권의 확대, 발전 과정으로 간주하고 있다. 그 이유는 개혁개방 이전에 이미 형성된 사회적 시민권과 더불어, 정치적 시민권의 제도화가 본격적으로 이루어지고 있기 때문이다. 그러나 이 같은 정치적 시민권의 형성은 서구와 비교할 때 매우 다른 특징을 지니고 있다. 서구의 경우 시민적·정치적·사회적 시민권이 순차적인 과정을 통하여 형성되었지만, 중국의 경우는 그 역순서를 이루고 있다. 또한 서구의 경우 시민계급의 등장과 이들에 의해 주도된 시민혁명을 통하여 밑으로부터 형성되는 과정이었다면, 중국은 권위주의 체제에 의하여 통치의 효율성을 제고하기 위해 위로부터 이루어졌다는 점이다. 마지막으로, 서구의 근대적 시민권의 형성과정과 같이 대도시를 중심으로 하여 전국적인 차원에서 이루어지고 있는 것이 아니라, 그 영향력과 파급력이 약한 기층 혹은 준기층 행정단위 특히 농촌 지역을 중심으로 하여 이루어지고 있다는 점이다.

상술한 특징으로 인하여 중국의 기층 인민들의 정치적 시민권 의식은 국가에 대한 저항과 국가권력으로부터의 자유를 중심 내용으로 하기보다는, 지역공동체에 대한 권력 주체로서의 참여 의식과, 경제적 이익과 권리 의식이 주된 내용을 이루고 있다. 그러나 이 같은 기층 사회에서의 정치적 시민권의 형성은 향후 중국의 정치개혁과 민주화에 주요 추동력으로 작용할 것이다. 왜냐하면, 중국의 기층 인민들은 오랜 기간 전제주의와 권위주의적인 통치로부터 벗어나, 자각된 권력 의식과 권리 의식을 보유한 정치적 시민으로 등장하였으며, 이는 기층 인민들이 점차 상층 행정단위 및 중앙정부로도 정치적인 요구를 확대될 수 있는 조건으로 작용할 수 있기 때문이다. 또한 중국 사회의 사회적 계층의 양극화와 기층 인민의 주변부 계층으로의 전락이 가속화되고 있는 상황에서, 정치적 시민으로 성장한 기층 인민들이 본격적으로 이 문제에 대하여 문제 제기를 한다면, 중국의 기층 사회는 향후 중국의 정치변화의 주요한 발원지가 될 것이다.

이는 중국의 정치체제의 민주화 과정에서, 중앙의 당정 부문의 엘리트의 역할 못지않게 기층 사회와 인민의 역할 역시 매우 중요한 하나의 변수가 될 것임을 의미한다. 일반적으로 권위주의 체제의 민주적 전환 과정이 대도시 지역에서 지식인 집단을 중심으로 한 정치 세력에 의해서 주도되었음을 볼 때, 중국의 정치변화 과정에서 기층 사회와 기층 인민이 지닌 중요성은 중국 특색을 지닌 독특한 현상으로 주목할 가치가 있을 것이다.[16]

---

[16] 이 논문이 쓰여진 이후 인대 선거 및 촌민위원회 선거와 관련하여 다음과 같은 변화가 발생하였다. 첫째, 2004년 인대 선거법의 개정이 또 한 차례 이루어졌고, 수정된 선거법은 향진 인대 선거를 1995년 이전과 같이 다시 매 5년마다 실시하도록 규정하고 있다. 둘째, 현재(2006년 7월 ~ 2007년 12월) 제9차 향진급 인대 및 제8차 현급 인대 선거가 실시되고 있다. 또한 촌민위원회 선거도 2006년 한차례 더 실시되어 1988년부터 2007년 현재까지 모두 7차례 실시되었다.

제8장

중국 기층선거와 파면권 행사 :
그 정치적 의미와 한계*

1. 서론

성공적인 체제 전환과 함께 중국인의 정치 참여의 형태는 변화되고 있다. 개혁 정책의 실시 이전, 중국인의 정치 참여의 성격을 당국가 체제에 의한 동원성, 지지성 참여로 규정지을 수 있다면, 시장경제체제로 전환되면서 사적인 이익 추구가 정치에 대한 관심과 정치 참여의 주요한 동기이자 원인이 되고 있다. 현재 중국인들이 제도적으로 정당성을 인정받고 있는 정치 참여는 상급 당정 부문을 향한 청원(上訪) 활동, 각종 사회단체의 조직 및 참여, 직접선거를 통한 참여 등 다양한 형태가 있지만, 이들 중 직접선거를 통한 정치 참여는 전국적인 수준에서 보편적으로 이루어지고 있는 제도화된 정치 참여의 가장 대표적인 형태이다.

비록 중국에서 직접선거가 기층 단위에 제한되어 실시되고 있지만, 촌민위원회 선거, 도시 사구주민위원회 선거, 현급 이하 인민대표대회 선거, 향진장 선거, 그리고 일부 지역의 당위원회 선거 등, 기층 자치단체에서부터 인민

____

* 『국가전략』(세종연구소) 13권 1호(2007), pp. 91-119에 게재된 논문임.

대표대회, 기층 행정기관의 행정 수장, 기층 당 간부에 이르기까지 광범위하게 실시되고 있다. 또한 지난 20여 년에 걸쳐서 직접선거가 실행되면서 인민들의 권리 의식과 시민 의식이 제고되어 왔으며, 선거제도나 절차도 시행착오를 거듭하면서 점차 그 완성도를 더해가고 있다. 따라서 현재 중국 내에서는 직접선거의 범위를 확대시키는 문제가 조심스럽게 거론되고 있다.[1] 이는 바로 기층 차원에서 확산되고 있는 선거 민주주의가 향후 중국의 민주화의 출발점이 될 수도 있음을 암시하는 것이라고 볼 수 있다.

이처럼 선거를 통한 정치 참여가 지니고 있는 중요성으로 인하여, 선거제도와 절차, 선거와 인민들의 정치의식의 변화, 선거의 실시가 정치개혁에 지닌 의미 등 다양한 쟁점이 주요 연구 대상이 되어 왔다(Diamond and Myers 2004; O'Brien 2002; 蔡定劍 2002; 史衛民 雷兢璇 1999; 蕭唐鏢 2001; 李凡 2005; 이정남 2001; 2005). 그러나 최근 들어서 직접선거를 통하여 당선된 당선자의 자격 박탈과 파면이 선거 정치의 중요한 쟁점으로 등장하고 있다. 촌민위원회의 경우 2002년 한 해 동안 선출된 촌민위원회 간부를 파면한 건수가 모두 1,000여 건이 넘는 상황이다(李凡 2005, 229). 선거를 통한 정치 참여가 선거권, 피선거권, 감독권 그리고 당선자 파면권까지 포괄적으로 보장되는 것으로 간주할 때, 이처럼 파면권의 문제가 선거 정치의 주요한 쟁점 중의 하나로 부각되고 있는 것은, 중국의 기층 선거제도가 후보자의 선출뿐만 아니라 선출된 후보자에 대한 감독에 이르기까지 포괄적인 범위에서 완비되고 있음을 의미한다. 따라서 당선자의 직무 정지나 파면권에 대한 연구는 민주적 선거의 제도화라는 관점에서 볼 때, 선거 정치 연구에서 매우 중요한 쟁점이라고

---

1 현재 중국에서 직접선거의 범위의 확대는 현급 이상의 인대대표 선거로까지 확대되어야 한다는 주장이 있기도 하나(高放 2006, 48-49), 주로 향진장 선거에 초점이 맞추어져 있다. 향진장 직접선거에 대한 여론조사에 따르면, 향진장도 직접선거를 통하여 선출하여야 한다는 인식이 점차 확산되고 있다. 구체적인 내용은 이 책의 제4장 4절의 2)를 참조.

볼 수 있다.

그러나 이 같은 중요성에 비하여, 이 분야에 대한 연구는 중국 내의 학자들에 의해 파면권의 법제적 쟁점이나 각종 파면 사례를 소개하는 것에 한정되어 있고(李凡 2005, 228-240; 張謙元 2004, 172-204), 서방이나 국내에서 이 문제에 대한 연구가 거의 이루어지고 있지 않은 실정이다. 따라서 이 글에서는 파면을 둘러싸고 전개되는 지방정부와 시민사회 간의 갈등과 권력 동학을 분석하고자 한다. 중국의 선거법에 따르면, 유권자들은 당선자에 대한 자격 정지와 파면을 통하여 당선자에 대한 감독과 견제 역할을 할 수 있어야 한다. 그러나 실제 파면권의 행사 과정을 보면, 상급 정부나 당에 의하여 유권자의 파면권 행사가 좌절되는 경우가 자주 발생하고 있을 뿐만 아니라, 당정의 당선자에 대한 통제 수단으로 작용하고 있는 실정이다. 그리하여 정치적 시민권의 행사의 일환인 파면권의 행사가 시민사회가 당선자를 감독하고 견제하는 기제로 작용하기보다는, 오히려 지방정부나 당이 시민사회를 통제하는 수단이 되고 있는 실정이다.

따라서 본 논문에서는 중국의 인민대표대회 대표와 촌민위원회 간부에 대한 파면권 행사 과정에서 지방정부의 역할, 지방정부와 당에 의한 직접적인 파면, 유권자들로부터 파면이 제기되었으나 지방정부와 당에 의해서 파면의 실행이 좌절된 경우로 분류한 후, 파면권의 행사가 지방정부에 의해 어떻게 통제되고 있는가를 살펴 볼 것이다. 이에 기초하여 중국의 기층 사회에서의 선거 민주주의에서 파면권 행사가 지니는 정치적 의미와 한계를 살펴 볼 것이다.

2. 파면권 행사의 정치적 의미와 파면권의 법률적 규정

1) 파면권 행사의 정치적 의미

정치적 시민권을 정치 공동체의 구성원으로서 혹은 유권자로서 정치권력의 행사에 참여할 권리로 간주할 때(Marshall and Bottomore 1992, 8), 정치적 시민권의 형성은 무엇보다도 민주적 선거를 통하여 공동체의 구성원들이 그들 지도자를 의지대로 선택할 수 있어야 한다는 점이 전제되어야 함을 의미한다. 이런 관점에서 볼 때, 중국은 적어도 기층 수준에서는 정치적 시민권의 형성이 이루어져왔다고 볼 수 있다. 그 이유는 중국이 1983년 이래 현급 이하 인대대표에 대한 직선제를 실시하고, 1988년 이래 촌민위원회 간부에 대한 직선제를 실시함으로써, 인민들이 공동체의 지도자를 직접 선출할 수 있도록 제도화시켰기 때문이다. 뿐만 아니라 지난 20여 년 동안 시행착오를 거듭하면서 선거제도와 절차가 지속적으로 개선되고 완비되어 왔으며, 그 과정에서 인민들이 민주적 정치의식의 발전을 경험하였기 때문이다. 그동안 현급 이하의 인민대표대회 선거와 촌민위원회 선거는 후보자 추천과 복수 후보 경선을 통하여 선거의 경쟁성을 보장하고, 비밀투표와 개인투표를 통하여 투표의 공정성을 보장함으로써, 민주적인 선거로 발전해 왔으며, 그 결과 기층 인민들은 정치 공동체의 지도자들을 자신들의 의지대로 선택할 수 있게 되었다(이정남 2005, 227-254). 또한 기층 인민들은 민주적인 참여 의식이 성숙되면서 자신들의 선거권을 소중히 여기고 지키려는 의지를 보여 주고 있다. 이들은 자신들의 유권자 자격, 선거 절차의 공정성, 선거 결과에 높은 관심을 가지면서, 정치적인 권리 행사에 대한 강한 의지를 보이고 있다(東方伯 2006, 2-3/4 Bar).

그러나 대의 민주주의하에서 정치적 시민권의 제도화는 유권자에 의한 대표의 선출뿐만 아니라, 선출된 대표에 대한 감독과 견제도 중요한 구성 부분으로 간주되고 있다. 법률상의 원칙에 기초해 볼 때, 파면권은 선거권의 중요한 내용 중의 하나이다. 그 이유는 시민들이 선거를 통하여 자신의 권력을 당선자가 행사하도록 위탁하지만, 당선자가 위탁된 권력을 적절히 사용하지 못한다면, 자신이 위탁한 권력을 회수할 수 있기 때문이다. 따라서 선거권의 개념에는 파면권도 포함되며, 파면권은 선거권의 연장으로 유권자들이 다시 선택할 권리를 구현한 것이라고 볼 수 있다. 이러한 언제든지 권력을 철수할 수 있는 권리는 유권자의 당선자에 대한 감독, 제약 권리의 구현으로도 간주할 수 있다(胡位鈞 2006, 1-2/6Bar).

이 같은 권리의 구현을 위하여, 각 국의 대의 민주주의 체제는 주민소환제를 제도화시키고 있다.[2] 주민소환제는 주민들이 지방자치단체나 그 의회의 행정처분이나 결정에 심각한 문제점이 있고 비리와 부정이 있다고 판단될 경우, 소정의 절차를 밟아 단체장과 고위직 공무원 또는 지방의원 등을 불러, 그에 관한 설명을 들은 뒤 투표를 통해 제재를 가하는 제도를 의미한다. 이 같은 주민소환제의 등장은 대의 민주주의가 지닌 근본적인 한계점을 보완하기 위해서이다. 대의 민주주의는 첫째, 모든 시민은 자신의 삶에 영향을 미치는 결정에 참여할 수 있어야 한다는 민주주의의 기본 이념에 어긋나서, 선거와 선거 사이에는 대표들이 하는 일을 쳐다만 보면서 피해를 입을 수 있다. 둘째, 지리적 단위로 선출된 대표에 의하여 구성된 대의 기구가 시민의 정치적, 정책적 이익의 대변을 독점하여 개인의 다주체성, 이해관계의 다차원성이 무시된다. 셋째, 후보를 결정할 권한이 정당에 사실상 독점되어 특정 사회집단에 소속되는 국민은 지지할 대안을 갖지 못하고, 다수결에 의한 당선자 결정 방식이나 의사 결정 방식으로 인하여 결정의 결과가 더욱 악화될 수 있다(김영기 2002,

---

2 주민소환제는 미국과 일본의 경우, 지방의원, 교육 위원, 단체장, 주요 임명직 지방 공무원에게까지 광범위하게 실시되고 있다. 한국의 경우도 2006년 5월 주민소환제법이 국회에서 통과되었다.

470-471). 바로 이러한 한계점을 보완하려고, 주민소환제를 도입하여 선출된 대표나 관료에 대한 유권자들의 통제를 보장하고자 하고 있다.

비록 중국이 서구식의 다당제에 기초한 대의 민주주의를 실시하지는 않지만, 기층 단위의 인민대표대회나 촌민위원회, 사구주민위원회 등에서는 대의 민주주의가 실행되고 있다. 따라서 이들 단위에서 선거를 통하여 선출된 대표들의 부정행위나 비효율적인 업무성과 등에 대한 유권자들의 평가와 감독권을 보장하기 위하여, 유권자들이 선출된 공직자를 파면할 수 있는 파면권을 법률로써 보장하고 있다.

따라서 파면권의 행사는 유권자들의 권리 의식 제고를 반영하는 것일 뿐만 아니라, 유권자들이 이를 통하여 정치적인 권리 행사 및 권력에 대한 견제와 통제를 하고자 한다는 점에서 정치적 시민권 의식의 반영이라고 볼 수 있다. 다시 말하면, 파면권의 행사는 선거를 통하여 선출한 선출자에 대한 일종의 압력으로, 선출자가 자신의 역할에 더욱 더 책임을 다하고 주민들을 위하여 봉사할 수 있도록 하는 것이다. 그리고 유권자들로부터의 이 같은 압력이 클수록 유권자들의 이익을 위하여 당선자가 더 노력한다는 것이다. 그 결과 주민들의 정치적 시민권의 제고를 이끌어 낸다고 볼 수 있다(曹林 2006, 1/1Bar). 따라서 파면권의 행사는 유권자로 구성된 시민사회가 지방정부나 지방의회로 대표되는 국가에 대한 직접적인 통제권을 지니는 것을 의미한다. 그리하여 파면권의 제도화 및 행사는 이론적 의미에서 볼 때, 시민사회가 직접적인 견제와 감독을 통하여 국가권력을 통제함을 의미한다고 볼 수 있다.

2) 파면권의 제도화와 그 내용

중국 헌법 77조와 102조는 전국인대 및 지방인대의 대표는 유권자와 선거구의 감독을 받고, 유권자 혹은 선거구민은 법률이 규정하는 절차에 근거하여, 자신들이 선출한 대표에 대한 파면권을 보유한다고 규정하고 있다. 이같은 헌법의 원칙에 근거하여, 〈중화인민공화국 전국인민대표대회와 지방각급인민대표대회 선거법〉(이하 선거법) 43조, 44조, 45조, 46조, 47조, 48조, 〈인민대표대회 대표법〉 5조, 〈전국인대조직법〉 45조 및 〈지방조직법〉 38조는 각각 파면권의 주체, 파면의 법률적인 절차와 안건 준비 절차, 파면의 효력에 대하여 상세한 규정을 하고 있다. 또한 성급 인대는 일반적으로 각 성의 구체적인 상황에 근거하여 해당 성의 인민대표대회 파면 절차에 대한 지방성 법규를 구비하고 있다.[3]

중국의 파면에 대한 절차는 크게 간선제 방식을 통하여 선출된 대표에 대한 간접 파면과 인민의 직선에 의해 선출된 대표에 대해, 인민이 직접 파면을 제기하고 직접 투표를 통하여 파면을 추진하는 직접 파면 방식이 있다(胡位釣 2006,1-6/6Bar). 직접 파면 방식에 기초한 대표 파면은 현급 이하 인민대표대회 대표 및 촌민위원회, 사구주민위원회, 그리고 일부 지역에서 시행되고 있는 직선에 의해 선출된 향진장에 대한 파면 등이 있다. 직접 파면 방식은 1999년 5월 직선에 의해 선출된 촌민위원회 간부에 대한 파면을 시작으로 하여, 촌민위원회의 경우는 2002년 한해 약 1,000건에 달할 정도로 광범위하게 이루어지고 있다. 이에 반하여 최근에 직선제가 실시되기 시작한 사구주민위원회 간부와 향진장에 대한 파면 사례는 드물며, 다만 인민대표대

---

3 〈中華人民共和國全國人民代表大會和地方各級人民代表大會選擧法〉, http://china.dayoo.com
/gb/content/2004-10/27/content_1786348.htm(검색일: 2006년 10월 16일); 〈全國人民代表大會組
織法〉, http://www.huilin.info/flfg/xianfa/rendazzf.html(검색일: 2006년 10월 16일); 〈中華人民共
和國地方各級人民代表大會和地方各級人民政府組織法(1995年 修改)〉과 〈中華人民共和國全國人民代表
大會和地方各級人民代表大會代表法(1992)〉, 莊根森, "質疑李凡剛當選的代表不能罷免", http://www.
chinaelections.org(검색일: 2006년 8월 29일, 2-5/5 Bar).

회 대표에 대한 파면은 2003년을 전후로 하여 몇몇 사례를 통하여 부각되기 시작하고 있다.

중국의 파면과 관련된 법률 규정을 보면, 파면의 실제 진행 과정에 대한 규정이 매우 취약하다. 촌민위원회의 파면에 대하여, 촌민위원회조직법은 촌민 1/5의 연명으로 촌민위원회에 파면을 제기할 수 있으며, '적시에'에 촌민 회의를 소집하여 표결을 해야 한다고 규정하고 있지만, 전체 파면 절차에 대한 세부적인 규정은 아직 완비되지 않은 상황이다. 심지어 상당수의 지역에서 향진 정부가 유권자 대회를 거치지 않고, 촌민위원회 간부를 직접 파면하는 경우도 있다. 인민대표대회 대표의 파면도 선거법상 구체적인 절차에 대한 규정이 없다. 2003년 선전의 난산(南山)구와 후난성 주저우(株洲)시 서펑(石峰)구의 인대대표의 파면이 도중에 중단되면서, 파면의 진행을 둘러싼 세부적인 절차 규정에 대한 관심이 제고되기 시작하였으며, 이에 대한 보강이 필요하다는 지적이 일반적으로 인지되었다.

선거법, 촌민위원회조직법, 그리고 '선전시 난산구 인민대표의 파면에 대한 실례'에 기초하여 인민대표와 촌민위원회 간부의 파면에 대한 구체적인 과정을 살펴보면 다음과 같다. 첫째, 파면 요구의 제기이다. 선거법 44조는 현급 및 향진급 인민대표대회의 대표에 대하여, 선거구의 유권자 30인 이상의 연명으로 현급 인민대표대회 상임위원회에 서면으로 파면 요구를 할 수 있다. 또한 촌민위원회조직법에서 촌민위원회 성원에 대한 파면은 1/5 이상의 선거권을 보유한 촌민의 연명으로 촌민위원회에 촌민위원회 간부에 대한 파면 요구를 서면으로 제기할 수 있다고 규정하고 있다. 이러한 점들은 촌민위원회나 인민대표대회 선거에서 당선자에 대한 파면이 유권자들에 의해서 제기될 수 있다는 점을 명확히 하고 있지만, 유권자들이 인대 상임위원회나 촌민위원회를 향하여 파면을 제기해야 되기 때문에, 파면의 시작이 중립적인 선거관리위원회에 의해서 별도로 주도되는 것이 아니라, 촌민위원회나 인대 상임위원회에 의해서 이루어짐을 알 수 있다.

둘째, 파면안의 수리이다. 인대대표의 파면 요구는 현급과 향진급 인민대표대회 상임위에서 수리되며, 인대 상임위는 파면 요구서와 파면 대상이 된 대표의 의견서를 인쇄하여 선거구민에게 발송하여야 한다. 한편, 촌민위원회 성원의 파면에 대한 요구와 건의는 촌민위원회에 의하여 수리된다.[4]

셋째, 파면 조사의 진행이다. 우선 파면안을 수리한 인대 상임위원회는 조사소조를 조직하여 파면이 제기된 배경과 파면 이유에 대해 조사해야 한다. 촌민위원회의 경우도 파면안이 수리되면 향진 정부와 촌민위원회가 공동으로 조사조를 구성하고, 본 안건에 대한 조사를 진행하여 이 안건을 표결에 부칠 것인가를 결정해야 한다. 가령 윈난성의 촌민위원회 실시 세칙을 보면, 촌민위원회의 보고 혹은 파면안을 접수한지 10일 이내에 향진 정부는 촌민위원회와 조사조를 구성하여 촌민의 연명 상황(본인이 직접 연명하였는가, 사인인가, 도장인가 등)등에 대해 조사를 진행하고, 서면으로 조사 보고서를 작성해야 한다. 그리고 현급 민정 부문은 파면 건의를 수리한 후 10일 내에 향급 인민정부, 촌민위원회와 조사조를 구성하여 조사를 완성하고 서면 보고서를 작성해야 한다고 규정하고 있다(趙紅文·張榮敏 2006, 6/8 Bar). 바로 이러한 규정들은 유권자에 의해서 제기된 파면을 시작할 것인가의 여부가 인대 기관이나 향진 정부가 파면 이유를 인정하는가 아닌가에 달려 있음을 말해준다.

넷째, 파면안 표결건의 준비 작업이다. 조사조에 의해 조사가 끝난 후, 파면안 표결에 대한 준비를 해야 한다. 촌민위원회의 경우를 보면, 촌민위원회

---

4 참고로 윈난성의 경우를 보면, 촌민이 제기한 파면 요구를 촌민위원회가 거절하고 수리하지 않으면, 향급 인민정부가 이를 수리하여야 한다. 향급 정부가 촌민위원회에 제기한 파면 건의를 촌민위원회가 수리하지 않으면, 촌의 당위원회가 수리한다. 전체 촌민위원회 성원에 대한 파면 요구는 향진 인민정부가 수리한다. 촌민위원회는 파면안을 수리한지 10일 내에 상급 향진 인민정부와 현급 정부 민정 부문에 보고하고, 파면 업무에 대한 업무 지도를 요청해야 한다고 규정하고 있다.

는 촌민 회의 표결을 진행하기 전에, 촌민대표대회를 소집하여 다음과 같은 문제에 대하여 결의를 이끌어 내야 한다. 우선, 촌민위원회는 파면 표결 5일 전에 공고를 통하여 선거권을 보유한 촌민의 명단을 발표해야 한다. 다음으로, 촌민 회의를 개최하는 시간, 지점, 내용을 확정해야 한다. 마지막으로, 촌민 회의의 토론 일정, 파면의 표결 투표 방법을 결정해야 한다. 기타 투표 방법은 촌민위원회 선거와 동일하다.

다섯째, 파면안의 표결 방법이다. 선거법에는 인대대표의 파면은 무기명 투표 표결 방식을 택해야 하며, 반드시 유권자 과반수의 찬성이 있어야 하고, 파면의 결의는 상급 인민대표대회 상임위원회에 비준안을 보고해야 한다고 규정하고 있다. 결국 과반수의 찬성 원칙과 무기명 표결 방식에 대한 언급 외에는 구체적 절차에 대한 규정이 없다. 언제, 어떻게 투표를 진행할 것인가, 위임 투표를 인정할 것인가, 개표는 어떻게 할 것인가 등에 대한 구체적인 규정이 부재한 상황이다. 이 같은 상황은 촌민위원회의 경우도 유사하다. 촌민위원회 간부를 파면하기 위해서는, 유권 자격을 지닌 촌민 과반수가 참여하는 촌민 대회를 소집하여, 전체 유권자의 과반수의 찬성이 있을 때 가능하다고 규정하고 있다.

여섯째, 인대대표나 촌민위원회 간부의 파면을 요구한 자나 파면을 요구당한 자가 투표 결과에 불복할 경우, 상급 인민대표대회나 상급 정부의 관련 부문에 이의를 제기할 수 있으며, 향급 인민대표 주석단과 인민정부 혹은 현급 인민대표대회 상임위원회와 인민정부 및 그 민정 부문에 서면으로 소송을 제기할 수 있고, 관련 기관은 책임지고 조사를 진행하여 답변을 해야 한다. 촌민위원회 혹은 촌급 당조직이 수리하고 주도한 파면안은 공고와 동시에 향급 정부와 현급 민정 부문에 준비안을 보고해야 한다(趙紅文·張榮敏, 2006 5-7/8 Bar; 李凡 2005, 234-238; 〈中華人民共和國全國人民代表大會和地方各級人民代表大會選擧法〉;〈中華人民共和國村民委員會組織法〉).

상술한 바와 같은 촌민위원회나 인대 선거에서, 중국은 각종 법령을 통하여 파면권을 제도화하고 있으며, 그 결과 비록 개선을 통하여 더욱 완비될 필요가 있지만, 파면권의 행사를 통하여 시민사회가 지방정부나 지방의회로 대표되는 국가에 대한 직접적인 통제권을 행사하도록 하고 있다.

3. 파면권 행사의 실제

상술한 바와 같이 중국의 인민들은 자율적인 파면권 행사가 법률적으로 보장되고 있다. 그러나 실제 당선자에 대한 파면의 진행 과정을 보면, 파면의 진행이 유권자들에 의해 자발적으로 이루어지기보다는 상급 정부나 기관에 의하여 실질적으로 통제되고 있다. 특히 유권자에 의해 제기된 상당수의 파면권 행사가 상급 정부나 기관에 의해서 중도에서 좌절되거나, 심지어 상급 정부나 기관에 의해서 불법적으로 파면이 행해지고 있다. 따라서 아래에서는 촌민위원회 선거와 인대 선거에서 파면권 행사가 지방 당정 부문에 의해서 어떻게 통제되고 있는가를 두 가지로 나누어서 살펴 볼 것이다.

1) 밑으로부터의 파면 추진과 좌절

밑으로부터의 파면 추진과 좌절은 선거구의 유권자에 의해서 파면이 제기되었지만, 파면의 실제 진행 과정에서 상급 정부나 기관이 개입함으로써 파면이 좌절된 경우를 말한다. 촌민위원회의 경우를 보면, 1999년 5월 24일 저장성 원저우(溫州)시 와하이(瓦海)구의 광둥(廣東)촌에서 촌민 선거 사상 최초로 촌민대표에 대한 파면이 있은 후,[5] 직선으로 당선된 촌의 간부들이 촌민의 자발적인 연명에 의해서 파면이 제기되는 경우가 종종 있다.

촌민들이 촌민위원회 간부들에 대하여 파면을 제기하는 배경을 살펴보면, 촌민위원회의 각종 업무의 비공개, 정책 결정 과정의 비민주성, 그리고 촌 간부의 규율 위반 등이 약 80%를 점하고 있어 이들 요인이 주요한 이유가 되고 있음을 알 수 있다. 이를 좀 더 구체적으로 살펴보면, 첫째, 국가에 의한 토지 징수, 촌내의 재정 상황 등의 비공개로 인하여, 촌민들의 권익에 손해를 끼쳤다고 판단되는 경우이다. 둘째, 일부 촌의 간부들이 민주적 정책 결정이 경제적 손실을 초래할 뿐만 아니라 비효율적이라고 생각하여, 중대한 문제에 대하여 촌민 회의나 촌민대표 회의를 개최하지 않고 독단적으로 결정함으로 인해 파면권이 제기된 경우이다. 셋째, 촌 간부의 법률과 규율의 위반이다. 촌의 공금 낭비, 그리고 자신의 직권을 남용하여 사적인 이익을 도모한 경우 등이다(趙紅文·張榮敏 2006, 2/8Bar).[6]

이처럼 촌 내의 각종 정책의 결정 과정과 집행에 대한 촌민들의 민주적 권리 의식의 제고가 파면을 제기하는 배경이 되고 있지만, 촌민의 자율적인 표결에 의해서 촌민대표가 파면되는 경우는 매우 드물다. 대부분의 파면이 성공한 사례를 보면, 향진 정부가 촌민 대회의 표결을 주도하고 파면의 결과 역시 향진 정부에 의해서 인정되는 경우이다(蔣偉濤 2006, 1-3/3Bar). 그렇지 않을 때에는 촌민이 자발적으로 파면을 제기하더라도 파면 제안이 상급 정부에 의해 수용되지 못하거나, 파면이 성사되지 못하는 경우가 종종 있다. 촌

---

5 이에 대해서는 "中國首例 '村官'罷免記", 『農民日報』(北京 99/06/24).
6 그 외에도 일부 촌에서는 몇몇 씨족들이 촌의 공공 자산에 대한 통제권을 보유하고 있고, 향진 정부와 협조를 통해 준정부적인 기능을 담당하고 있는 촌민위원회의 통제권을 장악하기 위해 다른 씨족과 경쟁하는 과정에서, 다른 씨족을 비정상적으로 견제하기 위하여 파면을 요구하는 경우도 있다.

민에 의해 밑으로부터의 파면이 좌절되는 경우는 다음 세 가지 유형으로 나누어서 살펴 볼 수 있다.

첫째, 촌민들이 자발적으로 촌민 간부에 대한 파면을 제기하였지만, 상급 정부인 향진 당정 부문이 파면에 반대하고 파면 진행을 강제적으로 방해함으로써, 파면 결의의 과정 자체가 진행될 수 없는 경우이다. 이는 촌민위원회조직법이 촌민에게 부여한 파면권의 행사가 상급 정부의 임의적인 판단에 의해서 좌절된 것을 의미한다. 이에 해당되는 대표적인 사례로 2001년 6월 저장성 원저우시 청자오(城郊)향 수이신(水心)촌을 들 수 있다. 이 촌에서는 전체 촌민의 절반 이상의 연명으로 그들의 신임을 받지 못하는 촌민위원회의 주임 1인과 부주임 2인을 파면할 것을 요구하였지만, 향진 당위원회나 정부가 파면을 반대하면서 파면이 불가능하도록 통제 조치를 취하였고, 구 민정국 역시 촌민의 파면 요구서가 제출되자마자 무효임을 즉시 인정함으로써, 파면 과정 자체가 진행될 수 없도록 하였다(黎珊 2006, 1-2/3Bar). 또한 베이징시 통저우(通州)구 용순(永順)진 마좡(馬莊)촌에서도, 2002년 1월 촌민들은 주택 재개발사업의 추진 과정에서 촌민위원회 주임과 기타 성원들에 의한 불합리한 주택 분배 및 사업 추진의 비공개, 그리고 촌의 재무 상황에 대한 비공개 등을 이유로 하여 파면을 제기하였다. 이 같은 파면의 추진에 대하여 진 정부는 반대 입장을 분명히 하였고, 그리하여 파면 결의를 위한 촌민대회가 개최되었지만, 진 정부가 엄청난 병력의 경찰을 배치하여 위압적인 분위기를 조성함으로써, 촌민들이 감히 투표를 하러갈 수 없도록 하였고, 이에 촌민들이 파면 대회에 참석하는 것을 거절하면서 파면의 진행은 중단되었다(老石 2006, 1/2Bar).

둘째, 촌민들이 자발적으로 촌민대표들에 대한 파면을 결의하였다고 하더라도, 향진 당정 부문에 의하여 수용되지 않은 경우이다. 이는 향진 당정 부문의 승인 없이 농민들이 자발적으로 촌민 대회를 개최하여 촌민대표에 대한 파면을 결의하였지만, 이 결의가 향진 당정 부문에 의해 수용되지 않아 파면이 좌절된 경우이다. 구체적으로 2004년 2월 닝보어시 닝하이(寧海)현 창제(長街)진 다주(大祝)촌의 사례를 보면, 상급 정부의 관련 부문이 참석하지 않은 상황에서 촌민이 자발적으로 촌민 대회를 개최하여 촌민위원회의 부주임을 파면하였지만, 진 정부는 파면의 이유가 불충분하고, 파면 절차상의 문제를 제기하면서, 촌민들의 파면 결의를 인정하지 않았고, 그 결과 파면은 무효가 되었다(李凡 2005, 229-230). 또한 2004년 원저우시 루청(鹿城)구 리밍(黎明)향 산하의 한 촌에서도, 전체 촌민 4,000여명, 유권자 2,730명의 한 촌에서, 촌민 1,293명의 연명으로 촌민위원회 주임과 부주임 2인에 대한 파면 요구서를 제출하였지만, 이에 대하여 상급 정부가 시간을 지연시키면서 아무런 조치를 취하지 않자, 촌민들 스스로가 촌민 회의를 소집하여 촌민위원회 주임과 부주임의 파면을 결정하였다. 그러나 이 같은 결정은 상급 정부에 의해 수용되지 않았으며, 반대로 회의를 주도한 사람들이 관련 부문의 질책을 받으면서 모든 파면 과정이 중단되었다.[7]

셋째, 비록 상급 당정 부문으로부터 어렵게 파면을 추진하는 것을 허락받고 파면 결의 대회를 진행하였지만, 파면에 필요한 의결 정족수를 채우지 못하여 파면이 좌절된 경우이다. 이 경우는 파면의 좌절이 합법적인 절차를 통하여 결과된 것으로 나타나고 있지만, 촌민위원회와 상급 정부의 각종 방해나 비협조적인 행위가 의결 정족수의 부족을 초래한 주된 요인이 되고 있다는 점에서, 여전히 촌민에 의해 자발적으로 추진된 파면이 위로부터 좌절된 것으로 간주될 수 있다. 구체적으로, 2005년 10월 신장(新疆) 위구르(維吾爾)자치구 우루무치(烏魯木齊)시 수이마거우(水磨溝)구 치다오완(七道灣)향 치

---

7 이에 대해서는 "村民要罷村官爲何罷免不了?", http://www.chinaelections.org(검색일: 2006년 12월 2일, 1-2/23Bar).

다오완(七道灣)촌에서 촌민위원회 주임과 부주임 2인 등 3인의 촌민위원회 간부를 파면하기 위한 시도가 무산된 경우를 사례로 들 수 있다. 이 촌에서는 촌민들이 공업지구 개발과 주택 택지 문제, 촌의 각종 업무의 비공개 등을 이유로, 촌민위원회 주임 1인과 부주임 2인을 촌 당지부나 촌민위원회에 두 차례에 걸쳐서 파면을 제기하였지만, 향정부로부터 거절되었다. 그러나 촌민들이 향의 상급 기관인 구 정부나 민정국에 지속적인 청원 활동을 한 결과, 촌민 대회를 개최하여 촌민위원회 성원에 대한 파면을 해도 된다는 답변을 들었다. 그러나 회의 당일 향진 정부와 촌민위원회의 간부들은 촌민들이 투표장에 올 수 없도록 각종 방해를 하였고, 고의로 위임 투표나 이동 투표를 인정하지 않음으로써 의결 정족수를 채우는 데 실패하도록 만들었다. 그 결과 전체 촌민의 과반수 참석에 전체 촌민의 과반수의 동의에 기초하여 파면할 수 있다는 규정을 충족시키지 못하여 파면은 무산되었다(李潤文 2005).

상술한 사례들은 촌민위원회 간부에 대한 촌민들의 자발적인 파면의 시도가 어떻게 좌절되었는가에 대한 실질적인 과정을 이해할 수 있게 해준다. 이러한 점들은 결국, 촌민들이 촌민위원회 간부를 파면하는 데 있어서 가장 결정적인 힘을 행사하는 것이 바로 상급 정부의 파면에 대한 태도임을 말해준다.

비록 인대 선거의 경우 선출된 대표에 대한 파면이 제기된 경우가 매우 드물지만, 인대 선거의 경우에도 유권자들이 자발적으로 제기한 파면이 인대 상임위원회나 당정 부문의 개입으로 진행되지 못하고 중간에 중단되는 경우를 발견할 수 있다. 구체적으로, 선전시 난산(南山)구의 인민대표대회 대표의 파면 시도와 후난성 주저우(株洲)시 스펑(石峰)구의 인대대표 파면 시도와 좌절을 사례로 들 수 있다. 이들 사례들은 유권자들의 연명으로 인민대표에 대한 파면이 제기되었지만, 상급 기관의 개입으로 파면이 좌절되었다는 공통점을 지니고 있다. 구체적으로, 2003년 5월 선전시 난산구의 주민들은

30인의 연명으로, 인민대표 천후이빈(陳慧斌)에 대해 위급 상황에서 인민들을 돌보지 않았다는 점을 이유로 하여 파면을 제기하였다. 그러나 인대 상임위원회의 개입으로 파면 과정이 시도되지도 못하고 중간에 중지되었다. 즉 파면이 제기된 후 난산구 인대 상임의원회 책임자는 공개적으로 "일부 유권자가 제기한 인대대표 자격 부적격 이유와 인대대표의 법정 책임은 직접적인 관계가 없다. 그리고 천후이빈은 매우 책임감이 있는 인민대표이다."라고 표명하였다. 그리고 난산구의 인대 상임위원회가 파견한 조사조는 파면에 연명한 사람들에게 압력을 가하여 그들 중 4인이 연명을 포기하도록 종용하여, 결국 연명자가 30인 이상이 되어야 한다는 조건을 충족시키지 못해 파면 추진이 불가능하도록 만들었다(苟驊 2006; 李南玲·鄔煥慶·沈路濤 2006).[8] 또한 2003년 5월 후난시 주저우시 스펑구 주민위원회의 61명 유권자들은 구 인대 상임위원회에 파면 요구서를 제출하여, 구 인대 상임위가 유권자 대회를 소집하여, 선거 당시 선거법 위반, 사적 이익을 추구하기 위하여 지역 환경오염을 유발한 행위, 도박 행위 등을 이유로 하여, 구 인대대표 위안(袁) 씨의 대표 자격의 파면을 표결에 부칠 것을 요구하였다. 그러나 이 지역에서도, 인대 상임위가 조사조를 파견하여 서명자들의 서명 여부 및 서명 이유에 대한 조사를 한 결과, 전체 61명의 서명자 중 26명을 제외한 나머지 서명자들이 서명을 포기하는 사건이 발생하였다. 이를 이유로 하여 인대 상임위는 위안(袁)에 대한 파면을 표결에 부치는 것에 반대한다는 결정을 하였고, 또한 조사 결과 파면 요구서에 서명한 61명의 연명자 중에서 26명을 제외한 나머지가 서명을 포기하여 30명 이상의 연명 조건에도 부합되지 않는다고 그 정당성을 주장하였다(唐安良 2006, 1-2Bar; 陳傑人 2006a, 1-2/2Bar; 陳傑人 2006b, 1-7/7Bar).

---

8 이에 대해서 "深圳:是否啟動罷免人大代表程序要看調查結果", http://www.chinaelections. org (검색일: 2006년 8월 29일).

인대대표에 대한 파면권의 행사가 좌절된 사례들 역시, 촌민위원회와 마찬가지로 유권자들의 직접적인 연명에 의해서 자발적으로 파면권이 제기되었지만, 파면을 실질적으로 추진하는 인대 상임위원회의 직접적인 개입과 방해로 유권자의 의지와는 반대로 파면이 좌절되었음을 말해준다.

2) 위로부터의 파면

상술한 바와 같이 촌민위원회 선거와 인민대표대회 선거에서 유권자에 의해서 제기된 파면권이 제대로 행사되지 못하고 상급 정부에 의하여 좌절된 경우와는 달리, 상급 기관에 의해서 위로부터 당선자에 대한 파면이 직접 이루어지는 경우도 매우 일반적인 현상이다. 인대대표의 경우, 비록 선거로 선출된 대표가 선거구민의 30인 이상의 연명을 받아 해당 인대 상임위원회에 파면안을 제출하면 선거구민 과반수의 동의를 통하여 파면할 수 있다고 법률로 규정하고 있지만, 상급 정부가 기층 인대대표의 파면을 결의한다면 파면을 추진하는 것은 그렇게 어려운 상황이 아니다. 촌민위원회 간부의 파면 역시, 법률상으로 "어떠한 조직이나 개인도 촌민위원회 간부의 직위를 직접적으로 철회할 수 없으며, 직위를 중단하고 징벌을 주거나 직위를 떠나서 교육을 하는 방식 등을 통하여 촌민위원회 성원을 철회할 수 없다."라고 규정하고 있지만, 실제 촌민위원회 선거 이후 선거를 통하여 당선된 선출자들이 상급 정부에 의해서 불법적으로 파면되는 경우는 매우 흔한 일이다. 즉 선거를 통하여 당선된 촌민 간부들이 촌내의 재정 상황을 정리하고, 그 상황을 공개하거나 세금 징수에 적극적으로 협력하지 않거나, 혹은 향진 간부와 친밀한 관계가 없는 경우 종종 향진 정부에 의해서 철회되기도 한다. 물론 이들은 명목상으로는 업무 능력에 문제가 있고, 임무를 완성하지 못하고, 내부의 분열을 조장하며, 촌의 당서기와 협력하지 못하고 갈등하는 등의 이유를 제시하지만, 대부분 표면적인 이유에 불과하다. 아래 사례들은 이 같은 사실을 잘 나타내주고 있다.

우선, 후베이성 첸장시의 야오리파(姚立法) 인민대표대회 대표가 2002년 촌민 선거가 실시되기 직전에 행한 조사에 따르면, 1999년 9월 28일 제4차 촌민위원회 선거부터 2002년 5월 1일까지, 시에서 선거를 통하여 선출된 329명의 모든 촌민위원회 주임 중, 187명에 대해 향진 조직이나 향진 간부 개인이 이들의 직위를 면직, 정직, 강등, 철회하거나, 촌민위원회 기구를 축소하고 다른 직위로 교체하여 임용하는 등 각종 불법적인 행위를 자행하였다. 이는 전체 촌민위원회 주임의 57%를 점할 정도로 높은 비율을 차지하고 있으며, 이 같은 상황은 432명의 촌민위원회 부주임과 촌민 위원들에 대해서도 유사하게 높은 비율로 나타나고 있다. 뿐만 아니라, 총 619명의 촌민위원회의 주임, 부주임, 촌민 위원의 직무가 불법적으로 철회된 뒤, 그들의 직무가 촌민의 선거를 통하여 선출된 간부에 의해서 대체된 것이 아니라, 향진 당위원회나 향진 정부, 촌 당지부 등의 조직이나 관리 개인이 임의로 지명하여 임명한 간부들에 의해서 대체되었다. 이 같은 상황은 시 산하 전체 329개 촌 중 269개 촌 모두에서 나타나고 있는 상황으로, 전체 촌의 약 81.8%에 해당된다(李凡 主編 2005, 267).

이중에서 특히 첸장시 장진(張金)진 시후(西湖)촌의 왕즈하이(王知海)의 경우는 전국적으로 주목을 받은 대표적인 사례이다. 1999년 9월 첸장시 장진진 시후촌은 제4차 촌민위원회 선거를 실시하였다. 왕즈하이는 524명의 유효 투표 중 333표를 획득하여 당선되었다. 그는 선거 과정 중 1999년 이전 2년간의 촌의 재무 상황에 대한 촌민들의 강력한 공개 요구를 수용하여, 당선 후 재무 소조를 조직하여 촌뿐만 아니라 진 정부 내에도 관련이 있는 인사들에 대하여 조사를 진행하였다. 바로 그 때 진 정부는 조사조의 해산을 명령하고, 1999년

12월 13일 임직한지 3개월도 안된 왕즈하이에 대해 부정한 방법을 통하여 당
선되었다는 이유를 들어 촌민위원회 주임 자격이 무효임을 선언하는 문건을
발송하였다. 그 후 그는 시 정부의 관련 부문, 국무원 등 해당 기관에 청원을
함과 동시에 소송을 진행하는 등 수년간의 노력 끝에, 2002년 9월 인대대표
야오리파가 입법 조사를 진행한 결과 마침내 촌 주임의 직위를 회복하였다(黎
珊 2006, 1/3Bar).

　이 지역 외에도 상급 정부에 의해서 임의로 촌민 간부가 해임되는 경우
는 종종 발견할 수 있다. 예를 들면 장시성 린천(臨川)시 룽산(榮山)진 당위원
회는 촌민위원회 지도부의 존재가 유약하고 느슨하다는 이유로, 선거를 통
하여 당선된 촌민위원회 부주임 1명과 위원 2명을 임의로 해임하였다. 또한
후베이성 난장(南漳)현 청관(城關)진은 농민 부담의 경감을 이유로, 진 정부
가 임의로 촌민위원회를 축소 정돈하고, 촌민위원회 간부 30인, 촌민소조장
34인을 축소 조정함으로써, 진 정부와 진 당위원회가 촌민들로부터 소송을
당하는 사건이 발생하는 등의 여러 사례들이 있다(張謙元 2005, 268-269).

　상술한 다양한 사례들은 촌민의 선거를 통하여 당선된 촌민위원회 간부
를 당이나 상급 정부가 파면하는 경우가 매우 광범위하게 이루어지고 있다
는 점을 말해준다. 이처럼 촌민에 의해서 선출된 간부들이 촌민이 아닌 상급
정부에 의하여 임의대로 파면되었다는 점에서, 촌민의 권리에 대한 직접적
인 침해이며 불법적인 행위로 간주할 수 있다.

　비록 인대대표에 대한 파면이 촌민위원회 간부에 비하여 그 수가 적지
만, 인대대표 역시 상급 정부의 임의에 의해 파면되는 사례를 발견할 수 있
다. 구체적으로, 2004년 4월 충칭시 청커우현 인민대표대회 대표 웨이(魏) 씨
의 대한 강제적인 파면 사례를 들 수 있다. 그의 파면은 중국의 지방 단위에
서 이루어진 정치개혁 실험에 대한 현 당위원회의 공식적인 반대 입장 때문
이다. 2003년 8월 18일 웨이의 주도하에 청커우현 산하의 핑바진은 당 대회

216

와 인민대표대회를 개최하여 〈중공 청커우현 핑바진 당위원회의 우리 진의 종합정치개혁의 관한 건의〉를 통과시키고, 진 당서기와 진장에 대한 직선과 당 상임 대표 제도와 인민대표 제도를 설립할 것을 결정했다. 그리고 이 같은 결과를 승인해 줄 것을 전국인대에 신청하였다. 그러나 이 같은 결정은 상급의 동의를 사전에 얻지 않고 진행됨으로써, 2004년 2월 충칭시의 당기율위원회는 이 일을 당규율을 엄중하게 어긴 사건으로 규정하고 웨이의 모든 직위와 업무를 철회했다. 그리고 같은 달 청커우현의 인대 상임위원회는 회의를 통하여 웨이의 인대대표 직무의 중단을 결정했다. 이 같은 결정은 주민들의 강한 불만을 자아냈으며, 주민들은 웨이의 직위 복귀를 요구했고, 그리고 자신들의 의견과는 전혀 상반된 상급 정부와 당으로부터의 일방적인 결정에 의한 파면에 강력하게 항의했다(韓福東 2004, 227-234; 瑪雅 2006, 1-8/8 Bar).

그러나 중국의 선거법은 주민들의 직선을 통하여 선출된 인대대표의 최종적인 파면 결정은 선거구민인 유권자들만이 할 수 있도록 하고 있다. 즉 현 인대대표의 파면은 선거구민 30인 이상의 연명으로 현 인대 상임위에 파면을 제기하고, 선거구민의 과반수의 찬성이 있을 때에만 파면될 수 있다. 그러나 상술한 실제 파면 과정을 보면 선거법에 정해진 절차와 상관없이 상급 정부와 당조직, 그리고 인대 상임위원희에 의해서 임의로 이루어졌음을 알 수 있다.

상술한 사례들은 비록 촌민위원회 선거와 인대 선거에서 파면권의 행사가 유권자들의 선거권의 일부로서 선출된 대표에 대한 감독과 견제를 위한 주요한 권리이지만, 여전히 상급 행정기관들에 의해서 파면권의 실질적인 실행이 좌우되고 있음을 보여 준다. 유권자들의 파면권 행사는 상급 행정기관이나 해당 기관의 상급 기관에 의해서 중간에 방해 받고, 그 결과 좌절되는 경우가 종종 나타나고 있다. 또한 상급 당정 기관이 선출된 간부를 직접 파면하는 경우도 빈번하다. 이는 유권자의 당선자에 대한 감독 권한에 대한 권력

기관의 침해로, 선거 과정에서 지방정부와 시민사회가 여전히 비대칭적인 권력관계를 형성하고 있음을 의미한다.

4. 좌절된 파면권 행사와 그 원인

그렇다면, 상술한 유권자의 파면권 행사의 좌절을 초래한 원인은 무엇인가? 아래에서는 그 원인을 세 가지 차원으로 구분하여 분석하고자 한다.

1) 법률 및 파면 절차의 문제

첫째, 실제 누가 최종적인 파면권을 가지고 있는가의 문제이다. 인민대표대회 대표의 파면의 경우 유권자 30명 이상의 연명으로 파면을 제기할 수 있으며, 또한 유권자 대회를 통하여 과반수 유권자의 찬성으로 파면을 결정하도록 하고 있다. 그러나 앞에서 든 실제의 사례를 통해서 볼 때, 인대 상임위가 파면의 실제 과정을 지배하고 있음을 알 수 있다. 우선, 30인의 연명으로 파면을 제기해도 실제 파면을 진행할 것인가 아닌가는 인대 상임위가 결정한다. 이는 파면을 진행하기 전에 인대 상임위가 조사조를 조직하고, 파면에 연명한 사람들에 대하여 질의를 진행하여 그들에게 신중하게 고려할 것을 요구하는 등의 행동을 통하여, 이들이 파면 연명을 포기하도록 하여 파면 제기 자체가 불가능하도록 할 수 있음을 의미한다. 둘째, 유권자들이 제기한 파면의 이유가 합당한가를 인대 상임위가 판단한다는 점이다. 따라서 파면의 추진 및 파면의 결과에 인대 상임위의 행동은 결정적인 영향력을 지니고 있다고 볼 수 있다. 그러나 선거법은 유권자 30인 이상의 연명을 받아 파면이 제기되면 인대 상임위는 파면 요구서를 접수하고, 파면 요구서 및 파면이 제기된 대표자의 의견서를 인쇄하여 배포하며, 유권자 대회를 조직하여 파면을 표결에 부치고 표결 결과를 확인하는 역할을 한다고 규정하고 있다. 따라서 인대 상임위가 조사조를 파견하고, 상임위가 표결을 통하여 파면 과정을 시작할 것인가 아닌가를 결정하는 결정권은 없다. 이는 결국 인대 상임위의 파면 과정에서의 역할이 불법적인 역할임을 의미한다(陳傑人 2006a, 1/2Bar).

이 같은 상황은 촌민위원회에서도 마찬가지이다. 중국의 기층 민즈와 촌민자치의 발전은 상당 정도로 향진 당위원회와 정부의 추진하에 전개되고 있다. 따라서 실질적으로 대다수의 촌민위원회 간부가 당위원회와 향진 정부의 의도에 근거하여 선거를 통해 선출되는 상황에서, 이들 상급 조직이 파면을 원치 않으면 촌민 역시 이를 추진하기가 힘들다. 실제로 대부분의 파면이 성공된 경우를 보면, 향진이 촌민 대회를 주도하고, 동시에 최종적으로 향진 정부에 의해서 인가를 받은 경우이다. 만약에 향진 정부가 반대한다면, 촌민은 파면을 추진하기가 어렵다(老石 2006, 1-2/2 Bar; 王宜峻 2006, 1/2 Bar). 그러나 향진 정부는 촌민의 자발적인 파면 제기를 통한 파면의 추진에 매우 소극적이다. 그 이유는 첫째, 향진 정부는 파면이 사회 안정에 영향을 끼치고 농민들의 저항 심리를 불러일으켜, 이후의 업무 수행에 불리한 영향을 미칠까 걱정한다. 둘째, 만약 파면 절차가 시작되고 파면이 성공할 경우, 자신들의 권위에 좋지 않은 영향을 미칠 수 있다는 점을 우려한다. 따라서 향진 정부는 종종 파면을 추진하지 못하도록 하거나, 심지어 공공 권력을 이용, 촌에 개입하여 파면을 제기한 촌민을 억압하기도 한다. 셋째, 현실에서 많은 촌 간부와 향진 정부가 서로 이익 관계가 복잡하게 얽혀있어, 촌 간부에게 위기가 발생하면 향진 정부 자신의 이익에도 치명적인 영향을 미칠 수 있기 때문이다(趙紅文·張榮敏 2006, 4-5/8 Bar). 결국 최종적으로 파면에 성공한 경우를 보면, 향진 정부가 파면을 주도할 때, 그리고 최종적인 파면의 결과 역시 향진 정부에 의해 인가될 때만이 가능하다고 볼 수 있다.

둘째, 파면을 주도하는 주체와 파면 대상이 일치함으로 인하여 파생되는 문제이다. 인대대표의 경우, 인대 상임위원회가 파면을 주도하고, 촌민위원회 간부의 파면은 촌민위원회가 주도한다. 이는 파면을 당하는 사람들이 자신의 파면을 주도해야 한다는 것을 의미한다. 따라서 촌민위원회나 인대 상임위는 파면이 자신들의 이익과 직접적인 관련이 있기 때문에, 파면 제기 자체를 받아들이지 않거나, 절차 자체를 시작하려 하지 않고 시간을 끌면서, 연명자들을 협박하는 등의 방법을 통하여 파면의 진행 과정을 중단시키려 하고 있다.

셋째, 법으로 명확하게 규정하고 있지 못한 파면 절차로 인하여, 향진 정부나 상급 기관이 파면 과정에 개입할 수 있는 여지를 남기고 있다는 점이다. 구체적으로, 우선, 촌민위원회조직법은 파면이 제기된 후 '적시에' 촌민 대회를 통하여 표결에 부쳐야 한다고 규정하고 있다. 또한 촌민위원회조직법 11조는 어떤 조직이나 개인도 촌민위원회 성원을 교체할 수 없다고 규정하고 있지만, 이 같은 일이 발생하였을 때 어떻게 처벌할 것인가에 대한 아무런 처벌 규정이 없다. 인대대표의 파면에 관한 선거법 조항 역시, 파면이 제기된 후 조사조를 구성하고 유권자 대회를 개최하여 파면을 표결에 부쳐야 한다고 규정하고 있지만, 구체적으로 시간상의 제한을 두고 있지 않다. 또한 파면을 제기할 때, 파면 이유를 서면으로 제출해야 한다고 규정하고 있지만, 구체적으로 파면의 사유가 될 수 있는 것이 무엇인가에 대한 규정이 없는 상태이다. 이 같은 상황은 파면서가 제기된 지 수개월이 지나서 파면 과정이 진행되거나, 혹은 인대 상임위의 주관적인 판단에 기초하여 파면 사유를 결정할 수 있는 여지를 남겨두는 결과를 낳고 있다.

넷째, 선거권과 파면권의 불균형의 문제이다. 촌민위원회 선거의 경우, 선거 과정에서는 후보자가 투표에 참여한 유권자의 과반수의 지지를 얻으면 당선될 수 있다. 그러나 정치적인 안정을 유지하기 위하여 파면권 행사의 기준을 강화한 결과, 파면을 표결하는 투표에서 지역 유권자 과반수의 찬성표가 있을 때만 파면이 가결될 수 있다. 그러나 바쁜 농사일과 농촌 인구의 도시 진출이 급증함에 따라, 현실적으로 농촌지역에서 유권자의 절반 이상이 촌민 대회에 참석하는 것이 쉽지 않은 상황이다(蔣偉濤 2006, 1-2/3 Bar). 인대대표의 파면 과정에서도 이 같은 불균형 상황이 나타나고 있다. 즉 인대대표를 선출하는 선거에서는 각 정당이나 인민 단체의 연명을 통하거나 유권자 10인 이상의 연명을 통하여 후보자를 추천 할 수 있으며, 위임 투표를 실시할 수도 있고, 과반수 참여와 참여자의 과반수의 찬성으로 당선이 가능하다. 그러나 파면 투표의 과정에서는 정당이나 단체의 연명으로 파면을 제기할 수 없고, 30인 이상의 연명이 필요하며 위임 투표가 불가능하다. 또한 유권자의 과반수의 참여와 유권자의 과반수의 찬성으로 파면을 할 수 있다고 규정하고 있다. 이는 인대대표의 당선과 파면 과정이 제도적으로 불균형을 이루고 있음을 의미한다(張謙元 2005, 197-198).

2) 상급 정부와 유권자의 인식의 문제

첫째, 상급 행정기관의 파면에 대한 임의적인 행동과 인식이다. 가령, 상술한 인대대표에 대한 위로부터의 파면의 경우를 보면, 상급 정부와 당위원회는 파면에 대한 법이 정한 공식적인 절차를 거치지 않고도, 자신들의 임의적인 판단에 근거하여 인대대표를 파면하였다. 바로 이는 파면을 법으로 엄격하게 규정된 민주적인 절차로 간즈하기보다, 상급 정부의 정치적인 판단에 의하여 좌우될 수 있는 것으로 보고 있음을 의미하며, 이로 인하여 유권자의 아무런 동의나 절차도 없이 인민의 직선에 의해서 선출된 대표는 파면되기에 이르렀다.

이는 촌민위원회 대표의 경우도 마찬가지이다. 앞에서도 살펴보았듯이 향진 정부의 관리들은 파면이 사회적 안정에 미칠 영향을 우려하거나, 파면의 성공으로 인해 초래될 자신들의 권위의 실추에 대한 우려, 그리고 촌 간부와 자신들 사이에 복잡하게 얽혀있는 이해관계로 인해 촌 간부에 대한 파면이 자신에게 미칠 수 있는 위험성을 걱정한다. 따라서 법이 정한 절차를 임의적으로 무시하면서 촌 간부의 파면에 직·간접적으로 개입한다. 뿐만 아니라, 가족계획, 조세 징수 등 향진 정부의 여러 가지 업무를 이행하기 위하여 촌민위원회의 협조가 불가피함에 따라, 향진 정부의 명령에 잘 순응할 수 있는 사람이 당선되는 것을 원하지만, 이것이 뜻대로 되지 않을 경우 각종 수단을 동원하여 선거 과정에서 당선을 막거나, 혹은 당선된 촌 간부를 파면하고자 하는 일이 종종 발생하고 있다(張謙元 2005, 270).

둘째, 촌 간부의 인식의 문제로, 파면 업무를 충분히 중요하게 인식하고 있지 못한다는 점이다. 대부분의 촌 간부는 장기적인 공동생활로 인하여, 촌민들과 매우 밀접한 인간적인 관계를 형성하고 있다. 어떤 사람은 파면되는 사람과 깊은 정서적인 유대 관계를 가지고 있거나, 같은 씨족에 속하기도 한다. 이 같은 이유로 파면 업무를 추진할 때 적극적이고 공정하게 처리하기보다 인정에 이끌리는 경우가 종종 있다.

셋째, 촌민의 사고의 편차로, 자신의 민주적 권리를 충분히 행하지 못한다는 점이다. 일부 촌민들이 파면을 주도하거나 파면되는 사람들을 매우 잘 아는 상황에서, 자신의 생각과는 달리 한 표를 행사할 수도 있고, 어떤 촌민은 파면되는 사람이나 파면을 요구하는 사람들에게 비난을 받는 것이 두려워, 혹은 보복을 당하는 것이 두려워 파면권 행사에 참여하지 않거나, 자신의 의지와는 상반된 투표를 하는 일이 종종 발생하기도 한다(趙紅文·張榮敏 2006, 4-5/8 Bar).

3) 제도적인 요인

인민대표대회와 촌민위원회는 아직까지 당이나 상급 정부로부터 독립된 기관으로 위치하고 있지 못하며, 상급 정부나 기관에 의해서 그 활동이나 구성이 상당 부문 통제되고 있다. 바로 이 같은 상황으로 인하여, 당정 부문은 인민의 직접선거를 통해 선출된 인대대표나 촌의 간부들의 파면에 대해서 실질적인 영향력을 행사할 수 있게 된 것이다.

우선, 인민대표대회의 경우를 살펴보면, 1978년 이후 인민대표대회는 그 본래의 입법 기능과 감독 기능을 회복시키고 강화하기 위한 일련의 노력을 전개하고, 민주 의식의 보급과 선거제도의 개선에 따라 당선된 대표의 자율성이 제고되면서, 당으로부터의 자율성 역시 증가되고 있지만, 그럼에도 불구하고 인민대표대회 제도는 아직까지 많은 한계가 있다. 첫째, 삼권분립이 명확하게 규정되고 있지 않은 조건어서, 인민대표대회의 역할이 분명하게 구분되고 있지 못하다는 점이다. 그 결과 인민대표대회의 역할은 당의 대변인, 당의 정책과 정부의 명령에 대한 전달, 법령의 추진에 대한 협조가 주요한 역할이 되고 있는 실정이다. 둘째, 법치 문화가 아직 확립되지 않아, 당의 일원화된 지도라는 정치적인 전통하에서 당위원회가 여전히 모든 것을 지휘하는 지도 방식이 관철되고 있다는 점이다. 셋째, 인민대표대회 제도에 대한 권위가 아직 확립되지 못하였다는 점이다. 오랫동안 헌정주의 전통이 부재하였고, 인민대표대회가 그 본래적인 역할을 수행해 오고 있지 못하였기 때문에, 인민대표대회의 제도에 대한 권위가 아직까지 제자리를 잡지 못한 상황이다(趙建民 2003, 155-157). 바로 이 같은 제도적 요인으로 인하여, 인대대표의 파면권은 법률상으로는 유권자에게만 귀속되지만, 실제 파면 과정이 상급 정부나 당에 의하여 주도될 수 있는 것이다.

둘째, 촌민위원회와 향진 정부의 관계이다. 현재 대부분 지역의 향진 정부의 업무 방식은 촌민위원회조직법의 요구에 부합하지 않는다. 촌민위원회

조직법 제4조는 향, 민족향, 진 인민정부는 촌민위원회의 업무에 대하여 지도, 지지, 협조하여야 하며, 단 촌민자치 범위에 속하는 사항에 대해서는 간섭하지 말아야 한다고 규정하고 있다. 그리고 촌민위원회는 향, 민족향, 진 인민정부의 업무에 협조해야 한다. 또한 향진 정부와 촌민위원회의 관계는 지도와 피지도의 관계이며, 영도와 피영도의 관계가 아니라고 규정하고 있다. 이는 향진 정부가 촌민위원회의 업무에 대하여 지도성, 즉 지도, 지지, 협조에 그 역할을 국한해야 하고, 촌민위원회는 향진 정부의 업무에 대하여 협조에 그 역할을 한정해야 하며, 직접적인 참여나 향진 정부를 대신하여 업무를 수행하지 말아야 함을 의미한다(白鋼·趙壽星 2001, 327-332).

그러나 실제 운영 과정에서 향진 정부는 과거와 마찬가지로 행정적인 간여와 지휘, 명령의 전통적인 업무 방식에 익숙해 있다. 촌민위원회에 종종 지령을 하달하고 임무를 할당하면서, 촌민위원회가 자신의 업무를 대행하도록 압력을 가하고 있다. 다시 말하면 향진 정부는 종종 촌민위원회를 행정적으로 관리하면서, 말을 듣지 않는 촌민위원회 간부에 대해서는 직위 철회, 임명 면직 등의 행정적인 수단을 사용하고 있다. 이 같은 현상이 발생하는 이유는 강한 국가에 비하여 지나치게 미약한 중국 농촌 사회의 영향력 때문이다. 촌민자치의 실시는 인민공사가 해체된 이후 농촌지역에 대한 국가의 통제 필요성에 부응하기 위하여 제도적인 설계를 진행한 결과 이루어진 것이다. 따라서 실제 과정에서 촌민자치는 위로부터 아래로 추진되었고, 실시 과정에서 정부 관료가 결정적인 역할을 하고 있다. 촌민자치의 행정화 경향은 바로 이 같은 상황의 반영이라고 볼 수 있다. 향진 정부는 합법적으로 조직된 국가 권력이고, 촌민위원회에 비하여 정치, 경제, 조직, 문화적 자원에 있어서 월등한 우세를 점하고 있다. 따라서 향진 정부와 향진 당위원회는 촌민위원회 조직법 자체를 법으로 인정하지 않는 경향이 종종 존재하고 있다(張謙元 2005, 270). 바로 이 같은 상황으로 인하여 향진 정부는 촌민위원회 간부의 파면에 실질적인 영향력을 행사할 수 있게 된 것이다.

5. 결론 : 의미와 한계

중국은 지난 20여 년의 기간 동안 인대대표와 촌민위원회 간부를 직선을 통하여 선출해 왔다. 그 결과 각종 선거 절차와 법제의 정비뿐만 아니라, 인민들의 선거에 대한 인식 또한 커다란 변화를 경험하여 왔다. 과거 단순한 대중 동원의 수단으로 선거가 활용되었다면, 이제 선거는 인민들의 권리 의식의 표출의 장임과 동시에 정치 지도자에 대한 감독과 견제의 장으로 변화되고 있다. 1999년 직선으로 선출된 촌민위원회 간부에 대한 파면이 최초로 이루어진 이후, 최근 중국의 선거에서 선출된 지도자에 대한 파면이 중요한 쟁점으로 부상하고 있는 것은 바로 이 같은 이유에서라고 볼 수 있다.

비록 각종 사례들은 파면이 실질적으로 상급 정부나 상급 기관에 의해서 통제되고, 법률이나 절차가 구비되지 못하여 민의가 수렴되기 어려운 상황이라는 것을 보여 주고 있지만, 선출된 지도자에 대한 파면의 실시는 또한 다음과 같은 점에서 의미를 지니고 있다.

첫째, 많은 유권자들이 연명을 통해 자신의 직무를 충실히 이행하지 않는 대표에 대하여 파면을 요구하는 것은, 중국의 일반 유권자의 권리 의식과 권력 주체 의식의 빠른 성장을 반영하는 것이라고 볼 수 있다. 인민들에 의해 인민대표나 촌민위원회 간부가 엄격하게 감독됨으로써, 중국의 각급 인민대표나 촌 간부의 자질을 향상시키고, 인대나 촌민위원회 전체의 수준을 제고시키는 방향으로 나아가고 있다는 줃이다.

둘째, 유권자들의 파면에 대한 행동 표명은 선거를 통하여 선출된 대표들이 자신들의 이익 대변자에 불과하다는 인식의 표출로 볼 수 있다. 즉 인대대표는 인대대표에 불과하고, 촌민대표는 촌민대표에 불과하며, 이들 직위를 어떤 특수한 신분으로 간주하여 특권을 향유할 수 없다는 것이다. 인대대표는 언제든지 유권자의 의견이나 요구를 들어야 하고, 입법, 행정, 사법기관에 유권자의 요구를 표출하여 유권자의 합법적인 권익을 보호하는 역할을 해야 한다는 사고의 표현으로, 만약에 이를 이행하지 못하면 바로 유권자에 의해서 언제든지 파면될 수 있다는 점을 분명히 인식하고 있다.

셋째, 유권자들의 파면 행동은 인대대표나 촌민대표가 자신의 직위나 역할을 단지 개인의 명예나 영광으로 간주하는 것을 불가능하게 하면서, 역할에 대한 책임감을 강화시키게 한다. 즉 만약 자신의 역할에 대한 정확한 이행과 책임을 다하지 않는다면, 당선도 불가능할 뿐만 아니라, 사직을 하거나 파면을 당하게 된다는 점을 인식하게 해 준다.

그러나 이 같은 긍정적인 역할과 기능에도 불구하고, 파면권의 행사가 선거제도로서 확립되기 위해서는 아직도 많은 한계를 지니고 있다. 우선, 비록 선거법과 절차가 많이 완비되었지만, 파면권의 문제가 최근 선거제도의 쟁점으로 부상함에 따라, 법률과 절차에 있어서 여전히 많은 문제점과 개선점이 존재하고 있다는 점이다. 둘째, 상급 당정 부문이나 유권자들 역시 파면권을 정치적 시민권의 핵심적인 내용으로 간주하고, 이의 철저한 이행의 필요성을 인식하는 데 여전히 한계가 있다는 점이다. 셋째, 인민대표대회와 촌민위원회가 아직까지 당이나 상급 정부로부터 실질적인 독립성을 확보하지 못한 제도적 한계로 인하여, 당정 부문이 인민의 직접선거를 통하여 선출된 인대대표나 촌의 간부들의 파면에 대해서도 영향력을 행사할 수 있다는 점이다. 바로 이러한 요인들로 인하여 파면이 실제로 이루어지기 위해서는 유권자들의 자발적인 의사나 행동보다는, 상급 당정 부문이 이를 어떻게 받아들이는가가 결정적인 변수가 되고 있는 실정이다.

　이 같은 상황은 파면권의 행사를 통하여, 유권자로 구성된 시민사회가 지방정부나 지방의회로 대표되는 국가권력을 견제하고 감독할 수 있는 권리를 제대로 행사할 수 없는 상황임을 의미한다. 이는 결국 민주적 선거를 통하여 공동체의 구성원들이 그들 지도자를 의지대로 선택할 수 있는 정치적인 권리를 제한하는 결과를 초래하게 되고, 그 결과 시민들의 정치적 시민권이 제한되고 있음을 의미한다. 따라서 파면권의 제도적 완비와 실질적인 보장은 중국의 기층 사회에서 정치적 시민권의 제도적 완비를 위한 핵심적인 과정이라고 볼 수 있다.

제9장

체제 전환기 중국의 촌민자치와 국가와 사회*

1. 서론 : 기존 논의 검토와 문제 제기

중국은 지난 20여 년 간의 개혁개방 정책을 통해 시장경제체제로 성공적인 전환을 하면서, 이익 관계를 둘러싼 갈등이 사회적 갈등의 지배적인 형태로 등장하고 이익 의식이 사회적 의식의 보편적인 지위를 점하게 되었다. 특히 이 같은 변화는 1970년대 후반부터 시작된 농가호별청부제의 실시로 농촌지역에서 우선적으로 나타나기 시작하였으며, 그 결과 농촌지역은 기존의 정사합일(政社合一)의 인민공사 체제를 통한 통제체제가 해체되고, 농민의 이익과 의사를 자율적으로 표출해 줄 수 있는 새로운 제도적 장치가 필요하였으며, 이에 등장한 것이 촌민 직선에 의한 촌민자치이다.

1988년부터 일부 지역에서 실험적으로 실시되면서 그 범위가 점차 전국적인 범위로 확산되자, 촌민자치에 대한 서방과 중국 연구자들의 관심이 증가하면서, 촌민자치의 실시와 중국의 정치개혁과의 상관성에 대한 논의에 초점을 맞추어 다양한 논의가 전개되어 왔다.[1] 그러나 촌민자치가 이미 15여

---

* 『중소연구』(한양대 아태지역원) 26권 2호(2001), pp. 61-80에 발표된 논문임.
[1] 자세한 내용은 이정남 (2001, 139-141) 참조.

년에 가까운 실천 과정을 거치면서, 촌민자치에 대한 연구는 촌민의 선거를 통하여 구성된 촌민자치 조직의 역할과 성격2 및 촌민자치의 실시에 따른 농촌지역에서의 국가와 사회의 관계 등으로 그 논의가 다원화되고 있다. 이 글은 바로 국가와 사회라는 관점에 근거한 촌민자치에 대한 기존의 연구를 검토하면서, 촌민자치의 실시와 농촌지역에서의 국가와 사회 관계 변화의 본질을 분석하는 데 초점을 두고 있다.

왕시아오쥔(王小軍)과 시아오러우(蕭樓)는 지금까지 촌민자치에 대한 연구가 지배 이데올로기와 국가주의에 근거한 분석에 치우쳐 있었다고 비판하면서, 국가와 사회라는 관점에서 분석할 필요성이 있음을 주장한다. 그들에 따르면 촌민자치를 통하여 국가권력이 표면적으로는 농촌 사회에서 퇴각했지만, 다른 한편으로는 행정 자원을 이용하여 농촌지역에 침투했으며, 동시에 농촌지역 엘리트들도 자신의 이익을 위한 지위를 공고화하기 위하여 지방 관리와 협력하려는 경향을 가지고 있다. 따라서 인민공사의 해체와 함께 농촌지역에서 실시된 촌민자치의 실시는 국가권력의 퇴각과 침투가 동시에 이루어지고 있음을 나타내 주는 것이라고 지적하고 있다(王小軍·蕭樓 1996, 83-90).

또한 상술한 이분법에 근거한 분석을 비판하면서 삼분법에 근거한 분석이 행해지고 있다. 즉, 허쉐펑(賀雪峰)은 국가-사회 분석틀을 끌어들이는 것은 과거의 중국 사회를 연구할 때 국가만을 연구하는 것을 타파하는 데는 도움이 될 수 있지만, 기층선거와 촌민자치제라는 민주화 조치를 통하여 농민의 요구와 국가권력이 상호 소통해감으로써 국가와 농촌 사회가 상호 강화

2 브존 알프만(Bjorn Alpermann)은 선거를 통하여 선출된 촌민자치 조직 간부와 국가의 관계가 주인과 대리인 관계를 형성하고 있다는 연구 결과를 제시하고 있으며, 이정남 역시 선거를 통하여 선출된 촌민자치 조직이 촌의 당지부와 향진 정부의 통제하에 있는 준행정적인 조직으로서의 성격을 띠고 있다는 연구 결과를 제시하고 있다(Alpermann 2001, 45-67; 이정남 2001, 139-159).

되는 적극적인 효과를 낳았기 때문에, 촌민자치를 국가와 농촌 사회 그리고 지방정부라는 삼분법을 통하여 분석할 것을 주장하고 있다(賀雪峰 1999a, 23-26). 우이(吳毅)도 촌민자치가 국가에 의하여 실시된 이후에 국가를 대신해서 농촌 엘리트가 주요한 역할을 하고 있으며, 이들 엘리트들이 비록 기층 권력과 어느 정도 연결을 가지고 있지만, 이들은 또한 특정한 이익 군체로서 촌민자치 과정에서 촌민들보다 지배적인 영향력을 발휘하고 있다고 지적한다. 따라서 엘리트들은 국가와 사회를 단순히 대표한다고 볼 수 없기 때문에 촌민자치를 설득력 있게 설명하기 위해서는 국가-엘리트-촌민 간의 삼분법을 통하여 설명해야 한다고 주장하고 있다(吳毅 1999a, 10-17; 1999b, 193-204).

상술한 삼분법은 이분법보다 체제 전환 과정에 처해 있는 중국 사회의 다양한 영역들에 대해 좀 더 미시적인 분석을 하는 데에 설득력 있는 이론적인 틀을 고안해 줄 수 있도록 도와준다. 특히 촌민자치를 둘러싸고 중앙정부와 향진 정부를 중심으로 한 상급 정부, 그리고 당지부와 농민들과의 다면적인 관계를 형성하고 있는 최하위 기층 단위를 분석하는 데는 이 같이 더욱 미시적인 이론적 분석틀이 요구된다. 그러나 우이의 국가-엘리트-촌민 간의 삼분법은 엘리트가 독립된 이익 군체로서 촌민자치 과정에서 국가를 대신해서 적극적인 역할을 하고 있는 것으로 설명하고 있지만, 엘리트가 촌민자치 조직을 통하여 준행정적인 관료 조직체로 흡수되어 국가와 사회를 연결하는 중개 영역의 한 면을 형성하면서 국가와 농촌 사회의 통합을 이끌어 내고 있음을 간과하고 있다. 또한 허쉐펑의 국가-지방정부-민중이라는 삼분법은 촌민자치 과정을 통하여 지방정부의 역할에 대한 감독 기능이 강화됨으로써 농촌 사회에 대한 국가의 통치 능력도 강화되고 민중들도 국가에 대한 영향력을 강화시켰다고 주장하고 있다. 그러나 그는 이 같은 변화가 지방정부(향진 정부)에 대한 국가와 농민의 감독 기능의 강화로 인한 것이 아니라, 지방정부와 당의 실질적인 통제하에 있는 촌민자치 조직으로 농촌 엘리트가 통합되어 중개 영역을 형성함으로써 가능하였다는 점과, 촌민자치의 실시가 농촌 사회의 자율성을 강화시켜 강한 사회를 만들었다기보다는 농촌 사회와 국가를 통합시켜서 국가로의 안정적인 통제가 가능하도록 하는 결과를 초래하였다는 점을 간과하고 있다.

따라서 이 글은 촌민자치 조직이 관료 체계와 사회 엘리트를 연결시켜 주는 중개 영역으로 작용함으로써, 국가권력의 유지를 밑받침해 주고, 국가와 사회의 제도적인 통합을 이끌어 내어 체제 전환기 농촌 사회의 사회적 안정 유지에 기초로 작용하고 있음을 밝혀 줄 것이다. 또한 촌민자치의 실시가 농촌지역에서 국가와 사회를 분리시켜 자율적인 시민사회의 형성을 이끌어 내기보다는 농촌 사회와 국가를 통합시키고 있음을 밝힘으로써, 촌민자치의 역할이 농촌지역의 자율적인 시민사회 형성에 대해 갖는 함의를 밝혀 줄 것이다.

이를 위해 우선, 중개 영역에 대한 개념 정의를 명확히 하면서 이 개념을 이용하여 촌민자치를 분석하는 데 있어 개념적 적실성을 살펴보고, 촌민자치 제도가 관료 조직체로서 역할하고 있음과 동시에 농촌 엘리트를 제도적으로 흡수함으로써 관료 조직체와 엘리트를 융합시키는 중개 영역으로 기능하고 있음을 살펴볼 것이다. 마지막으로 중개 영역으로서의 촌민자치 조직의 역할이 농촌 사회와 국가와의 관계에 어떠한 영향을 미치는지를 살펴볼 것이다.

2. 촌민자치 조직: 국가와 사회의 중개 영역

지난 20여 년간의 급속한 경제성장과 함께 중국 사회는 계층 구조의 다원화로 본격적인 구조적 분화가 이르어졌다. 이 같은 사회적인 변화를 반영하면서 중국 지역 연구에서 국가와 시민사회 혹은 국가와 사회의 관계에 대한 연구는 핵심적인 이론적 쟁점이 되었다. 즉, 개혁개방 시기 중국에 있어서 국가에 대하여 사회 각 영역 조직체의 활동의 자율성에 초점을 맞추어, 혹자는 중국 사회의 자율성에 대해 비교적 낙관적인 전망을 하는가 하면(鄧正來 1998; White 1994, 194-218; Saich 2000, 124-141), 혹자는 조합주의적인 구조를 형성하고 있는 것으로 파악하고 있고(Chan 1994, 162-193; Unger and Chen 1995, 29-53; Goldstein 1995, 1105-1131; 康曉光 1999, 1-14; 李略 1999, 133-142), 혹자는 국가와 사회의 관계를 분석하는 데 있어서 중국적인 특색을 강조하면서, 중국의 국가와 사회의 관계는 어떠한 실질적인 변화도 일어나지 않았고, 사회 단체들은 단지 정부와 사회의 중간층으로, 정부가 사회를 통제하기 위한 통로에 불과하다는 주장을 제기하고 있다(王穎·折曉葉·孫炳耀 1993). 상술한 국가와 사회의 관계에 대한 분석은 개혁개방 정책을 통하여 등장한 중국 사회의 각 영역의 사회적 집단들의 성장에 주목하여 국가로부터 사회의 분리 혹은 자율성의 정도에 초점이 맞추어져 있다. 따라서 촌민자치의 실시와 함께 중국의 농촌 사회에 나타난 국가와 사회의 통합의 흐름을 설명하는 데는 일정한 한계를 가지고 있다.

중국의 촌민자치에 대한 분석은 촌민자치 조직이 지니고 있는 특수성으로부터 출발해야 한다. 중국의 촌민위원회는 법률상으로 자치 조직으로서의 위상을 띠고 있지만, 개혁개방 정책과 함께 등장한 각종 사회적인 자치 조직과는 달리 '반(半)관료적인' 성격을 지닌 준행정조직 역할을 하고 있다. 즉, 한편으로는 기층 단위에서의 당과 상급 정부의 대리인으로서의 역할을 하면서, 다른 한편으로는 농민의 이익을 대변해야 하는 이중적인 성격을 띠고 있다(徐勇 2001, 3-6; 金太軍 2001, 210-219). 바로 촌민자치 조직의 반관료적인 성격으로 인하여 국가로부터 분리 혹은 자율성을 추구하는 사회 내의 각종 조직체들과는 달리 촌민자치 조직은 국가와 사회를 통합하는 경향을 가지고 있다고 볼 수 있다.

　류화(劉華)의 중개 영역론은 상술한 촌민자치 조직이 지니고 있는 독특한 성격을 이해할 수 있도록 도와준다. 류화에 따르면, 전통적으로 중국에서의 향촌(鄕村) 행정 건설의 직접적인 결과는 중개 영역의 제도화 발전이다. 이 영역은 국가와 사회의 영향을 초월하는 자신의 특질과 자기 변천을 하는 영역으로, 공식적인 국가 행정 기구와 권위적 지위를 차지하고 있는 사회의 엘리트가 결합되어 형성된 것이며, 향촌사회의 발전에 직접적인 영향을 미친다. 그 결과 향촌 사회와 국가가 직접적으로 직면하고 있는 것은 바로 중개 영역으로, 중국의 역사에서 향촌 행정 건설의 과정은 중개 영역을 계속해서 제도화시켜왔고, 그 공공 직능의 범위 역시 갈수록 증가되어 발전되어 왔다고 주장하고 있다(劉華 2000, 1-2).

　이 같은 논의에 기초하여, 그는 중국에서 전국적인 범위의 시민사회가 존재한 적이 없기 때문에 국가와 사회의 관계를 논하는 것은 아무 의미가 없다고 주장한다. 그에 따르면, 중국의 정치발전은 국가를 본위로 하였으며, 국가는 시종 자원의 부족으로 인해서 초래된 정부 능력의 부족이라는 문제를 안고 있었다. 바로 이러한 구조적인 특징은 중개 영역을 존재하게 하였으며, 중개 영역의 제도화 발전은 체제 전환 과정 중의 사회적 충돌과 굴곡을 최저한도로 감소시켰다. 왜냐하면 중개 영역은 관료 체계와 사회 엘리트를 하나의 다면적인 연결체로 융합시킴으로써, 국가권력의 유지를 밑받침해주고, 또 사회적인 자원과 엘리트 단체를 의식적으로 흡수해 주었기 때문이다. 바로 이 같은 중개 영역은 체제 전환기 사회구조의 안정적인 기초가 되어 국가와 사회가 권력 협력과 권력의 상호 강화를 실현할 수 있는 가장 이상적인 장소가 되었으며, 이러한 중개 영역으로 인하여 국가와 사회의 제도적인 통합을 실행할 수 있게 되었다(劉華 2000, 11).

　상술한 중개 영역에 대한 논의는 중국의 개혁개방 후 촌민자치제의 실시를 통해서 농촌 사회에서 나타난 정치적인 변화를 이해하는 데 매우 큰 암시를 던져준다. 즉, 개혁개방 정책과 함께 중국의 농촌은 도시지역보다도 앞서서, 이른바 경제적 이익 관계를 둘러싼 갈등과 경제적 이익 의식이 팽창하면서 이를 제도적으로 흡수해 줄 수 있는 새로운 통치 메커니즘이 필요하였고, 이에 기존의 인민공사 체제를 해체하고 새로운 이익 관계를 보다 포괄적으로 반영하여 농촌 사회를 정치적으로 통합해 낼 수 있는 메커니즘을 개발할 필요성을 가지게 되었다(吳毅 1998, 63-64). 바로 이 같은 맥락에서 등장한 촌민자치는 한편으로는 향진 정부와 당의 통제를 받으면서 정치적인 대리인 역할을 함으로써 관료 체계적인 성격을 지니게 되었으며, 다른 한편으로 선거를 통하여 선출된 농촌지역 엘리트들을 호선하여 이들을 체제 내로 끌어들여 농촌 사회의 안정적인 통치 기반을 마련하였다. 이처럼 촌민자치를 통하여 관료 체계와 사회 엘리트를 하나의 연결체로 융합시킴으로써 국가와 사회의 제도적인 통합이 가능하였다. 따라서 이하에서는 촌민자치의 실시와 함께 등장한 농촌지역에서의 중개 영역의 특징과 이것이 국가와 사회의 관계에 미칠 수 있는 변화를 살펴 볼 것이다.

3. 촌민자치 조직과 중개 영역

중개 영역으로서의 촌민자치 조직의 성격은 촌민자치 조직이 한편으로 촌 단위의 각종 행정적인 업무를 수행하는 관료 조직체로서의 역할을 수행함과 동시에, 다른 한편으로는 선거를 통하여 촌 내의 엘리트들을 자치 조직 내로 흡수하여 관료 조직과 엘리트가 상호 결합하는 과정을 통하여 형성된다. 아래에서는 촌민자치의 구체적인 실시 과정을 통하여 중개 영역의 형성 과정 및 그 특징을 살펴본다.

1) 관료 체계로서의 촌민자치 조직

촌민위원회조직법에 따르면 촌민자치 조직은 촌민의 민주적 선거를 통하여 그 대표가 선출됨으로써 구성되고, 민주적인 정책 결정과 민주적인 감독, 그리고 업무의 공개를 통하여 촌민의 실질적인 참여 속에서 운영된다. 따라서 이 조직은 정부의 대리 기구나 정부의 하층 조직이 아니라 실질적인 자치를 수행하는 자치 조직으로서 촌민의 이익을 대표하는 조직이다(白鋼·趙壽星 2001, 327-332). 그러나 촌민자치 조직은 기층 정부와 당의 행정적인 통제 및 기능으로부터 분리되지 못하고 상층 정부의 대리 기구로서의 역할도 동시에 하고 있다. 이것은 촌민자치 조직이 각종 사회적인 이익집단과 달리 일정 정도 행정적인 통제 단위로서 지니고 있는 위상에서 비롯되었다고 볼 수 있다. 즉, 촌민자치 조직은 정사합일의 인민공사 체제와 생산대대와 생산대가 해체되고, 향진 정부와 촌민위원회로 기층 행정개혁이 추진된 결과 등장한 조직이다. 따라서 자치 조직으로서의 역할이 강조되지만, 촌 단위에는 촌급 당조직, 자치 조직, 그리고 향진 정부가 존재하고 있고, 촌의 입장에서 보면 상급 정부와 당조직은 하나의 상급 조직이다. 자치 조직은 이들 상급 정부와 당조직의 영향으로부터 떠날 수 없으며, 이는 촌민위원회조직법으로도 보장되어 있다.[3] 이러한 이유로 촌민자치 조직은 상급 정부인 향진 정부와 촌 당지부의 실질적인 통제를 받거나 향진 정부나 당조직의 대리 기구로서 촌 내에서의 각종 정치적인 업무를 수행하는 대리인 역할을 한다. 바로 이점으로 인하여 촌민자치 조직은 준행정적인 관료 조직체의 성격을 지니게 된다.

---

[3] 촌민위원회조직법은 촌 단위에서의 당의 영도적인 지위를 인정하여 당이 촌 단위에서 최고 권력기관임을 규정하고 있으며, 향진 정부 역시 촌민위원회와의 관계에서 지도와 지원을 제공하는 관계로 규정하고 있다. 그러나 이 같은 지원이나 지지는 그 의미의 모호성으로 인하여 실제 운영 과정에서 통제로 나타나는 경우가 대부분이다. 자세한 내용은 이정남(2001) 참조.

(1) 촌 당지부의 촌민자치 조직에 대한 통제

촌민위원회조직법은 촌 단위에 있는 공산당 지부가 촌의 영도의 핵심으로, 공산당 촌 지부와 촌민위원회는 지도와 피지도 관계로, 촌 당지부는 촌민의 자치 활동을 지지하고 보장해야 한다고 규정하고 있다(白鋼·趙壽星 2001, 327-332). 법률상으로 영도적인 지위를 보장받고 있음으로 인해, 당조직은 촌 단위에서의 가장 영향력이 강한 정치조직 역할을 하고 있다(陳浙閩 主編 2001, 320). 이를 구체적으로 살펴보면 당조직은 촌민자치 조직의 주요한 운영 과정에서 실질적인 주도권을 장악하고 있다.

우선, 촌민대표 회의의 운영 과정에서 당조직은 막강한 영향력을 발휘하고 있다. 촌민대표 회의는 선거를 통하여 선출된 대표 위원과 선거를 거치지 않고 자동으로 참석하는 촌민위원회 간부, 촌민소조 대표, 다양한 정부 수준의 인민대표대회 대표, 촌 당지부 서기, 촌 당지부의 당원들로 구성된다. 이들은 대부분이 공산당원이거나 공청단원이고 그리고 당지부의 간부들이다. 따라서 이들은 촌 내에서 당원이라는 공통점, 비교적 잦은 교류와 친숙한 인적관계를 통하여 촌민대표 회의의 운영 과정에서 정해진 민주적 절차에도 불구하고 실질적인 영향력을 발휘하고 있다. 따라서 촌민자치 조직의 각종 정책은 당의 방침과 상반된 방향으로 이루어지기가 어렵다(張厚安·徐勇·頂繼權 2000, 136-137).

둘째, 촌민위원회의 실질적인 운영 과정에서도 당은 막강한 영향력을 발휘하고 있다. 이 같이 당지부가 영향력을 발휘할 수 있는 데는 무엇보다도 촌 당지부의 당원과 촌민위원회 간부가 대부분 중첩된 인적 구조를 가지고 있다는 점이다(〈표 9-1 참조). 바로 이들 양 조직은 중첩된 인적 구조를 통하여 영도 조직으로서의 지위를 가진 공산당 조직의 주장을 일차적으로 관철시킴으로써, 촌민위원회의 운영이 공산당의 입장과 다른 방향으로 나아가는 경우는 극히 드물다. 또한 당지부의 간부들이 직접 촌 내의 각종 업무를 담당하

<표 9-1> 촌민위원회 주임의 당서기 겸직 및 촌민자치 조직 간부의 당원 비율 (단위 : 명, %)

	간부 총수 ⓐ	촌민위원회 주임의 촌 당지부 서기 겸직 비율 ⓑ		촌민자치 조직 간부의 당원(공청단 포함)의 비율
		촌민위원회 주임 총수	촌 당지부 서기 겸직 주임 수와 비율	
장쑤성 ⓒ	169,302	31,230	2,277 (7.29)	61.16
상하이시 ⓓ	9,036	2,133	775 (36.33)	79.80
칭하이성 ⓔ	19,714	4,108	159 (3.87)	57.90
허베이성 ⓕ	19,494	5,405	-	69.27
후베이성 ⓖ	1,765	380	86 (22.63)	83.80

주 : ⓐ 촌민위원회 주임과 부주임, 그리고 촌민 대표 의원을 말한다.
　　ⓑ 촌민위원회 주임 중 촌 당지부의 서기를 겸직하는 경우를 말한다.
　　ⓒ 1996년 제4차 장쑤성 촌민위원회 선거 결과에 근거한 자료이고, 롄윈강(連雲港)시는
　　　 제외함.
　　ⓓ 1997년 3월 5일에 실시된 촌민위원회 선거 결과에 근거한 자료임.
　　ⓔ 제3차 촌민위원회 선거 결과에 근거한 자료임.
　　ⓕ 제4차 허베이성 탕산(唐山)시 촌민위원회 선거 결과에 근거한 자료임.
　　ⓖ 후베이성 구청(穀城)현의 제3차 촌민위원회 선거에 근거한 자료임.
출처 : 民政部基層政權建設司農村處(1998, 359-371).

고 있다. 가령, 1996년 후난성 창더(常德)시 린펑(臨澧)현 허코우(合口)진 바이허(白鶴)촌에서 행해진 조사에 따르면, 당지부 서기 외에도 두 명의 부서기와 두 명의 당지부 위원 등 모두 5명의 당지부 간부가 있다. 두 명의 부서기 중 한 명은 각종 정치적인 업무와 공업과 관련된 업무를 나누어서 관리하고, 가족계획과 관련된 업무를 협력하여 담당하고 있으며, 다른 한 명은 농업과 관련된 업무를 책임지고 있다. 또한 한 명의 지부 위원은 바로 촌민위원회 주임으로 촌 내의 기업과 관련된 업무를 책임지고 있다. 다른 한 명의 지부 위원은 농업과 촌민자치의 실시와 관련된 행정 업무를 촌민위원회 간부와 함께 담당하고 있다. 바로 이러한 점들은 촌 내의 공공 권력이 당지부가 핵심이 되어 구성되어 있으며, 촌민위원회가 주체가 되어 진행되고 있지 않음을 나

타낸다(張厚安·徐勇·頂繼權 2000, 124-126). 이처럼 당은 촌민자치 조직의 상급 조직으로 당원들은 촌민자치 조직의 모든 운영 과정에 참여하면서 농촌지역의 정치적인 통제를 위한 지렛대로 작용하고 있다.

(2) 향진 정부의 촌민자치 조직에 대한 통제

촌민자치 조직과 향진 정부는 법률상으로 조직적 관계나 그 업무 영역에서 명확히 구분되지만, 촌급 조직과 향진급 조직의 간부 사이에는 일종의 이익 관계가 있고, 향진급 간부들은 촌급 간부들을 통제하려고 한다. 그 이유는 향진급 간부는 업무에서 상급 정부로부터 주어진 목표 책임제하에 놓여져 있으며, 이 같은 목표의 수행은 촌급 간부와 협력하지 않고는 이루어 내기가 매우 어려운 것들이다.[4] 따라서 향진급 간부들은 촌민자치 조직 간부를 통해 그들에게 할당된 목표를 이행하기 위하여 촌민자치 조직 간부들을 통제하려고 한다. 그리하여 촌은 이른바 행정화된 촌으로 전환되고 촌 간부는 행정적인 운행의 괘도로 진입하게 된다(王巨光 1998, 68-72). 이 같은 행정화된 촌에서 향진 관료와 촌의 관계는 복종과 피복종 관계이고, 심지어는 향진의 명령을 그대로 이행해야 하는 경우도 많다(Bernstein and Lu 2000, 760-763).

또한 향진 정부는 촌급 간부를 통제할 수 있는 수단을 가지고 있다. 우선, 조직적인 측면에서 촌급 조직을 효과적으로 통제하여 촌 간부가 향진의 의도를 관철하는 유력한 도구가 되도록 하였다. 구체적으로, 촌의 주요 간부의 임

---

4 한편 향진 정부의 관료들이 좋은 근무 평가와 승진을 위하여 통계를 부풀리는 통계 조작을 하는 경우가 일반적인 사례로 지적되고 있다. 이 같이 부풀려진 통계는 농민에게 각종 세금과 요금을 거둘 수 있는 자료로 활동되고 있어 농촌지역에 대한 지나친 과세 부담과 농민 불만의 주요한 원인이 되고 있다(Cai 2000, 783-805).

용을 직접적으로 장악하거나 혹은 그들이 임용한 간부가 촌 내의 각종 활동에서 실질적인 힘을 발휘할 수 있도록 보장하는 방법이다. 이를 위하여 많은 지방에서 제도화된, 수입을 통제하는 방식을 사용하고 있는데, 구체적으로 촌 간부의 임금을 직접적으로 통제하고, 특히 상당 정도의 포상과 징벌 조치를 채택하는 경우도 있다(沈延生 1998, 17-18).

둘째, 구체적인 업무에서 향진이 촌민자치 조직의 업무를 직접 지휘하는 방법을 통하여 촌민의 자아 관리를 대체하기도 한다. 하나의 보편적인 현상은 향진 정부가 매년 경제·사회 발전 임무를 지표로 세분화하여 하나의 구체적 계획으로 편제하여 각 촌에 집행하도록 하달하는 방식이다. 한 해 동안 업무의 전체적인 계획에 대한 요구 외에도 단계적인 업무가 있는데, 예를 들면, 연간 농업 수입에 대한 관리비, 하곡과 추곡 수매 의무, 가족계획의 선전 등도 역시 계획으로 하달된다. 계획이 하달된 이후에는 일정한 감사와 테스트, 그리고 포상과 징계가 수반된다. 바로 이러한 직접적인 지휘 관계 속에서 향진과 촌 간의 이상적인 지도와 피지도 관계를 설립하는 것은 매우 어렵다. 이러한 상황 속에서 촌민자치는 종종 향진 정부의 지도자가 촌급 업무를 조정하고 통제하는 직접적인 도구로 사용되었다. 예를 들면, 만약 그들이 촌민위원회 선거를 통하여 어떤 간부를 교체할 필요가 있다고 생각하면 새롭게 선거를 조직할 수 있고, 만약에 그들이 어떤 간부가 낙선되는 것이 걱정된다면 선거의 시작과 진행 과정에서 일정한 조작을 할 수가 있다(趙樹凱 2001).

셋째, 향진 간부를 촌에 파견하여 촌의 각종 업무를 직접 감독하도록 하는 방법이다. 이 경우는 지역에 따라 상이한 방식을 채택하고 있는데, 어떤 지역에서는 사안별로 팀을 조직하여 촌에 파견하고 그 일을 수행한 후 철수하는 방식을 취하기도 하며, 어떤 지역은 아예 각 촌에 2인 이상의 향진급 간부를 상주시키면서 이들이 촌민자치 조직의 업무를 감독하도록 하는 방식을 채택하기도 한다.[5]

넷째, 바로 이러한 관계 속에서 향진과 촌민자치 조직 사이에는 일종의 비제도적 공모 관계가 형성되었다. 즉, 촌 간부가 향진 정부의 명령을 듣고, 향진 정부의 지도자들은 일정 정도에서 그 권력을 이용하여 촌 간부가 사적인 이익을 취하거나, 구체적인 업무 중 규칙에 따르지 않는 행위를 눈감아 주는 것이다(趙樹凱 2001).

이처럼 촌급 조직은 자치 조직으로서의 고유한 업무인 촌무(村務)만을 수행하는 것이 아니라 향진 정부의 각종 정치적인 업무도 대신하여 수행한다. 바로 이 같은 이유로 중국 내의 일부 연구자들은 촌민자치 조직이 정부를 대리하는 역할을 하면서 동시에 농민의 이익을 대표하는 조직 역할을 한다고 하지만, 이는 말뿐이며 농민의 이익을 대표하기 위해서는 촌민자치 조직을 통해서는 불가능하고, 농민 스스로의 조직을 건설하는 것이 필요하다는 주장하고 있다(趙樹凱 2001).

2) 촌민자치 조직과 농촌 엘리트의 통합

촌민자치 조직은 당과 상급 정부의 행정적인 대리인 역할을 할 뿐만 아니라 동시에 촌민의 직접선거에 의하여 엘리트가 간부로 선출된다. 이는 촌민자치 조직이 시민사회 내의 이익집단과는 다르기 때문에, 농촌지역의 여론 주도층인 엘리트들이 선거를 통하여 촌민자치 조직의 제도적인 틀 내로 흡수되어 준행정적인 자치 조직으로 통합됨을 의미한다.

---

5 예를 들면, 랴오닝성의 카이웬(開原)시 바커수(八棵樹)진에서는 매년 100여 차례에 걸쳐서 각 촌에 진 간부 대표단을 파견하고 있고, 그리고 후베이성 종샹(鐘祥)시 동치아오(東橋)진의 경우는 전체 진을 네 지역(片)으로 나누어서 향진 간부를 이들 네 지역에 파견하여 이들 지역을 담당하도록 하고 있으며 이들은 지역장(片長)의 지위도 겸하고 있다(沈延生 1998, 18).

1949년부터 인민공사가 해체되기 전까지 중국 농촌의 사회적인 계층의 구분은 간부와 군중 두 가지로 분류도 었지만, 개혁개방 정책과 함께 농촌지역의 경제와 사회 관리 제도의 개혁은 농민들로 하여금 집단적인 생활에서 벗어나게 하였고, 동시에 촌의 폐쇄성이 타파되면서 갈수록 많은 농민들이 촌외의 자원을 이용하여 자신들의 지위를 변화시킴에 따라, 농촌지역에 간부와 군중 계층 외에도 엘리트와 보통 촌민이라는 새로운 계층적인 기준이 등장하였다. 이들 엘리트들은 촌 내의 기타 성원에 비하여 훨씬 더 많은 사회적 자원을 동원할 수 있고, 훨씬 더 많은 권위적인 가치 즉 안전, 존경, 영향력 등을 획득한 사람들로서 다음 두 가지 점에서 인민공사 시기의 간부들과 차이가 있다. 첫째, 인민공사 시기의 간부들이 정치적인 자원을 장악한 정치엘리트라고 할 수 있다면, 이들 엘리트들은 경제적, 권위적 자원 등 다양한 자원을 장악할 수 있으며, 그 영향력의 범위도 넓다. 둘째, 인민공사 시기의 엘리트의 권위가 공식적인 조직에 의존하여 획득되었지만, 오늘날의 엘리트는 촌민의 지지로부터 권위를 획득할 수 있다는 점이다(소志輝 2002, 1-2).

일반적으로 촌 단위의 엘리트 집단은 촌민자치 조직 간부와 당지부 서기 및 촌 내의 공청단 간부, 촌민소조장, 당 소조장, 촌의 기업과 기타 집체경제 조직의 책임자, 촌민위원회 각 부문 조직의 간부, 정년퇴직한 전임 촌민자치 조직 간부, 촌 내의 초등학교 교사, 공산당원, 부유한 가구와 기타 농촌지역의 유력 인사, 국가 간부나 국영기업 노동자로 퇴직한 후 촌으로 돌아와 호적을 회복한 경우, 그리고 시장경제체제의 발전 과정에서 출현한 경제적인 실력자들이다(吳毅 1998, 96-97).

이들은 정치적인 신분이나 경제적인 능력 혹은 사회·문화적 권위로 인하여 비교적 쉽게 촌 간부로 선출될 수 있거나 촌 간부의 관심을 끌 수 있어 보통 촌민보다 촌민자치 조직의 형성과 운영에 대하여 더 많은 영향력을 발휘할 수 있다. 따라서 그 내부 구조를 보면, 촌민위원회와 당지부 조직의 간부라는 체제 내적인 엘리트와 이들 제도권 내의 간부가 아닌 비체제 엘리트로 나누어져 다원적인 구조를 지니고 있다(仝志輝·賀雪峰 2002, 160).

이들 엘리트의 성장 과정은 개혁개방 정책의 성공적인 전개 과정과 맥을 같이 한다. 이른바 '능인'(能人)으로 불리는 이들 농촌지역 엘리트의 성장 요인을 보면 아래와 같다. 첫째, 체제 개혁이 농촌의 엘리트들이 성장할 수 있는 정치적인 공간을 제공하였다. 즉, 농가호별청부제의 실시와 인민공사 체제의 해체, 그리고 촌민자치제의 실시로 농민과 촌민자치 조직 간부는 생산 경영의 자주권을 획득하게 되었고, 위로부터 일방적으로 내려진 명령에 따르는 것이 아니라 공동체 업무를 관리할 수 있게 되었다. 둘째, 정부의 정치적인 지지의 제공으로 이들 농촌 엘리트들이 성장할 수 있었다는 점이다. 즉, 정부는 이른바 '선부론'(先富論)을 통하여 일부 지역이나 사람들이 우선적으로 부자가 될 수 있도록 장려했고, 대출, 세금, 기술, 정부 등에서 각종 특혜와 지지를 제공했으며, 각급 지방정부 역시 농촌의 비농업 경제 발전을 위하여 각종 지원을 제공하였는데, 이는 농촌 엘리트들이 성장할 수 있는 정치·경제적 요인으로 작용하였다. 셋째, 이들 엘리트들에 대한 사회의 기대 강화가 농촌 엘리트들이 발전할 수 있는 동력을 제공하였다. 즉, 경제 발전이 중심이 된 새로운 시대적 조건에서 일반 농민들은 지도자가 출현하여 자신들의 농촌을 이끌어 줄 것을 간절히 갈망하고 있었고, 국가 역시 농촌의 기층 간부가 농촌 사회의 개혁을 주도함으로써 농민의 생활수준이 향상될 수 있기를 기대하고 있었다. 넷째, 이들은 일정한 정치적인 자원이나 사회적인 자원 혹은 탁월한 사업 능력을 보유함으로써 농촌지역의 엘리트로서 성장할 수 있었다(王克安 主編 2001, 568-570; 徐勇 1996, 1-2).

이렇게 성장한 농촌 엘리트들은 촌민자치 조직의 구성과 운영 과정에 대한 주요한 참가자들로, 각종 업무의 교류로 비교적 잦은 접촉을 할 뿐만 아니라, 그 수가 많지 않기 때문에 자치 조직 내부에서 중첩적인 인적 구조를 이루고 있다. 가령, 촌민소조장은 모두 촌민대표위원회 대표이고, 촌민대표의 대다수는 공산당원이다. 따라서 이들은 구성에서 상대적으로 안정된 촌민자치 조직을 둘러싼 엘리트 집단을 이루고 있다(吳毅 1998, 96-97). 그리하여 이들 엘리트들은 다음과 같은 공통된 내부적인 특징을 지니고 있다.

우선, 엘리트들은 모두 그들이 주창하는 가치 관념이나 촌무의 정책 결정 과정을 관철시킬 만한 능력을 가지고 있고, 촌민의 정치 참여는 향촌 사회 권력의 문화적 그물망 속에서 엘리트들이 합법성을 쟁취할 수 있는 통로 역할을 하게 된다. 둘째, 서로 상이한 소득 수준, 다양한 직업 및 상이한 친족적 구성 등의 요인으로 농촌 사회의 엘리트들은 다원화되고 있으며, 이것은 이들 사이의 경쟁의식을 유발하여 촌민에 대한 엘리트들의 적극적인 참여 태도를 유도하고 있다. 셋째, 엘리트들은 외부 세계와의 더 많은 경제적 연결을 맺고 있고, 현대적 교육을 받았으며, 혹은 상층 사회와의 교류를 확대할 필요가 있고, 혹은 자신의 사회적 욕망을 높일 의욕을 가지고 있기 때문에, 국가 의지를 대표하는 향진 정부에 순응하려는 경향을 가지고 있다. 반면에 향진 정부는 자신들이 장악한 우세한 자원을 촌의 엘리트들에게 개방함으로써 엘리트들로부터 자신들의 권위의 합법성에 대한 동의를 이끌어 내려고 한다(賀雪峰 1999b, 100).

농촌지역의 엘리트가 촌민자치 조직의 제도적인 틀로 흡수되는 주요한 통로는 촌민위원회와 촌민대표대회이다. 특히 촌민위원회가 주임과 몇몇 간부들로 구성되는 것과는 달리, 촌민대표대회는 10~15가구당 1명의 대표가 선출될 정도로 그 규모가 방대하기 때문에(張厚安·徐勇·頂繼權 2000, 130), 엘리트들이 촌민자치 조직의 제도적 틀 내로 흡수되는 주요한 제도적 통로 역할을 한다. 이들이 촌민대표가 되는 과정은 당조직의 지명이나 촌민의 선거를 통하는 경우도 있고, 촌민위원회 간부, 촌민소조 대표, 다양한 정부 수준의 인민대표대회의 대표, 촌 당지부 서기, 촌 당지부의 당원들처럼 선거를 통

<표 9-2> 촌민대표의 역할에 대한 촌민대표의 평가 (단위 : 명)

문제	답변자 수	
촌민대표가 촌 내의 일을 결정할 때 중요한 역할을 한다고 생각하는가	중요	15
	보통	2
	쓸모없는 형식에 불과	0
촌의 재정 상황을 촌민대표대회에 공포하는가	어떤 때는 공포하고 어떤 때는 공포하지 않는다	0
	기본적으로 공포하지 않는다	0
	적정 시기에 공포한다	17
촌민이 의견이나 건의가 있을 때 먼저 누구를 향하여 제기하는가	촌민위원회 간부	5
	촌민대표	8
	촌민위원회 간부와 촌민대표	3
	무응답	1
당신이 촌 대표대회의 안건에 동의를 할 때 그 이유는 무엇 때문인가	안건이 정확하다고 생각하기 때문	17
	반대해도 아무런 소용이 없다	0
	모든 사람이 동의해서 동의	0
촌민대표로서 촌 내의 안건에 대하여 반대 의견을 제기해 본적이 있는가	자주 제기한다	10
	가끔 제기한다	6
	제기해 본적이 없다	0
	무응답	1
촌민대표대회는 촌 간부를 감독할 수 있는가	가능하다	13
	가능하지만 실제로 역할이 크지 않다	4
	불가능하다	0

주 : 바이허촌의 경우 48명의 촌민대표가 있으며, 이중 50%가 일반 촌민으로부터 선출되었고, 나머지는 촌 당지부와 촌민위원회 간부, 당과 촌민소조장, 전임 촌 간부, 촌 집체기업의 관리자로 구성되었음. 상술한 설문 조사는 그 중 촌민의 선거를 통하여 선출한 촌민대표 10인과 촌민소조장 촌민대표 7인을 대상으로 1996년에 조사한 것임.
출처 : 吳毅(1998, 98).

한 선출 과정이 없이 자동적으로 촌민대표대회에 참석하는 경우 등 다양하다. 그리하여 촌민대표대회는 촌의 주요 지도자 및 주요 영향력을 가지고 있는 인사들이 모두 집중되어 있다고 볼 수 있다. 물론, 일부 엘리트들은 촌민자치 조직이라는 제도적인 틀 내로 진입하지 않은 채, 그들이 지니고 있는 능력과 권위를 이용하여 촌 내의 공익사업에 적극적으로 참여하기도 하고, 촌 간부의 불법적인 행위를 적발하여 고발함으로써 촌 간부를 감독하는 역할을 수행하기도 한다(胡榮 2001, 87-91). 그러나 이들은 촌민자치를 통한 공식적인 참여를 보충하는 보조적인 역할에 그칠 뿐이다.

이처럼 개혁 정책의 실시와 함께 등장한 농촌지역의 엘리트들은 내부 응집력을 보유하고 있으며, 촌민대표대회를 통하여 촌민자치 제도 속으로 통합된다. 상술한 바이허촌에 대한 조사는 촌민대표대회의 대표들이 촌민대표대회를 통하여 촌 내의 공식적 업무에 적극적으로 참여하고 있으며, 이 과정에서 자신의 활동에 매우 긍정적인 평가를 하고 있어, 농촌 엘리트들이 적극적으로 반행정적 관료 체계인 자치 조직 속으로 통합되고 있음을 말해 준다(〈표 9-2〉 참조). 이렇게 자치 조직 속으로 통합된 이들은 한편으로 촌민의 선거를 통하여, 다른 한편으로는 향진 정부와의 협력을 통하여 자신이 촌에 미칠 수 있는 영향력을 확보하고 있다.

4. 중개 영역과 국가와 농촌 사회의 통합

상술한 바와 같이 촌민자치 조직은 촌 단위의 각종 행정적인 업무를 수행하는 준행정조직 역할을 수행함과 동시에, 다른 한편으로는 선거를 통하여 촌 내의 엘리트들을 자치 조직 틀 내로 흡수하여 관료 조직과 엘리트가 상호 결합하는 하나의 중개 영역을 형성하고 있다. 바로 국가나 향촌 사회가 직접적으로 직면하고 있는 것은 중개 영역이다.

이처럼, 촌민 선거를 통하여 준행정적인 촌민자치 조직의 틀 내로 농촌 엘리트가 통합됨으로써 등장한 중개 영역은 농촌 사회와 국가에 일정한 영향력을 형성할 수 있는 자유로운 정치적인 공간이 존재함을 의미한다. '자유로운’ 정치 공간은 촌의 통치 엘리트가 자신들의 이익에 근거해서 촌의 실제 사무를 배치하고 자신들이 하고 싶은 일을 할 수도 있는 자유의 정도를 의미하는 것으로(楊善華 2000, 102), 통치 엘리트의 이 같은 힘은 중개 영역으로서의 촌민자치 조직의 특성에서 나온 것이다. 즉, 한편으로는 촌민의 대표로 비행정적 자치 수단을 통하여 촌을 통치해야 하지만, 실제로는 촌민자치 조직이 준행정적 조직으로 조직화되어 농촌지역에서의 당과 향진 정부의 연장으로서 상급 정부에 대응하는 역할을 수행해야 한다는 데서 기인한다. 이는 촌민자치 조직이 일정 정도 국가권력으로서의 권위를 지닐 뿐만 아니라 사회로부터 촌민의 직선에 의해 선출된 대표라는 정당성을 지니게 하여, 촌민자치 조직이 국가나 농촌 사회 모두에 일정한 영향력을 발휘할 수 있게 한다. 국가는 바로 이 공간이 농촌지역에 대한 통제를 행하기 위하여 필요하고, 농촌 사회는 또한 국가와 교류를 할 수 있는 주요한 통로로서 이 공간이 필요하다. 따라서 촌민자치 조직은 농촌 사회의 질서와 안정 유지를 위한 핵심적인 기반으로 작용한다.

중개 영역에서 촌 엘리트가 질서를 유지하기 위하여 사용할 수 있는 방법은, 한편으로는 국가권력을 이용하는 방법이고, 다른 한편으로는 촌민에게 유화적인 방법을 취하는 것이다. 즉, 촌에 위기 상황이나 충돌이 발생하였을 때, 촌민자치 조직은 국가권력의 권위를 빌려와서 행정적인 수단을 통해 질서를 유지하고, 다른 한편, 행정적인 수단을 이용한 후 비교적 친숙한 안면 사회에 직면하여 보다 유화적인 방법을 통하여 촌 내의 질서를 유지하는 방법이다. 그리하여 촌민자치 조직의 간부들은 국가권력의 기층 사회에서의 대표 신분으로서, 또한 자신 역시 공동체의 일원으로서 상급 정부와 촌민 사이에서 적절한 방법을 선택하여 농촌 사회에 대한 질서를 유지할 수 있다.

한 조사는 촌민자치 조직이 촌의 질서를 유지하는 구체적인 방법으로 다음 세 가지를 들고 있다. 우선, 국가의 권위를 빌리는 방법이다. 촌민자치 조

246

직은 국가권력의 기층 사회의 최말단으로서, 자신의 이익을 꾀함과 동시에 가장 중요한 임무는 상급 정부가 지시한 업무를 완성해야 하는 것이다. 이러한 과정 중 촌민자치 조직의 권위는 그 배후에 있는 상급 정부의 권위로부터 나오며, 상급 정부는 촌민자치 조직의 업무에 지지를 보냄으로써 구체적인 문제를 해결할 때 반드시 촌민자치 조직에 의존한다. 그리하여 촌민자치 조직의 역할은 국가의 역할을 대리하는 것이라는 권위를 확보할 수 있다.

둘째, 촌민에게 상당한 신망을 가지고 리더십을 발휘할 수 있는 촌 내의 비체제 엘리트를 자치 조직으로 끌어들여 이들을 촌민들과 분리시키는 방법이다. 촌 내에는 촌민자치 조직으로 흡수된 엘리트 외에도 자치 조직의 밖에서 촌민에게 상당한 영향력을 가지고 있는 엘리트들이 있다. 촌내에 문제가 발생할 때 이들은 주도적으로 촌민들과 결합하여 촌민자치 조직에 대항할 수 있다. 따라서 이들을 촌민들로부터 분리시키는 것은 촌민들이 단결된 행동을 통하여 촌민자치 조직에 저항하고, 그 결과 나타날 수 있는 혼란을 피하고 질서를 유지하기 위하여 요구되는 조치이다(吳淸軍 2002, 13-14).

셋째, 촌민자치 조직의 합법적인 권위를 제고시키는 방법이다. 일반적으로 촌 엘리트의 권위 자원은, 개인적인 권위, 즉 개인의 품성, 능력 혹은 지식 등의 요소로 공동체 내에서 매우 높은 명성을 지녀서 공동체에 상당한 영향력을 발휘하는 경우와, 경제적인 능력, 그리고 상급 정부로부터의 지지 등의 권력이나 관시(關係) 자원을 들 수 있다(董磊明 2002, 15-16). 상술한 세 가지 자원을 활용하여 권위를 제고시키기 위한 촌민자치 조직 간부는 종종 두 가지의 방법을 활용한다. 첫째, 텔레비전이나, 신문, 그리고 상급 지도자와 친숙한 관계를 만들어 위로부터 아래로 자신의 합법적인 권위를 주입하는 방식이다. 즉, 촌민자치 조직 간부는 종종 신문이나 방송 등 언론 매체를 이용하여 촌의 간부들이 어떻게 촌의 부강화와 안정적인 단결을 이끌어 냈는가를 강조함으로써 촌민의 마음을 움직이게 한다. 또한 상급 지도부와의 친숙한 관계를 이용하여 성이나 시 등 상급의 지도자들이 자주 촌을 방문하여 촌을 참관하고, 평가하며 심사하도록 하는 방법을 사용하기도 한다. 이 경우 촌 간부는 바로 촌민이 보는 앞에서 상급 지도부와 직접적으로 만나는 장면을 보여줌으로써 자신의 배후에 상급 지도부가 중요한 권력 자원으로 자리하고 있음을 보여 줄 수 있다. 두 번째는, 촌 내의 자원을 동원하여 촌민으로부터 권위를 세우는 방식이다. 즉, 촌민자치 조직 간부는 전 촌의 모든 자원을 통제하고 있기 때문에 그 중의 일부를 이용하여 촌민에게 합동 결혼식이나 문화제를 개최하여 약간의 후원금을 개개 촌민에게 나누어줌으로써 촌민의 신임과 감격을 얻을 수 있다. 바로 상술한 두 가지 방식을 이용하여 촌 간부는 자신들의 이익을 보호함과 동시에 국가의 대리인으로서의 임무를 완성하여 촌 내의 질서를 유지하고 촌민으로부터 신임과 동의를 이끌어 낸다(吳淸軍 2002, 15-16).

이처럼 촌민자치 조직은 국가와 사회의 중개 영역으로 작용하면서 농촌 사회의 안정적인 기초로 작용할 뿐만 아니라 국가와 사회의 통합을 이끌어 내고 있다. 이 같은 촌민자치 조직의 역할은 개혁개방 정책의 실시와 함께 중국 사회의 새로운 요소로 등장한 각종 사회집단들의 역할을 분석한 중간자적인 역할[6]과 매우 유사한 형태로, 농촌지역에서 국가와 사회의 분리보다는 위로부터 아래로의 사회적인 통합이 진행되고 있는 과정으로 이해할 수 있다. 그러나 다른 한편으로는 각종 사회집단의 중간자적 역할과, 위로부터의 통합과는 달리 촌민자치 조직의 중개 역할은 준행정적인 관료 조직과 사회

---

6 중국의 사회집단의 중간자적인 역할의 핵심은 첫째, 각종 사회집단을 연결해 통합 작용을 할 뿐만 아니라 정부와 기층 사회조직과 사회 구성원 간에 공공 영역을 형성해 기층 사회조직과 사회 구성원으로 하여금 정부와 직접 대면할 필요가 없게 한다는 점이다. 둘째는 정부가 기층 사회조직이나 사회 구성원과의 목표와 이익이 불일치할 때, 공공 공간을 통해 형성된 사회집단들이 완충작용을 해 사회 충돌의 가능성을 약화시키는 기능을 하게 된다는 점이다.

의 엘리트의 통합에 기초한 것이다. 다라서 중개 영역은 사회의 자율성의 성
장에도 불구하고 지속적으로 존속할 수 있다. 또한 이 같은 통합은 국가권력
의 위로부터의 통합의 성격이 강하지만, 과거 인민공사 시기의 국가권력에
의한 일방적인 위로부터의 통합보다는[7] 촌민 선거를 통하여 일정 정도 촌민
의 지지를 획득해야만 중개 영역으로 진입할 수 있는 엘리트의 존재로 농촌
사회의 목소리가 가미된 통합이다.[8]

결국 중국의 촌민자치의 실시는 농촌지역에서 국가로부터 사회의 분리
및 시민사회의 성장 과정의 지표로 볼 수는 없다. 준행정적인 조직인 자치 조
직으로 농촌지역의 엘리트를 흡수하여 국가와 사회를 연결하는 중개 영역
은, 한편으로는 농촌 사회에서 국가의 역할을 대변하고, 다른 한편으로는 농
민의 이익을 국가에 요구하는 양면적인 역할을 통하여 국가와 사회 간의 분
리보다는 통합을 추구하는 본질적인 성격을 띠고 있다. 따라서 시민사회의
성장과 함께 사회단체의 중간자적인 역할이 점차 변화하면서 이들 사회단체
들이 국가로부터 자율적인 시민사회의 구성요소로 전환되어 갈 것이라는 비
전을 지니지만, 촌민자치 조직은 조직 그 본래적인 성격으로 인하여 농촌지
역의 시민사회가 성장하면서 시민사회의 목소리에 보다 민감할 수는 있어

---

7 인민공사 시기 국가권력은 농민에게 인민공사의 조직 체계를 통하여 위로부터 아래로 강력한
정치적인 통제를 가하면서 농민의 일상 활동과 생산 활동까지 영향력을 미침으로써 농촌지역을
통합하고자 하였다.

8 양산화(楊善華)에 따르면, 1949년 이후 중국공산당이 농촌 기층 지역에 대한 완전한 통제를 추
진하였음에도 불구하고, 농촌지역에서는 미미한 정도이기는 해도 줄곧 '자유로운' 정치 공간이 존
재하였다. 또한 촌민자치제가 도입된 이후에는 비록 촌의 간부가 여전히 상급 정부와의 비공식적
인 관계를 유지할 필요가 있지만, 촌민자치가 실시되기 전보다는 촌 간부가 보유하고 있는 '자유로
운' 정치 공간이 증가하였다. 이는 국가권력과 촌 간부 사이에 만약 촌 간부가 정부의 각종 업무의
완성을 보증한다면, 촌 간부들이 국가권력의 대리인으로서의 역할 외에도 가족과 공동체의 이익
을 대표하는 역할을 해도 된다는 암묵적인 타협이 인정되었음을 의미한다고 주장하고 있다(楊善
華 2000, 102).

도, 사회 내의 각종 자율적인 조직과는 달리 국가로부터 자율적인 자치 조직
으로 성장해 가는 것은 어려울 것이다. 따라서 촌민자치 조직은 중국의 농촌
지역에서 자율적인 시민사회의 성장을 상징하는 조직이 아니라 체제 전환기
국가와 사회의 통합을 통한 농촌 사회의 안정을 유지하기 위한 제도적인 장
치로 이해해야 할 것이다.

5. 결론

이른바 집단농업 생산 체제가 해체되고 농가 단위의 생산이 이루어지면
서 그동안 농촌 사회의 통치 조직으로 자리잡아오던 인민공사 체제가 그 존
재 기반을 상실하고, 농민과 지방정부 관리, 농민과 농민 사이에 새로운 형태
의 경제적 이익 관계를 둘러싼 각종 모순과 충돌이 발생하면서, 바로 이들 갈
등과 충돌을 막고 체제 안정성을 도모하고자 이른바 촌민자치가 등장하였다.
이렇게 등장한 촌민자치는 농촌지역에서 관료 체계와 사회 엘리트를 하
나의 다면적인 연결체로 융합시키는 중개 영역으로 작용하고 있다. 즉, 촌민
자치 조직은 실질적으로 당과 상급 정부의 통제로부터 완전히 자율성을 확
보한 자치로 나아가지 못하고, 당과 상급 정부의 행정적인 대리인 역할을 하
고 있으며, 동시에 자치 조직 대표를 선출하는 선거를 통하여 촌 내의 엘리트
를 자치 조직 내로 흡수하여 행정적 관료 체계와 엘리트를 하나의 연결체로
통합시키고 있다. 바로 이 같은 연결체는 농촌 사회에서의 국가권력의 통치
를 가능하게 해주고, 또한 의식적으로 사회의 자원과 엘리트 단체를 흡수하
여 체제 전환기의 중국의 국가와 사회의 제도적 통합을 가능하게 해 주는 역
할을 하고 있다.

　　따라서 촌민자치 조직은 중국의 농촌지역에서 자율적인 시민사회의 성장을 상징하는 조직이 아니라, 체제 전환기 국가와 사회의 통합을 바탕으로 농촌 사회의 안정을 유지하기 위한 제도적인 장치로 이해해야 할 것이다. 물론 이 통합은 과거의 인민공사 시기와는 달리 선거를 통해 자치 조직이 구성됨으로써 촌민의 목소리가 상대적으로 강화되었다는 점에서는 개혁기 농촌 사회와 국가의 관계가 재구성되고 있는 한 단면으로 볼 수 있지만, 촌민자치 조직이 지닌 특수성으로 인하여 국가와 농촌 사회의 분리 과정으로 이해할 수는 없다. 이는 장기적으로 농촌지역에서 자율적인 시민사회의 형성의 비전을 농민의 자발적이고 새로운 형태의 농민 이익결사체 조직의 출현을 통하여 찾아야 함을 암시한다고 볼 수 있다.

제10장

중국의 기층선거와 여성의 정치 참여*

1. 서론

개혁개방 정책의 실시와 함께 중국의 기층 사회는 정치적으로 급변하고 있다. 역사상 최초로 주민의 직선을 통하여 지역공동체의 정치적인 대표를 선출하고, 이들에 의해 공동체가 운영되는 이른바 촌민자치가 실시되고 있기 때문이다. 1988년 농촌지역의 자치 조직인 촌민위원회의 간부를 직선을 통하여 선출하기 시작하면서, 기층 인민들의 정치 참여의 형태는 과거의 동원적인 정치 참여로부터 점차 자발적인 참여로 전환되고 있다. 또한 그 과정에서 기층 인민들의 정치적 권리 의식의 각성을 이끌어 내어 기층 인민들은 점차 정치적 시민으로 등장하고 있다.

그러나 이 같은 기층 사회의 활발한 정치 참여 및 정치적인 변화 속에서도, 기층 여성들은 정치 참여에서 소극성과 피동적인 모습을 보이면서 정치 권력 구조의 주변부에 머물러 있다. 즉 여성은 남성에 비하여 선거를 통한 정치 참여에 있어서 소극성을 보이고 있으며, 또한 선거 결과 자치 조직의 지도자로 선출되는 비율도 아주 낮을 뿐만 아니라,[1] 그 직위나 업무 역시 요직으

---

* 『중소연구』(한양대 아태지역연구센터) 제29권 제2호(2005), pp. 57-80에 발표된 논문임.

로부터 밀려나 있다.[2] 이 같은 상황은 중국의 전체 인구에서 여성이 약 48.37%를 차지하고(2000년 현재), 1998년 전체 업종의 구직 인구에서 여성이 차지하는 비율이 무려 46.7%에 달해 대다수의 중국 여성이 가사 노동 외의 경제활동에 참여하고 있는 현실을 고려할 때 아이러니가 아닐 수 없다.

선거를 통한 정치 참여가 기층 사회의 정치 참여의 일반적인 형태가 되면서, 그동안 중국의 기층 사회에서의 직선제의 실시와 이것이 지닌 정치적인 의미를 둘러싸고 중국과 서방, 그리고 국내에서 많은 연구가 진행되어 왔다. 그러나 기층 사회의 정치 참여와 정치적인 변화의 주변부에 서 있는 여성의 정치 참여에 대한 연구는 중요한 관심의 대상이 되지 못하고 있다. 특히 이 분야에 대한 국내에서의 연구는 거의 불모지 상태이며, 또한 기층 여성의 정치 참여에 대해 드물게 이루어진 서방의 연구에서조차도, 기층선거와 선거 과정에서의 여성의 정치 참여에 대한 분석이 아닌 기층에서의 여성의 전반적인 정치 참여에 대한 분석에 초점을 맞추고 있어, 선거를 통한 정치 참여 과정에서의 여성의 참여와 그 지위에 대한 전면적인 분석으로 나아가지 못하고 있다(Jennings 1998, 954-973). 이에 비하여 중국 내에서는 현장 인터뷰와 설문 조사 등의 방법을 사용하여, 여성의 정치 참여에서의 비대칭성을 지적

---

1 2003년 현재 전 중국의 촌민위원회 위원 중 여성은 16% 정도를 점하고 있으며, 그 중 촌민위원회 주임은 단지 1%에 불과하다.
2 여성의 낮은 당선율은 촌민위원회의 간부의 선출에 한정되지 않고, 각 급 인민대표 선거 결과에서도 마찬가지이다. 예를 들면, 1993년 전국인대에서 여성의 비율이 21.89%, 성급 인대가 20.79%, 시급 인대가 22.38%, 현급 인대가 22.17%, 향진급 인대가 20.09%이다. 이 같은 비율은 그 후에도 큰 변화가 없이 지속되고 있다. 가령 1998년 전국인대에서 여성 대표의 비율은 21.89%, 성급 인대가 21.38%, 시급 인대가 21.79%, 현급 인대가 22.99%, 향진급 인대가 21.71%이다. 그리고 1999년 향진급 인대 선거 결과에서도 여성 대표의 비율은 22.14%이다. 주목할 점은 상술한 5급의 인민대표대회 선거에서 현급 이하는 직선이고 그 이상은 간접선거로 구성되는데, 직접선거에서 여성 대표가 선출되는 비율과 간접선거에서 여성 대표가 선출되는 비율이 별 차이가 없이 모두 20% 내외의 비중을 차지하고 있다는 점이다(劉智·史衛民·周曉東·吳雲浩 著 2001, 240-254).

하고 그 원인을 찾아보고자 하는 다양한 시도가 있다. 이들 연구들은 여성주의적인 관점에서 공적인 영역과 사적인 영역에서 동시에 이루어지는 여성의 삶과 여성의 낮은 정치적인 지위를 연결시킨 분석이나(郭夏娟 2004), 혹은 실증주의적인 조사를 통하여 여성의 낮은 정치 참여의 현실과 그 원인들을 찾아내고자 하는 연구로 요약할 수 있다(楊翠萍 2001, 508-518). 그러나 이들 연구들은 개혁기 기층 사회에서의 선거를 통한 정치 참여가 지닌 정치적인 의미에 대한 평가 속에서, 여성의 낮은 정치적인 지위가 체제 전환기 중국의 기층 사회의 정치적인 변화와 더 나아가 중국의 장기적인 정치개혁에 주는 의미에 대한 분석으로 나아가지는 않고 있다.

따라서 필자는 체제 전환기 중국의 기층 사회의 정치적인 변화 및 여성의 낮은 정치적인 지위를 관련시켜서, 여성의 정치 참여에서의 수동성과 변화가 기층 사회의 정치적인 변화와 중국의 민주화에 갖는 함의를 살펴보고자 한다. 이를 위하여 이글은 우선, 개혁개방기 제도화된 정치 참여의 일반적인 형태로서 기층선거와 그 특징을 분석하고, 다음으로 선거를 통한 정치 참여 과정에서 여성의 정치 참여의 소극성과 주변화 현상 및 그 원인을 분석할 것이다. 마지막으로, 여성의 정치 참여의 소극성과 주변화가 기층 사회의 정치적인 변화에 대하여 갖는 의미를 살펴 볼 것이다.

2. 기층선거와 정치 참여의 제도화

1) 개혁개방 정책과 정치 참여 형태의 전환

지난 25여 년 동안의 개혁 정책을 통하여 중국은 시장경제체제로 체제 전

환이 이루어지면서, 정치적으로는 전체주의로부터 신권위주의 체제로 전환
하였다. 우선, 전체주의하에서 국가권력이 사회의 기층 조직이나 개인에 대하
여 광범위하고 깊숙한 정치 통제와 동원력을 가진 반면에, 시장화를 통하여
비정치적인 영역의 제한된 다원화와 사적인 자유 공간이 확대되었다. 또한 사
회 통합의 기초로 이데올로기가 여전히 힘을 발휘하고 있지만, 그 내용이 과
거의 공산주의 평균주의적인 유토피아에서 경제적인 효율성으로 대체됨으로
써 이데올로기의 세속화가 이룩되었다. 그러나 상술한 변화에도 불구하고, 공
산당이 일당 체제를 기초로 하여 사회동원 능력을 발휘하고 명령 기제로서 여
전히 작용하고 있다는 점에서, 신권위주의 체제가 형성되었다고 볼 수 있다(蕭
功秦 2002, 82-83; 蕭功秦 2000, 3-4; 王滬寧 1993; 서진영 1997, 329-349; Sautman 1992,
77-102).

이 같은 정치체제의 전환과 함께 인민의 정치 참여의 형태도 변화하기
시작하였다. 개혁개방 이전 중국에서의 정치 참여는 대중의 자발성과 권리
의식에 기초한 정치 참여 대신에, 대중 동원으로 특징지어지는 혁명적인 대
중운동의 형태로 이루어졌다. 이 같은 대중 동원은 항상 당중앙과 최고 권력
에 대한 절대적인 리더십을 이끌어 내었다. 그리하여 인민들은 적대계급에
대해서는 독재를 하면서 그들의 통일된 이익을 집단적으로 추구하는 이른바
프로레타리아 독재 혹은 민주주의를 실시하였다. 이는 민주주의가 인민에
의한 정치적인 권위에 대해 제도화된 통제가 아니라 인민을 향한 통치자의
도덕적인 의무로 간주되었다는 점을 말해주며, 따라서 대중노선은 단지 대
중의 이익에 봉사하도록 체제에 대한 도덕적인 압력을 의미하는 것이었다
(Ding 2001, 6-9).

중국의 한 연구자는 이 같은 마오쩌둥(毛澤東) 시기의 정치 참여 방식의
특징을 '정치적인 휘말림'(political involvement)으로 묘사하고 그 특징으로 다
음 세 가지를 들고 있다. 첫째, 인치(人治)를 특징으로 한 위로부터 아래로의

군중 동원으로, 군중들의 행동은 국가 특히 최고 영도자의 정치적인 호소에 부응한 사회적인 행동이며, 자신의 경제적인 요구 및 정치적인 권리 주장에 근거한 적극적인 행동이 아니다. 둘째, 국가 의지의 주도하에 개인의 선택 기회가 결여된 피동적인 행동이다. 정치적인 운동에 휘말려든 군중(혹은 농민)은 정치나 정책적인 선택의 기회가 결여되어 있기 때문에, 상층의 권력투쟁에 봉사하거나 복종하는 정치적인 도구 혹은 자주 의식이 결여된 정치적인 맹목자가 되었다. 셋째, 군중성 계급투쟁 운동이라는 점이다. 참여자는 평등한 신분이나 지위에 근거하여 공공 생활에 참여하는 것이 아니라 가족의 계급적인 성분에 근거하여 투쟁자와 피투쟁자로 나누어졌다. 따라서 농민의 '정치적인 휘말림'의 본질은 국가가 계급투쟁을 통하여 실현한 사회에 대한 정치적인 통제라고 볼 수 있다(郭正林 2003, 78).

그러나 개혁개방 정책의 추진과 함께 기층 인민의 정치 참여의 형태가 변화하기 시작했다. 경제개혁의 추진과 함께 이루어진 정치적인 변화로 인민의 삶에 대한 당의 개입이 점차 감소하였으며, 기층 수준에서의 정치 참여의 기회가 확대되었다. 특히 현급 이하 인민대표대회의 직선제의 실시와 직선에 근거한 촌민자치제의 실시는 제도화된 영역에서 자발성과 권리 의식에 근거한 정치 참여를 가능케 했다. 또한 급속한 경제성장에 따라 나타난 사회 양극화 현상, 정치적 부패 등에 대한 기층 인민의 폭발적인 분노의 분출 등 비제도적인 형태의 정치 참여도 상당 수준 나타나고 있다(程同順 2000, 253).

그 결과 현재 중국의 기층 인민의 정치 참여의 형태는 제도적 형태와 비제도적 형태로 나눌 수 있다. 제도적 형태의 정치 참여는 주로 선거와 투표, 예를 들면 현과 향진의 인대대표와 촌민위원회 선거, 당지부 선거, 당지부 후보자의 추천 투표 등이다. 그 외에도 촌민 회의에 참가하여 촌민위원회의 업무 보고를 듣고 표결하며 각급 간부와 접촉하는 등의 행위를 들 수 있다. 비제도적 정치 참여는 집단적인 고발, 법 혹은 정책에 근거한 항쟁, 군중 시위 및 향촌 기층 간부에 대한 보복성 공격 등이다. 바로 이러한 점들은 중국 농민의 정치 참여가 단순한 복종적 정치 참여나 혹은 '정치적인 휘말림'으로부터 권리에 대해 주장을 하는 정치 참여의 형태로 전환되고 있으며, 따라서 농민의 정치 참여는 제도성, 권리 지향성, 자주성을 특징으로 한 정치 참여로 전환되고 있음을 의미한다.

2) 제도화된 정치 참여와 기층선거

중국의 기층 사회의 정치 참여의 주된 형태는 제도화된 정치 참여이며, 이 같은 제도화된 정치 참여의 주요한 형식은 선거를 통한 정치 참여이다. 중국은 1982년부터 인민대표대회(이하 인대) 선거에 대한 개혁을 통하여 현급 이하 인대의 대표 선출에서 직선을 통한 대표의 선출을 규정함으로써, 인대 선거에서 직선제의 실시의 범위를 확대하였다. 또한 1988년 이후부터는 촌 단위에서 직선을 통한 대표의 선출을 기초로 한 촌민자치제를 실시함으로써, 중국의 기층 사회에서 기층 인민은 선거를 통하여 자신의 정치 공동체의 대표를 선출하고 정치적인 의사를 표출할 수 있게 되었다.

기층 인민의 제도화된 정치 참여의 주된 통로 중의 하나인, 직선제에 기초한 촌민자치제의 실시는 촌민의 직접선거를 통하여 농촌지역의 관료들을 혁신시키고, 농촌지역에 대한 정치적 통제력을 확보하고자 하는 배경에서 출발하였다. 즉 농가호별청부제의 실시 이후 자율적인 이익 주체로 출발한 농민의 자발적인 정치 참여를 통하여 농촌지역에 대한 리더십의 강화 및 농민과 농촌 관리들과의 유대 강화를 통하여 사회적 안정을 도모하고자 하는 정부의 의도에서 그 배경을 찾을 수 있다(이정남 2001, 139-159).

농가호별청부제가 실시된 이후, 중국의 농촌 사회는 정치, 경제, 사회적인 측면에서 농민의 지위가 급변하였고, 변화된 농촌 사회를 통제할 수 있는 새로운 통제 방식이 필요하게 되었다. 그러나 기층 관리들은 이 같이 새로이 변화된 환경에서 출현하는 새로운 문제들의 해결에 대하여 어떠한 대응 방안도 가지고 있지 않았다. 오히려 이들 관료들의 부패행위로 인하여 농민들의 불만이 팽배하고 농민과 관리 사이에 갈등이 심각한 문제로 등장하면서 농촌지역에 대한 정부의 통제가 상당 정도 이완되는 상황이 출현하였다(王愛 平 1999, 30-31; 餘維良 1999, 46-48). 이에 펑전을 중심으로 한 당중앙의 일부 지도자들에 의하여 촌민 직선에 의한 자치가 농촌지역의 관료들을 혁신시키고 농촌지역에 대한 정치적인 통제를 강화시킬 수 있다는 주장이 제기되면서 (Shi 1999, 392-393), 촌민자치를 실시하게 되었다.

그 결과 1987년 11월 전국인대 상무위원회에서 촌민위원회조직법(시안) 이 통과된 이후(이는 1998년에 촌민위원회조직법으로 정식으로 통과됨), 촌민위원회 선거는 1988년부터 시작하여 지금까지 모두 여섯 차례 실시되었다. 또한 그 과정에서 촌민위원회는 제도적으로도 진전이 있어 촌민 회의의 상임위원회로 촌민대표대회가 신설되었다. 그 결과 행정기관으로서 촌민위원회와 입법기관으로서 촌민 회의 혹은 촌민대표대회가 신설되어, 중국의 농촌은 촌민위원회, 촌민대표대회라는 자치 조직과 공산당 촌 당지부라는 세 개의 권력기관이 촌의 각종 업무 과정에 직·간접으로 개입하는 구조를 형성하고 있다.

지금까지의 촌민위원회 선거의 진행 과정을 보면, 구체적인 진행 방식에 있어서 지역별로 약간의 편차를 보이지만,[3] 여러 차례의 선거 과정에서 시행착오를 거치면서 제도적인 개선이 이루어져 직접, 평등, 차액, 무기명 선거를 중심으로 한 민주적 선거제도가 확립되었다. 특히 이 같은 변화는 1998년 촌

---

[3] 촌민위원회조직법에 근거하여 각 성급 행정 단위에서 지방 성 법규를 제정하고, 이 법규에 기초해서 실제 선거가 진행됨으로써, 선거의 실제 진행 과정은 지역 간에 약간의 차이가 존재한다.

민위원회조직법이 정식으로 통과되면서 더욱 뚜렷하게 나타났다. 1999년 10~12월에 걸쳐서 행한 장시성의 40개 촌의 제4차 촌민위원회 선거에 대한 조사는 이 같은 변화를 잘 말해주고 있다. 우선, 투표 참여자의 수를 보면, 1996년의 선거에서 가구의 대표에 의한 투표와 촌민대표에 의한 투표가 각각 20.27%, 5%인 반면, 1999년 선거는 전체 촌민에 의한 직접선거를 통하여 선거가 실질적으로 이루어짐으로써, 촌민에 의한 직선이 실질적으로 진행되었다. 둘째, 후보자 추천이나 확정의 경우를 보면, 과거의 선거에서는 촌 당지부나 향진 정부에 의해서 후보자가 추천되고 향진에 의해서 비준이 되는 방식이었다면, 1999년 이후 새로운 선거법에 따라 후보자는 반드시 유권자의 직접 추천과 추천표의 득표수에 근거하여 정식 후보자를 선출하도록 하였다. 셋째, 경선 방식에서 복수 후보나 경선 연설 등을 엄격하게 요구하지 않던 것에서, 1999년 이후에는 후보자들의 촌민에 대한 소개와 홍보를 엄격하게 하도록 하고, 반드시 복수 후보와 경선 연설을 하도록 하였다. 넷째, 선거 대회를 진행하여 선거를 하도록 하였고, 투표소와 이동 투표함에 대한 엄격한 관리를 통해 선거에 대한 공정성을 지키도록 하였다(肖唐鏢·董磊明·邱新有·唐曉騰 2001, 50).

상술한 점들은 중국의 촌민 선거가 공개적인 후보자 추천과 복수 후보 경선을 통하여 유권자들의 대표 선택권을 보장하고, 비밀투표와 개인투표를 통하여 투표의 공정성이 보장되는 방향으로 제도화되고 있음을 의미한다. 이는 기층 사회에서의 선거가 기층 인민의 정치 참여의 주된 통로로서 실질적으로 기능하고 있음을 보여 준다.

3. 정치 참여와 기층 여성

1) 촌민위원회 선거와 여성의 정치적 태도

중국의 기층 사회에서 선거를 통한 정치 참여의 제도화는 중국 역사에서 전례 없는 일이다. 따라서 중국의 지식인들은 정치 참여 주체로서의 기층 인민의 정치적 소질에 대한 강한 의심을 가져왔다. 그러나 우려와는 달리 기층 인민들은 선거를 통한 정치 지도자의 선출에 높은 관심을 보이며, 자신들의 정치적인 능력에 대한 강한 확신을 보여 주고 있다. 또한 만약에 기회가 된다면 자신들이 직접 경선에 참여함으로써 지역 정치 공동체의 정치적인 지도자가 되고자 하는 높은 의지를 많은 농민들이 보여 주고 있다. 가령 1997년부터 1999년에 걸쳐서 전국 20여 개의 성과 시, 자치구에서 이루어진 한 조사는,[4] 중국의 농민들은 정치 참여에 대한 자신들의 능력에 대한 확신뿐만 아니라, 스스로가 직접 촌의 정치적 지도자가 될 의지가 있음을 보여 주고 있다. 구체적으로 '촌민위원회 지도자의 선출 방법'에 대한 질문에서 전체 응답자 403명 중 91.8%가 "전체 촌민의 직접선거를 통하여 선출해야 한다."고 답하였고, 나머지 "상급 당정 부문이 결정해야 한다."와 "전임자가 알아서 해야 한다."는 각각 4.2%와 4.0%에 불과하였다. 다음으로, "농민은 직접선거에 참여할 능력이 있는가."라는 질문에 대하여, 총 413명의 조사 대상자 중 "확실하게 능력이 있다." 36.1%, "능력이 있다." 29.5%, "기본적으로 능력이 있다."가 24.2%로 대답하였고, "불가능하다."고 대답한 사람들은 단지 10.2%에 불과하였다. 마지막으로, "경선 과정에 참여할 것인가."라는 질문에 대하여, 모

---

4 조사 대상자에 관련된 구체적인 내용은 제7장 각주 12와 동일함.

두 413명의 응답자 중 70.3%가 "적극적으로 참여하겠다."고 대답한 반면, "농민은 자신의 견해와 주장이 없다."거나 "모호한 응답 태도"를 견지한 비율은 각각 23.35%와 6.5%에 불과하였다.

또한 여러 조사 결과들은 이러한 기층 인민들의 정치 참여 의지는 권리 의식과 이익 의식에 기초하여 이루어지고 있음을 말해준다. 예를 들면, 1998년에 장시성와 산둥성, 안후이성의 80개의 촌에 대한 조사[5]는 농민들의 선거를 통한 정치 참여의 주된 동기가 자신들의 경제적인 이익의 추구와 보호라는 점을 확인하게 해준다. 즉 농민들은 자신의 경제적인 이익과 직접적인 관련이 있는 촌 공동체의 공동 자산이 어떻게 운영되고 사용되는가에 가장 관심이 많으며, 또한 촌 간부가 이 사안을 적절하게 관리하지 못할 때 선거를 통하여 과감하게 촌 간부를 교체하고자 하는 의지를 보여 주고 있다(蕭唐鏢 2001, 531-563).

이는 선거를 통한 정치 참여가 정부의 호소에 부응하여 국가와 사회에 대한 의무를 다하거나 공익을 보호하고 정권의 통치 기반을 강화하기 위한 공익 정치가 아니라, 권리와 이익에 근거한 권리 정치로 나아가고 있음을 말해준다.

이 같은 경향은 기층 여성들에게서도 마찬가지로 나타나고 있다. 2002년 7월 후베이성 장양(長陽)현 롱저우핑(龍舟坪)진의 7개 촌에 대해 행한 설문 조사에 따르면,[6] 기층 여성들 역시 촌민위원회 지도자들은 선거를 통하여 선출되어야 한다고 보고 있으며, 또한 선거 참여를 인민의 정치적인 권리로 이

---

[5] 조사 방법과 조사 대상의 구체적인 특징은 제7장 각주 14와 동일함.
[6] 이 조사는 중화과학대학 사회학과(中華科學大學 社會學科)의 레이홍(雷洪) 교수와 대학원생 펑장시하(彭將霞)가 2002년 7월 후베이성 장양현 롱저우핑진의 7개 촌에서 662명의 여성을 대상으로 행한 설문 조사이다. 연령과 학력 정도, 가구별 소득 정도, 그리고 정치적인 경력 등에 대한 고른 선정을 통하여 정확한 조사 대상의 선정을 시도하였다(彭將霞·雷洪 2003, 24-25).

<표 10-1> 여성의 촌민위원회 선거와 활동에 대한 태도 (단위 : %)

① 촌 간부는 상층 지도자에 의한 결정이 좋으며, 선거는 중요하지 않다.	매우 찬성(5.3), 비교적 찬성(7.3), 보통(10.3), 별로 찬성하지 않음(20.6), 찬성하지 않음(50.7), 분명히 말할 수 없음(5.9)
② 선거에 참여하는 것은 모든 촌민의 기본적인 권리이다.	매우 동의(65.3), 비교적 동의(24.3), 보통(5.5), 그다지 동의하지 않음(0.6), 동의하지 않음(0.3), 명확히 말할 수 없음(4.1)
촌민자치는 남성의 일이므로, 여성과는 상관이 없다.	a. 반대(61.59), 찬성(9.42), 비찬성 / 비반대(21.02), 기타(7.88) b. 반대(49.1), 찬성(16.9), 비찬성 / 비반대(22.4), 기타(11.6)
여성은 촌 내의 일에 의견을 발표할 권리가 있다	a. 찬성(63.04), 반대(7.25), 비찬성 / 비반대(21.01), 기타(8.7)
촌민 회의에서 논의된 업무 사항에 관심이 있는가	a. 있음(45.90), 없음(37.70), 알아듣지를 못함(10.66), 기타(5.74)
여성도 촌민위원회에서 업무를 주도할 수 있다.	a. 찬성(66.30), 반대(5.80), 비찬성 / 비반대(16.30), 기타(11.6)

주 : ①, ②는 2002년 7월 후베이성 장양현 롱저우핑진의 7개 촌에 대한 조사 결과임.
　　a는 2000년 2월에 후베이성, 후난성, 하이난다오, 허난성 등 19개의 성, 시와 자치구의 농촌 지역에 대해 행한 조사 결과이고, b는 3월에 행한 조사 결과임.
　　출처 : 彭將霞·雷洪(2003, 24-25); 張風華(2002); 楊翠萍(2001, 508-518).

해하고 있다(<표 10-1> 참조). 또한 화중사범대학(華中師範大學)의 농촌연구센터에서 2000년 2월과 2002년 3월에 행한 두 조사[7]는 기층 여성들은 자신의 이익과 관련이 있는 촌의 공적인 업무에 관심을 가짐으로써 촌민 공동체의 주체로서의 참여 의지와 촌 내의 공동 업무에 대하여 남성과 유사하게 참여

---

[7] 화중사범대학 농촌연구센터에서는 2000년 2월 구정 연휴 기간 동안 후베이성, 후난성, 하이난다오, 허난성 등 19개의 성, 시와 자치구의 농촌지역의 여성을 대상으로 하여 300장의 설문지를 배포하여 270장의 조사 결과를 확보하였다. 2002년 3월에는 전국의 19개의 성과 시 자치구에서 농촌여성의 촌민자치 참여 상황에 대해 호별 방문 현장 조사를 실시하여 891장의 설문지 조사 결과를 확보하였다. 이들 조사 결과는 각각 張風華(2002); 楊翠萍(2001, 508-518) 참조.

의지를 보여 주고 있다. 더 나아가 기회가 주어진다면 여성들도 촌민위원회를 주도할 수 있다고 생각하고 있어, 여성도 촌의 정치 공동체의 지도자가 될 수 있다고 사고하고 있는 것으로 볼 수 있다(〈표 10-1〉 참조). 이러한 점들은 기층 여성들이 지역공동체의 권력 행사에 대한 참여 의지와 권리 의식에 근거하여 촌민위원회 선거와 활동을 인식하고 있음을 말해준다.

2) 여성의 소극적 선거 참여와 정치적 주변화

상술한 바와 같이 기층 여성들은 선거를 기층 사회의 지도자를 결정하는 중요한 수단으로 간주하고, 선거 참여를 자신들의 중요한 정치적인 권리로 이해하고 있다. 또한 공동체 내의 각종 업무에 대한 적극적인 관심과 참여 의지를 보여 주고 있다. 그러나 조사에 따르면, 기층 여성들이 이같이 적극적인 참여 의지를 나타내고 있는 것과는 달리, 선거 과정과 촌민자치 조직의 실제 운영 과정에 대한 참여는 매우 소극적으로 이루어지고 있다. 이는 촌 공동체 권력 구조에서 기층 여성들이 권력의 중심에서 주변부로 밀려나는 결과를 초래하고 있다.

우선, 기층 여성들의 투표 참여가 주동적으로 이루어지기보다는 피동적으로 이루어짐을 알 수 있다. 가령, 화중사범대학의 2000년 2월의 조사에 따르면, 전체 여성의 70.37%가 촌에서 요구하니까 불가피하게 참여하거나, 혹은 남들이 가니까 가는 군중심리에 의해서 참여가 이루어졌으며, 전체 여성의 29.13%만이 자신의 정치적인 권리를 행사하기 위하여 참여하였다. 이 같은 상황은 2002년 3월 조사에서도 그대로 나타나고 있다. 즉 촌에서 참여를 요구하니까 참여 하거나(40.7%), 혹은 모두들 참석하니까 덩달아 참여하는 경우(28.7%)가 높은 비중을 차지하고 있으며, 자신의 권리를 행사하기 위해

〈표 10-2〉 촌민위원회 선거와 여성의 참여의 피동성 (단위 : %)

a. 투표에 참여할 것인가	반드시 참여(62.3), 아마 참여(17.9), 상황을 봐서(11.1), 아마 불 참 (2.1), 반드시 불참(3.0), 모름(3.6)
b. 경선에 참여할 것인가	반드시 참여(13.5), 아마 참여(11.4), 상황을 봐서(12.3), 아마 불 참(12.2), 반드시 불참(45.4), 모름(5.2)
c. 후보자에게 질의할 것인가	반드시 참여(12.6), 아마 참여(19.2), 상황을 봐서(18.8), 아마 불 참(5.0), 반드시 불참(29.7), 모름(14.7)
d. 어떻게 투표에 참여하게 되었는가	촌에서 참여를 요구하니까(40.7), 모두들 참석하니까(28.7), 자신의 권리를 행사하기 위해서(25.3)

주 : a, b, c는 2002년 7월 후베이성 장양현의 7개 촌의 촌민에 대한 조사 결과임.
　　d는 2000년 3월 후베이성, 후난성, 하이난다오, 허난성 등 19개의 성, 시와 자치구의 촌민에 대한 조사 결과임.
출처 : 彭將霞·雷洪(2003, 26-27); 張風華(2002); 楊翠萍(2001, 508-518).

서 참여한다는 여성의 비중은 25.3%에 불과했다. 바로 이 같은 조사 결과는 여성들의 정치 참여가 그들의 정치적인 의지와는 달리 실제에 있어서는 소극적이고 피동적으로 이루어지고 있음을 말해준다.

둘째, 기층 여성들의 선거 참여가 주로 투표 행위에 머물러 있고, 선거 과정에 있어서는 매우 소극적인 참여가 이루어지고 있음을 알 수 있다. 상술한 후베이성 장양현에 대한 조사는 이 같은 결과를 명확하게 드러내 준다(〈표 10-2〉 참조). 즉 조사에 따르면, 약 80%달하는 여성들이 투표에 대한 참여 의지를 나타내고 있지만, 단지 24.9%만이 경선에 직접 참여할 의지를 보이고 있으며, 또한 31.8%만이 선거 과정에서 경선 후보자에게 직접 질의를 할 의지가 있음을 보여 주고 있다.

또한 2003년 4월 산시(陝西)성 허양(合陽)현 지역 353개 행정촌과 1,756개 촌민소조에서 실시한 제5차 촌민위원회 선거에 대한 조사에 따르면, 여성들은 설사 후보로 경선에 참여하더라도 경선 과정에 매우 소극적으로 임함을 알 수 있다. 즉 해당 지역의 96%의 여성 간부가 촌민위원회에 의하여 후보로 추천된 후 경선에 참여했지만, 이들은 여타 남성후보들이 온갖 수단을 동원하여 경선에 참여하는 것과는 달리, 자신을 선전하거나 표를 결집시키는 행위에 대하여 좋지 않은 일이라고 생각하고, 당선이 되면 다행이지만, 안 되어도 상관없다는 태도를 보여 준다(陝西省婦聯 2004). 이는 여성들이 경선 과정에 참여하겠다는 의지가 높지도 않을 뿐만 아니라 설사 참여한다고 하더라도 적극적인 참여를 통하여 승리하겠다는 의지가 강하지 않음을 알 수 있게 해준다. 상술한 예들을 통하여 여성의 선거 참여가 주로 투표 행위에 국한되어 피상적이고 수동적으로 이루어지고 있음을 알 수 있다.

이처럼 여성들은 선거에 대한 관심도와 촌 내의 공공 업무에 대한 관심도에 있어서는 적극적인 모습을 나타내면서도, 실제 선거 과정에서 참여가 피상적이고 수동적으로 이루어지고 있으며, 이 같은 소극적 참여로 여성들은 기층 정치 권력구조의 중심에서 주변부로 밀려나고 있다.

우선, 촌민 선거 결과 촌민위원회의 지도자로 당선된 사람 중에서 여성의 당선 비율이 전국적인 수준에서 마우 낮게 나타나고 있어, 대다수의 촌에서 남성들이 실질적으로 촌의 지도부로서 촌의 각종 업무를 주도하고 있음을 알 수 있다. 예를 들면, 제5차 촌민위원회 선거 결과 칭하이성의 촌민위원회 성원[8] 중 여성은 14.6%, 구이저우성 10.6%, 후난성은 24.8%이다(楊翠萍 2001, 512). 또한 민정부의 조사에 따르면, 2003년 현재 전국의 69만여 촌민위원회에서 294만여 명의 촌민위원회 성원이 있는데, 이들 중 여성이 차지하는 비중은 단지 16% 정도에 불과하다. 특히 촌민위원회의 행정 수장인 촌민위

---

8 촌민위원회 성원은 촌민위원회 주임과 부주임 촌민 위원으로 구성되어 있다. 한 촌의 촌민위원회 성원은 대략 6~8명 정도로 구성되어 있다.

<표 10-3> 지린성 리수현 촌민위원회 선거 중 여성 당선자 비율의 변화

촌민위원회 선거	당선 현황
제1차 선거 (1988.12~89.1)	336개촌 2,352명 촌민위원회성원 중 여성 336명(약 14%), 그 중 주임 혹은 부주임직 여성 당선자 부재
제2차 선거 (1991년)	336개 촌 2,270명 촌민위원회성원 중 여성 336명(약 14.8%), 그 중 주임 혹은 부주임직 여성 당선자 부재
제3차 선거 (1994년)	336개 촌 2,083명 촌민위원회성원 중 여성 338명(약 16%), 그 중 주임 혹은 부주임직 여성 당선자 각각 1명
제4차 선거 (1998년)	336개 촌 2,050명 촌민위원회성원 중 여성 339명(약 16.5%), 그 중 주임 혹은 부주임직 여성 당선자 각 2명
제5차 선거 (2001년)	336개 촌의 전체촌민위원회성원 중 여성 301명, 그 중 3명 촌민위원회 주임, 2인은 부주임으로 당선

출처 : 田小泓(2002).

원회 주임으로 여성이 당선된 비율은 단지 1%에 불과하다.[9]

또한 이 같은 여성의 낮은 당선율은 그동안 실시된 여러 차례의 선거에서도 큰 변화가 없다. 예를 들면, 지린성 리수(梨樹)현의 336개 촌에서 실시된 다섯 차례의 촌민위원회 선거를 살펴보면, 여성의 낮은 당선 비율은 지난 다섯 차례의 선거 과정 중 거의 큰 변화가 없이 지속되고 있다. 매 선거마다 여성은 매 촌의 촌민위원회 구성원 중에서 평균 한 명꼴로 당선되었으며, 전체 336개 촌에서 여성 촌민위원회 주임과 부주임 당선자는 최고 높은 당선자를 낸 2003년 선거에서조차 5명에 불과하였다. 또한 비록 선거 횟수가 늘어나면서 여성 촌민위원회 주임과 부주임 당선자가 늘기는 하였지만, 여전

---

9 "民政部提高農村婦女當選比例項目招聘專家啟示", www.chinarural.org/readnews.asp?newsid=
{671E26CD-4B17-4971-BFFO-5...(검색일: 2004년 10월 1일).

히 여성 당선자가 차지하는 비율은 전체 촌민위원회 주임과 부주임 당선자의 1.5%에도 못 미치는 비중을 차지하고 있다(〈표 10-3〉 참조). 이러한 예들은 농촌에서 정치적인 지도부의 지위에 남성이 압도적인 우위를 점하고 있으며, 여성은 주변부로 밀려나 있음을 나타내는 주요한 사례라고 볼 수 있다.

그리고 촌민위원회 간부로 당선된 이후에도 여성들은 촌내의 재정 부문 등 요직에 자리를 차지하고 있기보다는, 주로 가족계획이나 군중 단체 관련 업무 등 상대적으로 그 중요성이 작은 한직에 종사하고 있다는 점이다. 일례로 1998년 저장성 루이안(瑞安)시에서 이루어진 조사를 보면, 전체 촌민위원회 주임 중 여성은 단지 1명으로 0.9%에 불과하고, 여성들의 촌민위원회에서 지위는 촌민 위원으로 이들의 기본적인 업무 사항은 모두 가족계획 업무였다. 또한 여성은 촌민대표 회의, 촌민소조장, 재무 감독 등의 조직에서도 그 비율이 매우 낮다. 실제로 대부분의 중국의 농촌에서 여성 간부는 가족계획과 같은 여성과 관련된 특수한 업무에 종사하기 위하여 필요하다는 인식이 공유되고 있다. 바로 이 같은 사고로 대부분의 촌은 1명의 여성 촌민위원회 위원을 포함하고 있으며, 그리고 이들로 하여금 가족계획과 보건 위생 등의 문제를 담당하도록 하고 있다(郭夏娟 2004).

상술한 조사들을 통하여 중국의 기층 여성들이 정치 참여 의지와 권력 주체 의식을 지니고 있음에도 불구하고, 실제 정치 참여 과정에서는 매우 소극적이고 피동적인 참여가 이루어지고 있음을 알 수 있다. 또한 설사 여성들이 정치 참여를 하더라도 그 형태는 권력의 핵심에서 공동체의 업무를 주도하는 것이 아니라, 주변부에서 촌 내의 가족계획이나 보건 위생 등 여성에게 적합하다고 사고되는 특수한 업무에 종사하고 있는 상황이다. 이는 중국의 기층 여성들의 정치 참여 의지가 정치적인 실천으로 연결되고 있지 못함을 의미하며, 그 결과 중국의 농촌에서 여성들은 정치권력의 핵심으로 진입하지 못하고 권력의 주변부로 소외되어 있음을 말해 준다.

4. 여성의 정치적 주변화와 그 원인

　　기층 여성들이 선거 과정에 피동적으로 참여하고 권력의 중심으로부터
주변부로 밀려나는 원인에는 여러 가지 요인이 있다. 그러나 특히 농촌 사회
에 강하게 뿌리내리고 있는 가부장적인 문화와 사회적 성역할 구분, 여성의
낮은 경제 및 문화적 지위, 그리고 여성의 정치 참여를 충분히 활성화시킬 수
있는 법제의 미정비 등은 가장 중요한 요인이 되고 있다.

　　우선, 사회·문화적인 요소를 살펴보면, 중국의 여성은 여전히 가부장적
인 전통문화의 강한 영향력하에 놓여 있다. 수천 년의 역사 속에서 중국은 남
성 중심의 사회로 존재해 왔고, 그 과정에서 남존여비의 사회적인 인식 그리
고 '남자는 바깥일, 여자는 집안일'이라는 가치 지향은 지나치게 여성의 가정
에서의 역할을 강조하고 사회적인 역할을 배척해 왔다. 이리하여 여성은 공
적인 정치적 영역으로부터 배제되고, 가정이라는 사적인 영역에 머물러 왔
다. 1931년에 제정된 〈중화민국훈정시기약법〉(中華民國訓練政時期約法)을 통
해서 중국 역사상 최초로 여성이 공적인 정치적 영역으로 진입할 수 있는 자
격이 부여되었지만,[10] 남성과 정치적으로 동등한 선거권을 취득한 후에도,
향촌의 공공 권력 내에서 여성들의 수는 남성에 비하여 압도적으로 적었고,
그 역할도 남성에 비하여 훨씬 미미하였다. 이 같은 공사 영역에서의 역할 구
분은 현재까지도 커다란 변화 없이 지속되고 있다. 예를 들어, 화중사범대학

---

10 신해혁명 후 중화민국임시약법이 제정되어 중국 역사상 최초로 인민주권과 공화제 민주주의
를 기초로 한 헌법이 제정되었지만, 이 법은 "중화민국 인민은 계급, 종족, 종교에 관계없이 모두
평등하다."고 규정함으로써 여성을 인민의 범주에서 제외시켰다. 중국의 헌법에서 최초로 여성에
게 주권자로서의 지위를 부여하고 남성과 평등하게 선거권과 피선거권을 부여한 헌법은 1931년에
국민회의에서 통과된 중화민국훈정시기약법에서이다(〈中華民國臨時約法〉(1912年 3月11日公
布); 〈中華民國訓政時期約法〉(1931年6月1日公布); 殷嘯虎 著 1997, 277-281; 306-312).

268

농촌연구센터가 행한 2000년 2월의 설문 조사에 따르면, "촌민 회의에 가구 대표가 참석한다면 누가 갈 것인가."라는 질문에서 전체의 46.38%가 "남자 대표가 간다."고 대답하였고, "여자 대표가 간다."는 대답은 단지 4.71%에 불과하였다. 이 점은 아직까지도 농촌지역에서 여성과 남성 사이의 공사 영역에서의 역할 구분이 여전히 존재하고 있음을 말해준다.[11]

또한 조사는 가정 내에서의 각종 문제의 결정 과정에서조차도 남성이 주도적인 지위를 점하고 있다는 점을 말해주고 있다. 가령 상술한 화중사범대학 농촌연구센터의 2000년 2월의 설문 조사에 따르면, 가정 내에서 누가 결정의 주도권을 행사하는가라는 질문에서 "남편이 주도한다."는 대답인 31.16%에 달한 반면, "여성이 주도한다."는 대답은 단지 9.06%에 불과했다. 또한 "바깥일은 남자가 주도하고, 집안일은 여자가 주도한다."는 대답이 15.58%를 점하고 있다.[12] 이 같은 조사 결과들은 농촌지역의 여성들은 가정 내에서도 여전히 남성 중심의 결정 구조와 문화 속에서 살고 있음을 말해 준다.

이 같은 농촌에 강하게 뿌리내리고 있는 전통적인 성역할 관념과 남성에 대한 여성의 종속적인 상황은 여성의 적극적이고 능동적인 정치 참여를 가로막는 주된 장애 요인이다. 여성 스스로뿐만 아니라, 남편이나 가족, 그리고 농촌 사회 구성원들이 모두 전통적인 가부장적인 문화와 성역할 관념의 영향을 강하게 받고 있어, 여성들이 선거를 통한 정치 참여 과정에서 적극적으로 경쟁을 하거나 참여하는 것을 가로막고 있기 때문이다.

우선, 여성들 스스로가 양성 간 전통적인 사회적 성별 관념에 강하게 젖어 있고, 이로 인해 낮은 정치 참여가 이루어지고 있다는 점이다. 중국의 농촌에

---

11 기타 "시간이 되는 사람이 간다."가 48.19%이고, 무응답이 0.72%이다.
12 그 외 "부친이 주도한다."가 7.24%, "모친이 주도한다."가 3.99%, "부부가 공통으로 주도한다."가 26.45%, 기타가 6.52%이다.

서 남자는 바깥일을 하고 여자는 집안일을 하는 것은 대부분의 가정의 보편적인 생활 방식으로, 대부분의 여성들은 모든 일에 대하여 남성을 전면에 나서게 하고 있다. 이 같은 상황은 상술한 2003년 산시(陝西)성 허양현의 제5차 촌민위원회 선거에 대한 조사를 통하여 충분히 알 수 있다. 우선, 57%의 여성들이 남편의 의사에 따라 투표용지를 기재함으로써, 출가 후 남편에 복종해야 한다는 전통적인 사고의 영향이 여전히 존재함을 알 수 있다. 또한 31%의 여성들은 스스로 투표용지를 기재하였지만, 이 들 중 80% 이상이 여성에게 투표를 하지 않음으로써, 여성의 능력은 촌의 최고 간부로 촌 내 일을 지도하기에는 한계가 있으며, 촌 간부가 되더라도 최대 촌민위원회 위원에 그 역할이 한정되어야 한다고 사고하고 있다. 8%의 여성은 능력도 있고 촌의 일을 하고 싶어도 했지만, 감히 후보자로 선거 경쟁에 뛰어들지 못하고 있었다. 그 이유는 이들은 여전히 여성의 천직은 가정을 잘 관리하는 것으로 사고하고 있었고, 만약에 촌의 일에 관여한다면 다른 사람이 집안일은 돌보지 않고 밖으로 돌아다닌다고 비판할까 두려워했기 때문이다. 단지 4%의 여성들만이 주동적으로 선거 경쟁에 참여하여 촌 간부가 되겠다는 의지를 비쳤을 뿐이다.

다음으로, 남편과 시댁 식구들의 전통적인 사회적인 성별 관념도 여성의 소극적인 선거 참여에 강하게 영향을 미치고 있다. 실례로 상술한 허양현 간징(甘井)진 자오좡(趙莊)촌의 한 부녀회 주임은 능력이 출중하여 향의 당위원회의 추천으로 촌민위원회 주임 경선에 나설 수 있게 되었고, 본인 역시 이 일을 하고 싶어 했다. 그러나 귀가 후 남편과 시댁 식구들과 상의를 한 이후, 남편과 시댁 식구들은 촌의 각종 업무들은 여성이 할 수 있는 일이 아니라는 이유로 반대하였고, 결국 그녀 역시 이들의 의사에 따라 출마를 포기하였다.

마지막으로, 촌 내의 일반 군중들의 전통적인 사회적 성별 관념도 여성의 선거를 통한 정치 참여에 심각한 영향을 미치고 있다. 대부분의 농촌 사람들은 여성은 부녀 업무, 가족계획 등에 적합하다고 생각하고 있으며, 촌 주임

이나 당지부 서기 등에는 여성들이 담량이 적고 사회 활동도 적어서 설사 당
선되더라도 적합하지 않으므로 여성을 선출할 수 없다고 사고하고 있다. 심
지어 어떤 사람들은 여성을 촌 대표로 선출하는 것이 남성에 대한 일종의 모
욕으로 간주하고 있다. 또한 군중들은 여성의 업무 진행에 대하여 트집을 잡
고 남성들보다 더 높은 수준의 요구를 하여, 여성이 설사 당선되더라도 중도
에서 사퇴하도록 강요하는 경우도 있다. 일례로 허양현 간징진 완년(萬年)촌
의 촌민위원회 주임으로 당선된 한 여성은, 바로 이 같은 이유로 당선된 지 1
년 후 임기를 채우지 못하고 중도에서 포기한 사례가 있다(陝西省婦聯 2004).

이처럼 전통적인 사회적 성별 관념에 포위된 여성들은 자신들의 사회적
인 활동과 재능에 대한 자신감을 상실하고, 그 결과 경선에 참여함으로써 얻
을 수 있는 승리감이나 성취감보다는 경선에서 따른 세속적인 비판과 가족
구성원들의 비난에 더 치중하게 된다. 그 결과 기층선거 과정에서 여성들은
소극적이고, 피동적인 정치 참여를 하게 되었다고 볼 수 있다.

둘째, 여성들의 낮은 경제적인 지위와 문화적 수준 역시 여성의 정치적인
피동성과 주변화를 초래한 요인으로 볼 수 있다. 전통적인 봉건사회에서 중국
의 여성들의 경제적인 권리는 완전히 박탈되었다. 신중국이 건설된 이후에도
중국 정부가 남녀 간에 동일 노동에 동일 보수를 주장했지만, 절대 다수의 농촌
은 여전히 동일 노동에 동일 보수가 아니었다. 게다가 기술 수준이 높은 일들은
주로 남성들에 의해서 담당되었고, 경제 영역에서 결정적으로 중요한 일들은
모두 남성들에 의해서 독점되었다(劉箭紅 2001, 505). 개혁개방 이후에도 일부
여성들이 경제적으로 성공하여 두각을 보이고 있지만, 이는 남성들의 성공에
비하면 아주 미미한 정도이고, 대다수의 여성들은 가정에 머물면서 낮은 수익
을 내는 농사일에 주로 집중하고 있다는 점이다. 가령 1998년 통계에 따르면,
전체 구직자 중 여성이 46.7%를 점하고 있으며, 그 중 여성은 1차 산업의 65%,
2차 산업의 30%, 서비스업의 39%를 점하고 있다(何素斌 2004). 이는 바르 여성

의 노동력이 상당 부분 전통적인 농업 영역에 집중되어 있음을 말해 준다.

특히 개혁개방 이후 경제개혁과 함께 진행되는 구조 조정 과정에서 여성은 남성들보다 높은 실업률을 보여 주고,[13] 여성들은 점차 노동하는 여성에서 '미의 대상'으로서 여주인이나 부인으로서의 역할로 역이동하는 추세가 증가하고 있다.[14] 또한 농촌여성들의 경우 남편들이 고향을 떠나서 2, 3차 산업으로 직업을 이동하는 상황에서, 농촌에 홀로 남아 집안을 담당하는 경우가 많다. 이 같은 상황에서 여성들에게 주어진 가사 노동의 하중은 더욱 증가할 수밖에 없으며, 이는 농촌 여성들의 직업 이동 과정에서의 경쟁력을 떨어뜨리는 요인으로 작용하고 있다(王麗萍 2004).

이 같은 농촌 여성들의 낮은 경제적인 지위로 인해 농촌 여성들은 농촌 사회의 정치·사회적인 생활 영역에서 남성에 비하여 낮은 중요도를 차지하고 있다. 우선, 대부분의 농촌에서 공산당원 중 여성의 비율이 매우 낮을 뿐만 아니라, 여성 인재를 발굴하여 활용하는 비율도 낮다. 둘째, 각 영역에서 여성이 모범 인물로 선정되는 경우도 남성에 비하여 낮다. 셋째, 농촌 여성들이 전문 기술 훈련이나 업무 관련 연수를 받는 경우도 남성에 비하여 현저히 낮다. 넷째, 농촌의 각종 경제 업무에서 여성은 단순노동에 종사하는 경우가 대부분이고, 관리직에 종사하는 여성의 수는 매우 적다.[15]

---

[13] 1997년 말 전체 실업자 중 여성의 비중이 61%이고, 1년 후 해고된 여성의 재취업 동향을 보면 남성의 경우 50% 정도가 재취업을 하는 반면, 여성은 75%가 여전히 미고용 상태에 있다(Woo 2002, 313).

[14] 심지어 1990년대 초에, 경제개혁과 기업의 구조 조정에 따른 실업 문제를 해결하기 위하여, 여성들은 가정과 건강 문제로 돌아감에 의해 국가에 봉사해야 한다는 이른바 '가정으로 돌아가기 정책'이 공식적으로 있었다. 이 같은 흐름 속에서 여성의 작업장으로부터 가정으로의 역이동은 점차 증가하고 있다(Woo 2002, 313).

[15] 여성의 낮은 경제적인 지위는 고급 지식 영역에서도 마찬가지다. 1999년 말 중국의 고급 지식인이 운집해 있는 대표적인 기관인 과학원(科學院)과 공정원(工程院)의 1,100명의 회원 중 여성 회원은 단지 70명으로 전체의 6%를 점하고 있을 뿐이다.

이 같이 전반적으로 낮은 여성들의 사회적인 중요도는 농촌의 정치 참여에서 여성들이 낮은 비율과 적은 인원, 그리고 부족한 능력, 핵심적인 업무로부터의 소외 등을 이끌어 내었다고 볼 수 있다(王麗萍 2004). 여성의 교육 수준, 가구 내 경제적 수준 및 지역의 경제적인 수준과 여성의 정치 참여에 대한 한 조사는, 이 같은 주장을 뒷받침해주고 있다. 즉 교육 수준이 높고, 경제 발전 수준이 높은 촌, 그리고 개별 가구의 경제적인 조건이 좋을수록 여성의 정치 참여율이 높다는 결과를 보여 주고 있다(張風華 2002).

셋째, 여성의 정치 참여를 활성화시킬 수 있는 법이나 제도적인 장치를 통한 적극적인 대응 방안이 여전히 부족하다는 점이다. 우선, 촌민위원회조직법의 제9조에서는 촌민위원회 구성원 중에서 "적정한 정도의 여성 위원이 존재해야 한다."고 규정하고 있지만(白鋼·趙壽星 2001, 327-332), 이는 강제 조항이 아니기 때문에 모든 촌이 의무적으로 시행하도록 강제할 수가 없다. 둘째, 일부 성에서는 강제 조항을 두고 있지만, 구체적인 제재 수단을 마련하지 못해 여전히 실효성을 거두고 있지 못한 실정이다. 예를 들면, 2002년의 제6차 선거 과정에서 허난성, 후베이성, 후난성, 시장자치구, 간쑤성 등 5개 성에서는 지방성 법규를 제정하여 촌민위원회 위원으로 여성 위원이 반드시 1명 이상이 존재해야 한다는 강제 조항을 두고 있지만, 구체적으로 어떻게 해야 할 것인가에 대한 방안과 이를 강제적으로 지키게 할 수 있는 제재 수단에 대하여 명확히 규정하고 있지 않아 그 실효성을 발휘하고 있지 못하다. 셋째, 촌민위원회에 대해서만 여성 할당을 주장하고, 촌민대표대회에서의 여성 할당에 대해서는 언급하고 있지 않다는 점이다. 촌의 권력 구조는 행정기관으로서 촌민위원회와 입법기관으로서의 촌민대표대회, 그리고 당지부 조직이 존재하고 있다. 여기서 촌민위원회와 촌민대표대회는 바로 촌의 자치 조직의 최고 권력 기관으로 촌민에 의해서 그 지도자나 대표가 선출된다. 따라서 촌민대표대회에 대한 여성의 당선 비율을 정하는 것도 매우 중요한 제도적인 보안장치라고 볼 수 있다. 넷째, 사회단체의 선거 과정에 대한 참여가 제한되고 있어, 부녀연합(婦女聯合) 차원에서 집회를 조직하여 여성 후보자를 체계적으로 지원하는 것이 법률적으로 불가능하기 때문에, 여성 단체가 선거 과정에 적극적으로 참여함으로써 여성 후보를 지원하는 것은 현실적으로 어렵다는 점을 들 수 있다(劉箭紅·楊翠萍 2004). 이 점들은 여성의 정치 참여를 제고시킬 수 있는 강력한 제도적인 수단이 아직까지 존재하고 있지 않음을 의미한다.

이처럼 여성들은 사회·문화적 요인, 경제적요인, 제도적인 요인 등의 이유로 인하여, 역사상 최초로 시행되고 있는 선거를 통한 정치 참여와 기층 사회의 정치적인 민주화 과정에서 정치적인 주변부로 밀려나고 있다.

5. 결론

중국 역사상 최초로 선거가 기층 인민들의 정치 참여의 일반적인 형태로 제도화되었다. 이 같은 제도화는 중국의 기층 사회의 정치 지형을 변화시키고 있다. 즉 제도화된 정치 참여 기회의 제공은 기층 인민들의 정치의식을 제고시켜, 중국의 기층 인민들은 정치적인 시민으로 성장하고 있다. 시민으로서의 정치적인 권리는 정치 공동체의 구성원으로서 혹은 유권자로서 정치권력의 행사에 참여할 권리를 의미한다. 이 같은 정치적 시민권이 형성되기 위해서는 공동체의 구성원들이 행정부, 국가 의회, 그리고 지역 의회에서 국가 지도자를 선출할 권리를 보장받아야 하고(Marshall and Bottomore 1992, 8), 동시에 주민들의 의식과 행위에 있어서의 변화, 즉 시민적인 정치의식과 행위가 형성되어야 한다(O'Brien 2002, 225-226). 이 같은 관점에서 볼 때, 촌민위원회 선거를 통한 정치 참여의 제도화와 기층 인민들의 정치의식의 변화는 중국의 기층 사회에서 정치적 시민권이 형성되고 있음을 의미한다.

이러한 변화는 비록 기층 수준에서 제한되어 이루어지기 때문에 그 파급력에 있어서 일정한 제한이 따를 수 있다. 그러나 기층 사회에서의 정치적 시민권의 형성은 향후 중국의 정치변화의 새로운 동력으로 작용할 것이다. 그 이유는 기층선거 과정에서 정치적인 시민으로 훈련된 기층 주민들의 정치적인 요구는 점차 상층 행정단위 및 중앙정부 수준으로 학대될 수 있기 때문이다. 또한 기층 주민들이 시장화와 함께 가속화되고 있는 사회의 양극화 현상에 본격적으로 문제 제기를 한다면, 중국의 기층 사회는 중국의 정치변화의 주요한 동력이 될 수 있을 것이다.

그러나 기층 사회의 정치적인 변화 과정은 기층 인민의 절반을 차지하고 있는 여성들의 주변화 속에서 이루어지고 있다. 중국의 여성들은 근대화 과정에서 부국강병이라는 민족주의적인 과제를 수행하기 위하여 정치적 시민권을 부여받고(Judge 2002, 36), 정치적인 공적 영역으로 나올 수 있었다. 또한 사회주의 중국에서 가정이라는 사적 영역으로부터 공적인 노동 영역으로 대대적으로 진출함으로써, 중국의 여성들은 전체 노동인구의 절반을 차지하게 되었다. 그러나 이 같은 여성의 대대적인 사회적인 진출에도 불구하고, 정치적인 영역에서 여성은 계속해서 주변부에 머물러 왔다.[16] 이는 1988년 이후부터 촌민위원회 선거로 본격화된 기층 사회의 선거를 통한 정치 참여 과정에서도 그대로 나타나고 있다.

상술한 기층 여성들의 정치 참여 제한 요인에 대한 분석은, 중국의 기층

---

16 이는 신중국의 건설 이후 전국인대 및 성급 인대에서 여성이 점하는 비율을 통해서도 알 수 있다. 전국인대의 경우 제1기에서 여성이 점하는 비율이 11.99%, 2기 12.27%, 3기 17.83%, 4기 22.63%, 5기 21.16%, 6기 21.22%, 7기 21.35%, 8기 21.02%, 9기 21.89%로, 평균 20% 내외에 불과하다. 또한 이 같은 비율은 성급, 시급, 현급, 향진급 인대에서도 커다란 차이를 보이지 않고 있다 (劉智·史衛民·周曉東·吳運浩 2001, 240-250).

여성들은 여전히 구례의 봉건적인 가부장적인 전통문화가 지배하는 사회로부터 벗어나지 못하고 있으며, 사회주의 중국도 여성들을 공적인 노동 영역으로 이끌어 내기는 하였지만, 노동 영역에서 여성들의 낮은 지위를 제고시키지는 못했음을 말해 준다. 결국 중국의 기층 여성들은 사회·문화적인 요소, 경제적으로 불리한 조건 속에서 사회적 소수자로 자리매김해 왔으며, 이를 극복하기 위한 제도적인 장치 역시 그다지 활성화되고 있지 못한 실정이다.

그 결과 개혁개방 정책의 실시 이후, 기층 민주화와 정치적인 변화 과정에서 여성들은 그 역할을 충분히 발휘하고 있지 못하다. 이는 지역 정치 공동체의 권력 주체로서 여성들의 실질적인 정치 참여가 미약하기 때문이다. 기층 인민들이 정치적인 시민으로 성장하고, 이것이 시민사회의 성장과 결합하여 중국의 정치변화의 새로운 동력으로 작용할 것이라고 볼 때, 기층 인구의 절반인 여성들의 정치적인 소극성과 주변화는 중국의 기층 정치의 변화와 더 나아가 전 중국의 정치적인 민주화를 지체시키는 요인이 될 수 있다.

중국의 기층 인민들은 오랜 역사 속에서 황제의 백성인 신민으로 살아왔다. 이제 새로운 정치적인 변화 속에서 근대적인 정치적 시민으로 다시 등장하고 있는 역사적인 전환기에 처해 있다. 이 같은 역사적인 전환기에 사회·문화적으로, 그리고 경제적으로 불리한 위치에 처한 여성들의 정치 참여를 활성화시킬 수 있는 특별한 방안을 마련하지 못한다면, 농촌 여성은 정치적인 민주화 과정에서 희생물이 될 것이다. 이는 바로 기층 민주화가 절반의 민주화가 됨을 의미하는 것이다.

참고문헌

김도희. 2000. "중국의 기층선거와 국가·사회관계."『국제정치논총』(한국국제정치학회) 제40집 4호.
______. 2004. "중국에서 선거의 확대와 제도개혁: 향진간부 선거를 대상으로."『중소연구』(한양대 아태지역센타) 28권 1호.
김영기. 2002. "한국적 주민소환제 모형의 탐색." 한국행정학회 2002년도 하계학술대회 발표논문집.
서진영. 1998.『현대중국정치론』. 서울: 나남.
이정남. 2001. "개혁기 중국 농촌의 정치 참여와 통제: 촌민자치제를 중심으로."『국제정치논집』(한국국제정치학회) 제41집 2호.
______. 2005a. "중국의 기층선거와 정치적 시민권의 형성."『국제정치논집』(한국국제정치학회) 제45집 1호.
______. 2005b. "개혁개방기 중국의 정치개혁과 정치변화." 김익수 외.『현대중국의 이해』. 서울: 나남.
______. 2007a. "최근 한국 내 중국정치 연구동향: 주제와 쟁점을 중심으로." 한국정치학회편.『현대 정치학 이론의 발전』. 서울; 인간사랑.
______. 2007b. "중국의 기층선거와 파면권 행사: 그 정치적 의미와 한계."『국가전략』(세종연구소) 13권 1호.
전성흥. 2000. "중국 정치체제 변화의 회고와 전망: 주요영역과 추동요인."『한국정치학회보』(한국정치학회) 35집 4호.
조영남. 2006.『후진타오시대의 중국정치』, 서울: 나남출판.
______. 2002. "개혁기 중국의 선거 과정과 유권자의 선거 참여."『한국정치연구』(서울대 한국정치연구소) 제11집 제1호.

康曉光. 1999. "轉型時期的中國社團."『中國社會科學季刊』第28期(冬季號).
______. 2003. "論合作主義國家."『戰略與管理』第5期.
景躍進. 1998. "國家與社會關系下的村民自治."『中國述評(香港)』第5期.
桂　勇·崔之餘. 2001. "行政化進程中的城市居民委員會體制變遷." 人大複印資料『公共行政』第1期.
高　放. 2006.『中國政治體制改革的心聲』, 重慶: 重慶出版集團.
郭永豊.　2006.　"來稿:我是如何給中共知識分子講民主的." http://www.chinesenewsnet.com/gb/MainNews/Opinion/2006_2_16_9_57_57_948.h...(검색일: 2006년 2월 17일).

郭正林. 2003. "當代中國農民政治參與的程度, 動機及社會效應." 『社會學研究』第
　　3期.
郭夏娟. 2004. "兩性政治參與中的同與異." www.chinarural.org/readnews.asp?
　　newsid={948E7F25-OEFD-43B9-9BE7-6(검색일: 2004년 10월 1일).
苟　驊. 2006. "選民要求新當選人大代表深圳再開國內先河."
　　http://www.chinaelections. org(검색일: 2006년 8월 29일).
金太軍. 2001. "村民自治對國家與農村社會關系的制度化建構." 湯庭芬 主編, 『基
　　層民主與基層組織建設研究』, 人民出版社.
______. 2007. "推行鄉鎮長直選要慎行." http://www.chinaelections.org/News
　　Info.asp?NewsID=108016(검색일: 2007년 5월 22일).
唐建光. 2004. "鄉鎮長直選紅河破局." 『中國新聞周刊』04/11/22.
　　"十七大臨近政改思潮湧動, 漸進式改革方略漸清晰."
　　http://www.chinaelections. org/Newsinfo.asp?NewsID=101272(검색일:
　　2007년 1월 12일).
唐安良. 2006. "湖南罷免人大代表續:選民重簽名堅持罷免." http://www.china
　　elections.org(검색일: 2006년 9월 14일).
陶雙文. 2007. "建設和諧社會需要發展中高層直接民主政治." http://www.chi
　　naelections.org/Newsinfo.asp?NewsID=100930(검색일: 2007년 1월 5일).
董磊明. 2002. "傳統與嬗變; 集體企業改制後的蘇南農村村級治理." 『社會學研究』
　　第1期.
東方伯. 2006. "村民選舉中的農民民主參與意識." http://www.chinaelections.org
　　(검색일: 2006년 8월 24일).
仝志輝·賀雪峰. 2002. "村莊權力結構的三層分析: 兼論選舉後村級權力的合法性."
　　『中國社會科學』第1期.
仝志輝. 2002. "農民選舉參與中的精英動員." 『社會學研究』第1期.
鄧正來. 1998. 『國家與社會: 中國市民社會研究』. 四川人民出版社.
梁開金·賀雪峰. 1999. 『村級組織制度安排與創新』. 北京: 紅旗出版社.
梁景和. 1999. 『清末國民意識與參政意識研究』. 長沙: 湖南教育出版社.
梁啟超. 1989a. 『飲冰室合集 6』. 「專集 4」. "新民說." 中華書局.
______. 1989b. 『飲冰室合集』. 「文集之二十八」. "中國利國大方針." 中華書局.
黎　珊. 2006. "非法'罷免'起風波." http://www.chinaelections.org(검색일: 2006년
　　8월 29일).
老　石. 2006. "罷免案爲什麼會流產?." http://www.chinaelections.org(검색일:
　　2006년 8월 29일).
雷潔璟 主編. 2001. 『轉型中的城市基層社區組織』. 北京: 北京大學出版社.
劉健清. 2000. "公民意識, 政黨與近代中國社會." 南開大學近代中國研究中心, 南
　　開大學歷史學院編. 『近代中國社會, 政治與思潮,』. 天津: 天津人民出版社.
劉景泉. 1996. 『北京民國政府的議會政治』. 天津古籍出版社.

劉少奇. 1985. 『劉少奇選集』(下卷). 北京: 人民出版社.

劉偉. 2001. "淸末立憲派的民權觀." 華中師範大學中國近代史硏究所編. 『新亥革命與20世紀中國』. 湖北人民出版社.

劉箭紅. 2001. "論村委會選擧中婦女政治權益的保護." 徐勇·吳毅 主編 『鄕土中國的民主選擧』. 華中師範大學出版社.

______. 2004. "民政部提高農村婦女當選比例項目招聘專家啟示." www.china rural.org/readnews.asp?newsid={671E26CD-4B17-4971-BFFO-5...(검색일: 2004년 10월 1일).

劉箭紅·楊翠萍. 2004. "農村婦女民主參與的保護政策分析." www.chinarural. org/readnews.asp?newsid={B68F2C58-2ED4-4BBO-99AC-...(검색일: 2004년 10월 1일).

劉 智·史衛民·周曉東·吳雲浩. 2001. 『數據選擧: 人大代表選擧統計硏究』. 北京: 中國社會科學出版社.

劉志昌. 2007. "社區選擧:單位人不友宜享有選擧權-以B社區直選爲個案." http://www.chinaelections.org/NewsInfo.asp?NewsID=5576(검색일: 2007년 1월 22일).

劉澤華. 1991. "論從臣民意識向公民意識的轉變." 『天津社會科學』第4期.

劉 婭. 2004. "非組織提名'候選人參選'的深層透視." 唐娟·鄒樹彬 主編. 『2003年深圳競選實錄』.西安: 西北大學出版社.

劉 華. 2000. "鄕村中國的行政建設與中介領域的權力變遷: 20世紀中國鄕村政治發展的探索." 『中國社會科學季刊(香港)』總第 29期 (春季號).

劉喜堂. 2005. "湖南省1999年度40個縣村委選擧數據分析報告." http://www.chinaelections.org(검색일: 2005년 1월 20일).

李 慷. 2001. "關於城市社區建設的理論思考." 湯庭芬 主編. 『基層民主與基層組織建設』. 北京: 人民出版社社.

李南玲·鄔煥慶·沈路濤. 2006. "罷免是權利也是監督: 沉思選民罷免人大代表事件." http://www.chinaelections.org(검색일: 2006년 8월 29일).

李 略. 1999. "社民社會和社團主義: 國家與社會關系分析模式." 『中國社會科學季刊』第28期 (冬季號).

李 凡 主編. 2004. 『2003 中國基層民主發展報告』. 北京: 法律出版社.

______. 2005a. 『中國選擧制度改革』. 上海: 海交通大學出版社.

______. 2005b. 『2004 中國基層民主發展報告』. 北京: 知識産權出版社.

______. 2006. 『2005 中國基層民主發展報告』. 北京: 知識産權出版社.

李 凡. 2003. "中國城市社區居民委員會直接選擧改革的啟動." 李凡 主編. 『中國城市社區直接選擧改革』. 西安: 西北大學出版社.

______. 2007a. "中國社區選擧的發展和問題." http://www.chinaelections.org/NewsInfo.asp?NewsID=64170(검색일: 2007년 1월 22일).

______. 2007b "建立一個規範的城市社區選擧制度."

http://www.chinaelections.org/NewsInfo.asp?NewsID=71510(검색일: 2007년 1월 22일).

李　凡·壽慧生·彭宗超·肯立輝. 2000.『創新與發展-鄕鎭長選擧制度改革』. 北京: 東方出版社.

李潤文. 2005. "失去民心的村幹部爲何難以罷免."『中國靑年報』北京: 05/10/28.

李喜所. 2001. "辛亥革命與思想啓蒙."『歷史敎學』第10期.

馬小泉. 1997. "地方自治:晚淸新式紳商的公民意識與政治參與."『天津社會科學』第4期.

瑪　雅. 2006. "兩地罷免兩個結局:重慶'官罷免'深圳'民罷免'比較." http://www.world-china.org(검색일: 2006년 2월 17일).

民政局基層政權建設司農村處. "甘肅省定西縣村委會第二次換屆選擧工作介紹."『1995-1996年度農村基層民主政治建設資料彙編(讀)』(1997年5月20日).

______. 1998.『1997年度農村基層民主政治建設資料匯編』. 民政部(1998年3月).

潘偉傑. 1999. "民主政治:近代中國人的困境."『天津社會科學』第3期

潘　維. 2003.『法治與民主的迷信』. 香港社會科學出版社有限公司.

方維規. 2000. "議會, 民主與共和槪念在西方與中國的嬗變."『二十一世紀』(香港)第4期.

普源軍. 2007. "論單位制'的社會功能對社區建設的負負影響." http://www.chinaelections.org/NewsInfo.asp?NewsID=95250(검색일: 2007년 1월 25일).

史衛民·雷兢璿. 1999.『直接選擧: 制度與過程(縣區級人大代表選擧實證硏究)』. 北京: 中國社會科學出版社.

史衛民·劉智　主編. 2003.『規範選擧: 2001-2002年鄕級人民代表大會代表選擧硏究』. 北京: 中國社會科學出版社.

西　瓜. 2007. "政治體制改革:超越鄧小平." http://www.chinaelections.org/Newsinfo.asp?NewsID=100823(검색일: 2007년 1월 15일).

徐　矛. 1992.『中華民國政治制度史』. 上海人民出版社.

徐湘林. 2000. "以政治穩定爲基礎的中國漸進政治改革."『戰略與管理』第5期.

______. 2003. "80年代以來的中國漸進政治改革." 王浦劬·謝慶奎　主編.『民主, 政治秩序與社會變革』. 北京: 中信出版社.

徐　勇. 1996. "由能人到法治: 中國農村基層治理模式轉換-以若幹個案爲例兼析能人政治現象."『華中師範大學學報(哲社版)』第4期.

______. 1997.『中國農村村民自治』. 武漢: 華中師範大學出版社.

______. 2001a. "城市社區建設中的社區居民自治." 張志榮　主編.『基層民主與社會發展』. 北京: 世界知識出版社.

______. 2001b. "村幹部的雙重角色: 代理人與當家人." 徐勇·吳毅　主編.『鄕土中國的民主選擧-農村村民委員會選擧硏究文集』. 華中師範大學出版社.

______. 2007a. "社區選擧强化社區意識." http://www.chinaelections.org/NewsInfo.asp?NewsID=81156(검색일: 2007년 5월 28일).

______. 2007b. "縣政鄉派村治: 鄉村治理的結構性轉換." http://www.chinaelec
    tions.org/NewsInfo.asp?NewsID=38048(검색일: 2007년 5월 28일).
徐輝琪. 1988. "論第一屆國會選舉."『近代史研究』第2期.
石發勇. 2007. "城市社區民主建設與制度性約束:上海市居民委員會改革個案研究
    (二)." http://www.chinaelections.org/NewsInfo.asp?NewsID=98447(검색
    일: 2007년 1월 25일).
陝西省婦聯. 2004. "陝西省合陽縣農村婦女參選政情況調查報告." www.china
    rural.org/readnews.asp?newsic={B10A140A-56FD-4B02-A2C8-0E(검색일:
    2004년 19월 1일).
蕭功秦. 2000. "後全能型體制與21世紀中國的政治發展."『戰略與管理』第6期.
______. 2002. "中國後全能型的權威政治."『戰略與管理』第6期.
______. 2004a. "中國近代以來的六次政治選擇." http://www.chinaelections.org
    (검색일: 2005년 2월 16일).
______. 2004b. "當代中國知識分子的思想分化及其政治影響." http://www.chi
    naelections.org/readnews.asp?newsid={AFDADD39-FE2B-42C5-9E1...(검
    색일: 2005년 2월 16일).
______. 2004. "程序引導與村委選舉的規範化: 吉林省5縣40個村第五屆村委會換
    屆選舉的調查與思考."   http://www.chinarural.org/readnews.
    asp?newsid={F4C93203-D375-1(검색일: 2004년 10월 4일).
孫　龍·仝志輝. 2005. "程序引導與村委會選舉的規範化: 吉林省5縣40個村第5屆
    村委會的調查分析與思考." http://www.chinaelections.org(검색일: 2005.
    1.20).
孫中山. 1998. "民權主義第二講."『孫中山選集』. 北京: 人民出版社.
______. 1986a. "中國東盟會革命戰略."『孫中山全集』第1卷. 北京: 中華書局.
______. 1986b. "在上海中國國民黨本部會議的演說."『孫中山全集』第5卷. 北京:
    中華書局.
______. 1986c. "三民主主義."『孫中山全集』第9卷. 北京: 中華書局.
宋月紅. 2005. "福建省2000年度村委會選舉統計與回訪調查數據之比較." http:
    //www.chinaelections.org(검색일: 2005년 1월 20일).
時正新. 2001. "中國城市基層民主政治的組織構架." 湯庭芬主編.『基層民主與基
    層組織建設』. 北京: 人民出版社.
沈延生. 1998. "村政的興衰與重建."『戰略與管理(北京)』第6期.
楊龍芳. 2005. "論1990年代以來中國縣級人大候選人產生的多樣化模式."『經濟社
    會體制比較(雙月刊)』第2期.
楊善華. 2000. "家族政治與農村基層政治精英的選拔, 角色定位和精英更替: 一個
    分析框架."『社會學研究』第3期.
楊雪冬. 2007. "鄉鎮長選舉方式改革六種類型." http://www.chinaelections.org/
    NewsInfo.asp?NewsID=45003(검색일: 2007년 5월 22일).

楊雪冬·托尼 賽奇. 2004. "從競爭性選拔到競爭性選舉: 對鄉鎮選舉的初步分析."
    『經濟社會體制比較(雙月刊)』第2期(總第112期).
楊翠萍. 2001. "村委會選舉婦女參與的現狀, 原因及對策-對數省選舉的調查分析."
    徐勇·吳毅 主編. 『鄉土中國的民主選舉』. 華中師範大學出版社.
楊卓如. 2004. "從'深圳現象'和'北京現象'看我國基層人大代表民主選舉的動力與
    阻力." 鄒樹彬 主編. 『2003年北京市區縣人大代表競選實錄』. 西安: 西北
    大學出版社.
於建嶸. 2001. "鄉村選舉利益結構和習慣演進." 徐勇·吳毅 主編. 『鄉土中國的民主
    選舉』. 武昌: 華中師範大學出版社.
______. 2006. "農村的政治危機:表現根源和對策." http://www.chinaelections.
    com/printnew.asp?newsid={529B4D88-9591-43B2-A8F5...(검색일: 2006년
    3월 3일).
______. 2007. "鄉鎮體制改革適時推進主張弱化鄉鎮功能." http://www.chinael
    ections.org/NewsInfo.asp?NewsID=105004(검색일: 2007월 3월 22일).
於鳴超. 2007. "城市社區研究之二-全能主義架構中的城市社區與單位." http://
    www.chinaelections.org/NewsInfo.asp?NewsID=66627(검색일: 2007년 1
    월 23일).
餘可平. 2003. 『增量民主與善治』. 北京: 社會科學文獻出版社.
餘維良. 1999. "村級組織癱瘓的原因及對策." 王愛平·米有錄 主編. 『靜消消的革命
    』北京: 中國社會出版社.
榮敬本·崔之元 等著. 1998. 『從壓力型體制向民主合作體制的轉變』. 北京: 中央編
    譯出版社.
吳理財. 2007. "官民合作體制:'鄉政自治'-鄉鎮政府改革思路探討." http://www.
    chinaelections.org/NewsInfo.asp?NewsID=103852(검색일: 2007년 5월 28
    일).
吳　淼. 2005. "村委會選舉質量的量化分析: 福建省九市2000年度村委會換屆選舉
    統計數據爲依據." http://www.chinaelections.org(검색일: 2005년 1월 20
    일).
吳　毅. 1999a. "制度引入與精英主導: 民主選舉規則在村落場域的演釋." 『華中師
    範大學學報(武漢)』第38卷 第2期(3).
______. 1999b. "新規則是如何演釋的: 一個村莊村委會換屆選舉的解毒讀." 『中國
    社會科學季刊(香港)』第28期(冬季號).
______. 1998a. "村民自治的成長: 國家進入與社區內生-對全國村民自治示範第一
    村及所在縣的個案分析." 『政治學研究』第3期.
______. 1998b. "村治中的政治人: 一個村莊村民公共參與和公共意識的分析." 『戰
    略與管理(北京)』第1期.
吳清軍. 2002. "鄉村中的權力, 利益與秩序: 以東北某'問題化'村莊幹群沖突爲案
    例." 『戰略與管理』第1期.

溫家寶. 2007. "談社會主義初級階段的歷史任務和對外政策." http://www.chi naelections.org/Newsinfo.asp?NewsID=103559(검색일: 2007년 2월 28일).

王巨光. 1998. "強行政推動下的村幹部行政化: 湖北省楊村村治過程分析."『社會主義研究』第1期.

王克安 主編. 2001.『中國農村村級社區發展模式-個案實錄與問題及對策』. 湖北人民出版社.

王金華. 2007. "民主政治建設的突破口." http://www.chinaelections.org/NewsIn fo.asp?NewsID=100132(검색일: 2007년 1월 9일).

______. 2004. "31個省級村委員會選舉地方性法規的比較." http://www.chinael ections.org (검색일: 2004.10.1).

王麗萍. 2004. "農村婦女:從經濟參與看政治參與." http://www.chinarural.org/ readnews.asp?newsid={75BC467E-5042-11D6-A7E7-0...(검색일: 2004년 10월 1일).

王思斌. 2001. "城市社區建設中的中介組織的培育."『北京行政學院學報』第1期.

王逍. 1996. "孫中山自由觀述評."『浙江師範大學學報』(社會科學版) 第4期.

王紹光·胡鞍鋼·周建明 主編. 2003.『第二次轉型 : 國家制度建設』. 北京: 清華大學出版社.

王小軍·蕭樓. 1996. "城市化過程中的農村民主政治生活考察."『戰略與管理(北京)』第6期.

王愛平. 1999.『靜悄悄的革命: 中國村民自治的曆程』. 北京: 中國社會出版社.

王穎·折曉葉·孫炳耀. 1993.『社會中間層-改革與中國的社團組織』. 北京: 中國發展出版社.

王宜峻. 2006. "'村官'罷免何其難." http://www.chinaelections.org(검색일: 2006년 8월 29일).

王振耀. 2000. "中國的村民自治與民主化發展道路."『戰略與管理』第2期.

王扈寧. 1993. "新權力結構: 社會主義市場經濟的政治要求."『社會科學』第2期.

牛丹. 2001. "城市居民委員會制度建設的現狀及相關分析." 張志榮 主編.『基層民主與社會發展』. 北京: 世界知識出版社.

熊月至. 2002.『中國近代民主思想史』. 上海社會科學院出版社.

袁達毅. 2003.『縣級人大代表選舉研究』. 北京: 中國社會出版社.

殷嘯虎 著. 1997.『近代中國憲政史』. 上海: 上海人民出版社.

林家有. 1999.『孫中山與中國近代化道路研究』. 廣東教育出版社.

章開沅·馬敏·朱英 主編. 2000.『中國近代民族資産階級研究』. 華中師範大學出版社.

張謙元. 2004.『縣鄉人大代表直接選舉的監督研究』. 北京: 中國社會科學出版社.

張明亮 著. 2001. "市社區建設中談素和推進."『北京行政學院學報』第1期.

張芳 整理. 2005. "近20年來中國基層民主回眸及前瞻."『民主與科學(京)』第6期.

張亦工. 1984. "第一屆國會的建立及階級結構."『曆史研究(京)』第6期.

蔣偉濤. 2006. "關於村民自治中'罷免'問題的思素-從一起流產罷免案看村民民主罷免程序." http://www.chinaelections.org(검색일: 2006년 8월 29일).

張　靜. 2000. 『基層政權鄉村制度諸問題』. 杭州: 浙江人民出版社.

張俊霞. 1993. "論20世紀初年的國民思潮." 『近代史研究(北京)』 第1期.

張風華. 2002. "農村婦女在村委會選舉中的參與意識分析." 『華中師範大學學報: 人文社科版』 第6期.

張　灝. 1995. 『梁啟超與中國思想的過度(1890-1907)』. 催志海·葛夫平 譯. 江蘇人民出版社.

張厚安·徐勇·頂繼權 等著. 2000. 『中國農村村級治理』. 武漢: 華中師範大學出版社.

張厚安·徐勇·頂繼權. 2000. 『中國農村村級治理』. 武漢: 華中師範大學出版社.

田小泓. 2002. "農村婦女政治參與:從被動等待到主動競爭的制度安排." 『政治學研究』 第4期.

程貴銘·朱啟臻. 2000. 『當代中國農民社會心理研究』. 北京: 首都師範大學出版社.

程同順. 2000. 『當代中國農村政治發展研究』. 天津: 天津人民出版社.

鄭永年. 2007. "中國轉型使執政黨面對新挑戰." http://www.chinaelections.org/Newsinfo.asp?NewsID=100786(검색일: 2007년 1월 15일).

趙建民. 2003. "中國民主之未來八十年代以來中國全國人大的發展經驗." 徐湘林 等 主編. 『民主, 政治秩序與社會變革』. 北京: 中信出版社.

曹　林. 2006. "罷免函, 選民意識與公民權利的遞進." http://www.chinaelections.org(검색일: 2006년 8월 29일).

趙樹凱. 2001. "農村基層組織：運行機制與內部沖突." http;//162.105.138.196:3504/content.asp?ID=1231(검색일: 2001년 4월 16일)

______. 2007. "基層民主:構建和諧社會的重要保障." http://www.chinaelections.org/NewsInfo.asp?NewsID=99436(검색일: 2007년 1월 9일).

曹　穎. 2005. "吉林省村委會選舉數據分析報告." http://www.chinaelections. org(검색일: 2005년 1월 20일).

趙紅文·張榮敏. 2006. "罷免村民委員會成員的實踐與探討." http://www.chinaelections.org(검색일: 2006년 8월 29일).

朱光磊·程同順. 1998. "在更大的背景下認識村民自治." 『中國述評(香港)』(5月).

朱　英. 2001. 『辛亥革命與近代中國社會變遷』. 華中師範大學出版社.

周　平. 2005. "雲南省紅河州大規模的鄉鎮直選研究." 『學術探索』 第2期.

中共沈陽市委組織部. 2007. "我國社區建設的曆程與發展狀況." http://www.chinaelections.org/NewsInfo.asp?NewsID=91376(검색일: 2007년 1월 23일).

中國城市社區黨建課題組編. 2000. 『中國城市社區黨建』, 上海: 上海人民出版社.

陳傑人. 2006a. "對'株洲人大罷免要求'的質疑." http://www.chinaelections.org(검색일: 2006년 9월 14일).

______. 2006b. "對'株洲市選民罷免人大代表'風波." http://www.chinaelections.

org(검색일: 2006년 9월 14일).

陳高原. 1992. "論近代中國改造國民性的社會思潮."『近代史研究(北京)』第2期.

陳永森. 2004.『告別臣民的嘗試:淸末民初的公民意識與公民行爲』. 北京: 中國人民
　　大學出版社.

陳宇翔. 2003.『中國近代政黨思想硏究』. 長沙: 湖南大學出版社.

陳浙閩 主編. 2001.『村民自治的理論與實踐』. 天津人民出版社.

陳天華. 1982. "論中國宜改創民主政體."『陳天華集』. 長沙: 湖南人民出版社.

蔡定劍. 2002.『中國選舉狀況的報告』. 北京: 法律出版社.

肖唐鏢·邱新有. 2001. "選民在村委會選舉中的心態與行爲: 對40個村委會選舉觀
　　察的一項綜合分析."『中國農村觀察』第5期.

肖唐鏢. 2001. "國家, 鄕村社會與村民自治: 村民自治中鄕村社會的心態和行爲硏
　　究及其它." 王漢生·楊善華 主編.『農村基層政權運行與村民自治』. 北京:
　　中國社會科學出版社.

______. 2003. "鄕鎭長直選的民意基礎-對村民自治的一項效應與後果的分析."『中
　　國農村觀察』第1期.

______. 2006. "當代中國政治改革與發展的體制資源-對地方官員的一項初步分
　　析." 李凡 主編.『2005 中國基層民主發展報告』. 北京: 知識産權出版社.

肖唐鏢·董磊明·邱新有·唐曉騰 2001. "中國鄕村社會中的選舉: 對江西省40個村
　　委會選舉的一項綜合調査."　『戰略與管理』　第5期.　www.chinaelec
　　tions.org(검색일: 2004년 10월 5일).

肖立輝. 2002.『村民委員會選舉研究』. 北京: 中國社會出版社.

鄒樹彬·唐娟·黃衛平. 2004. "人大代表競選的群體效應:北京與深圳比較." 鄒樹彬
　　主編.『2003年 北京市區縣人大代表競選實錄』. 西安: 西北大學出版社.

彭將霞·雷洪. 2003. "農村女性參與基層選舉的心態: 對湖北省長陽縣662名農村女
　　性調査."『中華女子學院學報』第15卷 3期(6月).

彭宗超. 2002.『公民授權與代議民主人民代表直接選舉制比較研究』. 鄭州: 河南
　　人民出版社.

彭 真. 1989a. "關於全國選舉試點工作的幾點意見."『新時期的社會主義民主與法
　　制建設』. 北京: 中央文選出版社

______.1989b. "地方人大常委會工作."『新時期的社會主義民主與法制建設』. 北
　　京: 中央文選出版社.

賀雪峰. 1999a. "三分法與國家與社會分析框架的深化."『學術探索』第6期.

______. 1999b. "國家與農村社會互動的路徑選擇."『浙江社會科學』第4期(7月).

______. 2005. "村委會選舉諸環節的調査與分析: 湖南省四十個縣村委會選舉信
　　息回訪活動報告." http://www.chinaelections.org(검색일: 2005년 1월 20
　　일).

何素斌. 2004. "中國婦女運動發展的問題與對策."『檢察日報』04/9/29.

何增科. 2003. "村民自治與治理變遷." 徐湘林 等 主編.『民主, 政治秩序與社會變

革』. 北京: 中信出版社.

______. 2005. "漸進政治改革與民主的政治轉型." http://www.chinaelections. com(검색일: 2005년 5월 23일).

何包鋼·郎有興. 2002. "步雲困境:中國鄉鎮長直接選舉考察." 劉亞偉 編.『給農民讓權-直選的回聲』. 西北大學出版社.

韓福東. 2003. "一個鎮黨書記的直選試驗." 李凡.『中國基層民主發展報告』. 北京法律出版社.

______. 2004. "一個鎮黨書記的直選試驗." 李凡 主編.『中國基層民主發展報告2003』. 北京法律出版社.

弧佳佳. 2007. "鄉鎮長直選的社會基礎問題研究." http://www.world-china.org/ newsdetail.asp?newsid=1693(검색일: 2007년 3월 2일).

胡代勝. 1988. "梁啟超資產階級公民意識."『政治學研究』第1期.

胡繩武 著. 2002.『清末民初歷史與社會』. 上海人民出版社.

胡榮 著. 2001.『理性選擇與制度實施: 中國農村村民委員會選舉的個案研究』. 上海遠東出版社.

胡位鈞. 2006. "論我國選民罷免權行使方式的轉變." http://www.chinaelections.org(검색일: 2006년 8월 25일).

胡振亞·任中平. 2006. "鄉鎮長直接選舉的三重困境及對策分析."『天府新聞』第2期.

黃衛平 主編. 2000.『中國基層民主發展的最新突破-深圳市大鵬鎮鎮長選舉制度的政治解讀』. 北京: 社科文獻出版社.

黃衛平·汪永成 主編. 2003.『當代中國政治研究報告Ⅱ』. 北京: 社會科學文獻出版社.

黃衛平·鄒樹彬. 2002.『鄉鎮長選舉方式改革:案例研究』. 北京: 社會科學文獻出版社.

黃輝祥. 2004. "村委會選舉:農民工的參與現狀與原因分析." http://www.chinarural.org/readnews.asp?newsid={0DB0B757-F641-4AC3-A5DB(검색일: 2004년 10월 5일).

〈關於進一步做好村民委員會換屆選舉工作的通知(2002.7.14)〉〈中辦發「2002」14號〉http://www.people.com.cn/GB/shizheng/252/17/20020819/802562.html (검색일: 2006년 10월 30일).

〈全國人大常委會關於修改全國人大和地方各級人大選舉的決定(1995.2.28)〉. 白鋼·趙壽星. 2001.『選舉與治理』. 北京: 中國社會科學出版社 부록.

〈全國人民代表大會組織法〉http://www.huilin.info/flfg/xianfa/rendazzf.html_(검색일: 2006년 10월 16일).

〈中華民國臨時約法〉(1912年 3月11日公布). 殷嘯虎. 1997.『近代中國憲政史』. 上海人民出版社 부록.

〈中華民國臨時約法〉(1912年3月11日公布). 殷嘯虎. 1997.『近代中國憲政史』. 上

海人民出版社 부록.

〈中華民國訓政時期約法〉(1931年6月1日公布). 殷嘯虎. 1997. 『近代中國憲政史』.
    上海人民出版社 부록.

〈中華人民共和國全國人民代表大會和地方各級人民代表大會選擧法〉
    http://china.dayoo.com/gb/content/2004-10/27/content_1786348.htm(검색
    일: 2006년 10월 16일).

〈中華人民共和國地方各級人民代表大會和地方各級人民政府組織法(1995年修改)〉.　莊
    根森. "質疑李凡'剛當選的代表'不能罷免." http:www.chinaelections.org(검색일:
    2006년 8월 29일).

〈中華人民共和國村民委員會組織法(1998.11.4)〉. 白鋼·趙壽星. 2001. 『選擧與治
    理』. 北京: 中國社會科學出版社 부록.

Alpermann, Björn. 2001. "The Post-Election Administration of Chinese Villages."
    The China Journal No.46(July).

Bernstein, Thomas P. and Xiaobo Lu. 2000. "Taxation without representation:
    peasants, the central and the local states in reform China." *The China
    Quarterly* No.163(September).

Cai, Yongshun, 2000. "Between State and Peasant: Local Cadres and Statistical
    Reporting in Rural China." *The China Quarterly* No.163(September).

Chan, Anita. 1994. "Revolution or Corporatism? Works and Trade Unions in
    post-Mao China." David S. G. Goodman and Beverley Hooper eds.
    China's Quiet Revolution. New York: Longman Cheshire.

Cheng, Joseph Y.S. 2001. "Direct elections of Town and Township Heads in
    China: The Dapeng and Buyun experiments." *China Information* 15,
    No.1.

Denoon. 2007. *China: contemporary political, economic, and international
    affairs*. New York and London: New York university press.

Diamond, Larry and Ramon H. Myers. 2004. "Introduction: Elections and
    democracy in Greater China." Larry Diamond and Ramon H. Myers eds.
    Elections and democracy in Greater China. Oxford University Press.

Dickson, Bruce. 2002. "Do Good Businessmen Make Good Citizens? An Emerging
    Collective dentity Among China's Private Entrepreneurs." Goldman, Merle
    and Elizabeth J. Perry, *Changing Meanings of Citizenship in Modern China*.
    Cambridge, Massachusetts, London, England: Harvard University Press.

Ding, Yijiang. 2001. *Chinese Democracy after Tiananmen*. Vancouber, Toronto:
    UBC Press.

Fogel, Joshua A. and Peter G. Zarrow. 1997. *Imagining the people-Chinese
    Intellectuals and the concept of citizenship, 1890-1920*. New York:

M.E.Sharp.

Goldman, Merle and Elizabeth J. Perry. 2002. "Introduction: Political Citizenship in Modern China." Goldman, Merle and Elizabeth J. Perry eds. *Changing Meanings of Citizenship in Modern China.* Cambridge, Massachusetts, London, England: Harvard University Press.

Goldman, Merle and Goldman MacFarquhar. 1999. *The Paradox of China's Post-Mao Reforms.* Cambridge, Massachusetts, London, England: Harvard University Press.

Goldstein, Steven M. 1995. "China in Transion: The Political Foundations of Incremental Reform." *The China Quarterly* (December).

Goodman, Bryna. 2002. "Democratic Calisthenics: the culture of urban association in the New Republic." Goldman, Merle and Elizabeth J. Perry eds. *Changing Meanings of Citizenship in Modern China.* Cambridge, Massachusetts, London, England: Harvard University Press.

Heater, Derek. 2004. *A Brief History of Citizenship.* Edinburgh University Press.

Jennings, M. Kent. 1998. "Gender and Political Participation in the Chinese Countryside." *The Journal of Politics* Vol.60, No.4(November).

Judge, Joan. 2002. "Citizens or Mothers of Citizens? Gender and the Meaning of Modern Chinese Citizenship." Goldman, Merle and Elizabeth J. Perry eds. *Changing Meanings of Citizenship in Modern China.* Cambridge, Massachusetts, London, England: Harvard University Press.

Kelliher, Daniel. 1997. "The Chinese debate over village self-government." *The China Journal* No.37(January).

Lawrence, Susan V. 1994. "Village representative assemblies-democracy, Chinese style." *The Australian Journal of Affairs* 32(July).

Li, Lianjiang. 2002. "The politics of introducing direct Township election heads in China." *The China Quarterly* No.171(September).

______. 2006. "Direct Township Elections." Perry, Elizabeth J. and Merle Goldman eds. *Grassroots political reform in contemporary China.* Cambridge, Massachusetts, London, England: Harvard University Press.

Manion, Melanie F. 1996. "The electoral connection in the Chinese countryside." *American Political Science Review* Vol.90, No.4(December).

Marshall, T. H. and T. Bottomore. 1992. *Citizenship and Social Class.* London and Concord: MA, Pluto Press.

O'Brien, Kevin J. 1994. "Implementing political reform in China's village." *The Australian Journal of China Affairs* 32(July).

______. 1999. "The struggle over village elections." Goldman, Merle and

______. J. 2002. "Villagers, Election, and Citizenship." Goldman, Merle and

Elizabeth J. Perry eds. *Changing Meanings of Citizenship in Modern China.* Harvard University Press.

Goldman MacFarquhar. 1999. *The Paradox of China's Post-Mao Reforms.* Cambridge, Massachusetts, London, England: Harvard University Press.

O'Brien, Kevin J. and Lianjiang Li. 2000. "Accommodating democracy in a one-party state: introducing village elections in China." *The China Quarterly* 162(June).

______. 2006. *Rightful Resistance in Rural China.* NewYork: Cambridge University.

Ogden, Suzanne. 2002. *Inklings of Democracy in China.* Cambridge and London: Harvard University press.

Oi, Jean C. and Scott Rozelle. 2000. "Elections and power: the locus of decision-making in Chinese village." *The China Quarterly* No.162(June).

Pastor, Robert A. and Qingshan Tan. 2000. "The meaning of China's village elections." *The China Quarterly* No.162(June).

Pei, Minxin. 2006. *China's trapped transition: the limits of developmental autocracy.* Cambridge, Massachusetts, London, England: Harvard University Press.

Perry, Elizabeth J. and Merle Goldman. 2006. *Grassroots political reform in contemporary China.* Cambridge, Massachusetts, London, England: Harvard University Press.

Ress, Anthony M. 1996. "T. H. Marshall and the progress of citizenship." Martin Bulmer and Anthony M. Ress eds. *Citizenship today: the Contemporary relevance of T.H.Marshall.* UCL Press.

Saich, Tony. 2000. "Negotiating the State The Development of Social Organizations in China." *The China Quarterly* No.161(March).

Sautman, Barry. 1992. "Sirens of the strongman: neo-authoritarianism in recent Chinese political theory." *The China Quarterly* No.129(March).

Shi, Tianjian. 1999. "Village committee elections in China-institutionalist tactics for democracy." *World Politics* 51(April).

______. 2000. "Cultural values and democracy in the People's Republic of China." *The China Quarterly* 162(June).

Shirk, Susan L. 2007. *China: fragile superpower.* Oxford university press.

Unger, Jonathan and Anita Chen. 1995. "Corporatism and East Asian Model." *Australian Journal of Chinese Affairs* No.33.

Wang, Zhenyao. 1996. "Village committees: the foundation of the Chinese Democratization." 中國民政部資料集. *Village elections: democracy in rural China* (December).

Wasserstrom, Jeffrey N. 2002. "Questioning the modernity of the model settlement: citizenship and exclusion in Old Shanghai." Goldman, Merle and Elizabeth J. Perry eds. 2002. *Changing Meanings of Citizenship China,* Cambridge, Massachusetts, London, England: Harvard University Press.

White, Gordon. 1994. "Prospects Civil Society in China: A Case Study of Xiaoshan City." David S. G. Goodman and Beverley Hooper eds. *China's Quiet Revolution.* New York: Longman Cheshire.

White, Tyrene . 1997. " Village elections: democracy from the bottom up?" David B. H. Denoon ed. *China: contemporary political, economic, and international affairs.* New York and London: New York university press.

Woo, Margaret Y. K. 2002. "Law and the Gendered Citizen." Goldman, Merle and Elizabeth J. Perry eds. *Changing Meanings of Citizenship in Modern China.* Cambridge, Massachusetts, London, England: Harvard University Press.

Yu, Xingzhong. 2002. "Citizenship, Ideology, and the PRC Constitution." Goldman, Merle and Elizabeth J. Perry eds. *Changing Meanings of Citizenship in Modern China.* Cambridge, Massachusetts, London, England: Harvard University Press.

Zhao, Suisheng. 2000. "Introduction: China's democratization reconsidered." Suisheng Zhao ed. *China and Democracy.* New York: Routledge.

______. 2003. "Political Liberalization without Democratization: Pan Wei's proposal for political reform." *Journal of Contemporary China* 12(35).

______. 2006. *Debating Political Reform in China: Rule of Law vs. Democratization.* Armonk, New York, London, England: M.E. Sharpe.